工业和信息化普通高等教育
"十三五"规划教材立项项目

高等院校**电子商务**
新形态系列规划教材

U0733555

电商运营与推广

操作实战 ✚ 案例分析 ✚ 策略技巧

微课版 第2版

葛存山 胡秀娥 / 主编
朱丽丽 王振江 / 副主编

Electronic Commerce

人民邮电出版社
北　京

图书在版编目（CIP）数据

电商运营与推广：操作实战+案例分析+策略技巧：微课版 / 葛存山，胡秀娥主编. -- 2版. -- 北京：人民邮电出版社，2020.9（2024.1重印）
高等院校电子商务新形态系列规划教材
ISBN 978-7-115-53678-5

Ⅰ. ①电… Ⅱ. ①葛… ②胡… Ⅲ. ①电子商务－商业经营－高等学校－教材 Ⅳ. ①F713.365.2

中国版本图书馆CIP数据核字(2020)第050373号

内 容 提 要

本书对电商运营与推广的相关知识进行了深入讲解，是一本应用性较强的教材。全书共 10 章，包括电商运营基础、申请与简单装修淘宝店铺、在淘宝网成交第一笔生意、商品拍摄和图片处理、网店装修、淘宝免费资源和淘宝SEO、淘宝宣传推广工具、大数据分析利器——"生意参谋"、网店物流、网店客服及客户关系维护等内容。

本书可作为高等院校电子商务专业和其他经济管理类专业电商运营、网店运营等相关课程的教材，也可作为电商培训班的教学用书，还可作为网店创业人员和电商企业基层人员的参考用书。

◆ 主　编　葛存山　胡秀娥
　　副 主 编　朱丽丽　王振江
　　责任编辑　孙燕燕
　　责任印制　周昇亮

◆ 人民邮电出版社出版发行　　北京市丰台区成寿寺路 11 号
　　邮编　100164　电子邮件　315@ptpress.com.cn
　　网址　https://www.ptpress.com.cn
　　固安县铭成印刷有限公司印刷

◆ 开本：787×1092　1/16
　　印张：14.5　　　　　　　　　2020 年 9 月第 2 版
　　字数：325 千字　　　　　　　2024 年 1 月河北第 5 次印刷

定价：49.80 元

读者服务热线：(010)81055256　印装质量热线：(010)81055316
反盗版热线：(010)81055315
广告经营许可证：京东市监广登字 20170147 号

前　　言

随着电子商务的迅速发展和电子商务企业规模的不断扩大,市场对电子商务人才专业化、细分化的需求,尤其是对电商运营与推广人才的需求越来越迫切。电商运营与推广已经成为影响电子商务行业发展快慢的主要因素之一。因此,优秀的电商运营与推广人才成为企业间竞相争夺的对象。

本书立足于电子商务领域的新变化与新需求,并基于电子商务人才的职业素质和专业技能要求编写而成,旨在为读者提供全面的电商运营与推广知识,培养其电商运营与推广的实操技能,使其成为符合企业要求的电商运营与推广人才。

本书的特色具体如下。

(1)内容新颖。本书按照 2020 年新改版的淘宝界面进行编写,图形界面友好,便于读者理解。

(2)实用性强。本书引入大量贴近生活实际的经典案例,可帮助读者加深对理论知识的理解;每章后的课后习题可帮助读者巩固所学知识;实训任务可帮助读者提高实操技能。

(3)形式新颖。本书通过二维码形式链接关键操作流程的指导视频,帮助读者快速掌握电商运营与推广的技巧和方法。

(4)教学资源丰富。本书提供 PPT 课件、课后习题答案、教学大纲、电子教案等资源,授课教师可在人邮教育社区(www.ryjiaoyu.com)免费下载。

本书由葛存山、胡秀娥担任主编,朱丽丽、王振江担任副主编,葛存山负责全书的统稿、修改和定稿工作。参与本书编写的人员分工如下:葛存山负责编写第 1 章、第 2 章、第 8 章;胡秀娥负责编写第 3 章、第 4 章、第 6 章;朱丽丽负责编写第 5 章、第 7 章;王振江负责编写第 9 章和第 10 章。

在本书的编写过程中,编者得到了众多网络卖家的支持,在此表示衷心的感谢。由于编者学术水平有限,书中难免存在表达欠妥之处,欢迎读者不吝赐教。

编　者

目　　录

第1章　电商运营基础 ············· 1

1.1　认识电子商务 ············· 1

　1.1.1　电子商务的概念 ········· 1

　1.1.2　电子商务的特点 ········· 2

　1.1.3　电子商务模式的分类 ····· 2

1.2　跨境电商 ··············· 5

　1.2.1　跨境电商的概念 ········· 6

　1.2.2　跨境电商平台简介 ······· 6

1.3　移动电商 ·············· 10

　1.3.1　移动电商的概念及特征 ·· 10

　1.3.2　移动电商的商务模式 ···· 11

　1.3.3　移动电商的发展趋势 ···· 12

1.4　农村电商 ·············· 12

　1.4.1　农村电商概述 ········· 13

　1.4.2　农村电商的商务模式 ···· 13

　1.4.3　淘宝村 ·············· 15

1.5　选择合适的网上开店平台 ··· 16

　1.5.1　淘宝网 ·············· 16

　1.5.2　京东商城 ············· 17

1.6　网上开店的必备条件 ······ 17

　1.6.1　硬件准备 ············· 17

　1.6.2　软件准备 ············· 19

案例分析　大学毕业返乡淘宝开店，

　　　　　把土特产卖到全国 ····· 20

课后习题 ·················· 21

实训任务 ·················· 21

第2章　申请与简单装修淘宝店铺 ····· 22

2.1　成为淘宝网会员 ·········· 22

　2.1.1　注册淘宝网会员 ········ 22

　2.1.2　登录淘宝网 ··········· 26

2.2　开通支付宝 ············· 27

　2.2.1　开通网上银行 ········· 27

　2.2.2　开通支付宝 ··········· 28

　2.2.3　修改支付宝登录密码 ···· 30

　2.2.4　给支付宝账户充值 ······ 33

2.3　发布商品 ·············· 36

　2.3.1　配有高质量的商品图片 ·· 36

　2.3.2　写好宝贝介绍，勾起买家的购买

　　　　　欲望 ·············· 39

　2.3.3　发布具有吸引力的商品 ·· 39

2.4　设置并简单装修店铺 ······ 43

　2.4.1　选择合适的店铺风格 ···· 43

　2.4.2　添加店铺公告 ········· 45

　2.4.3　店铺基本设置 ········· 48

　2.4.4　设置宝贝分类，让商品清晰

　　　　　有序 ·············· 49

案例分析　在校大学生淘宝开店 ···· 52

课后习题 ·················· 53

实训任务 ·················· 53

第3章　在淘宝网成交第一笔生意 ····· 54

3.1　使用千牛软件与客户沟通 ··· 54

　3.1.1　使用千牛软件查找并添加客户 ·· 54

　3.1.2　加入别人创建的群 ······ 55

　3.1.3　迅速回复客户 ········· 56

　3.1.4　如何使用千牛表情拉近与客户

　　　　　的距离 ············· 57

3.1.5 巧设千牛软件，让别人用关键词
找你 ·············· 59
3.1.6 查看聊天记录 ·············· 60
3.2 出售商品完成交易 ·············· 61
3.2.1 选择物流公司发货 ·············· 62
3.2.2 处理退款 ·············· 63
3.2.3 评价买家 ·············· 65
3.2.4 从支付宝中提现 ·············· 66
案例分析 白领兼职开网店月入万元 ·············· 68
课后习题 ·············· 69
实训任务 ·············· 69

第4章 商品拍摄和图片处理 ·············· 70
4.1 摄影器材的选择 ·············· 70
4.1.1 数码相机的选购技巧 ·············· 70
4.1.2 用普通数码相机拍摄出高质量
的图片的技巧 ·············· 71
4.2 拍摄商品图片前的准备工作 ·············· 73
4.2.1 光线的运用 ·············· 73
4.2.2 使用模特与道具 ·············· 75
4.2.3 在户外拍摄商品 ·············· 75
4.2.4 在简易摄影棚中拍摄商品 ·············· 77
4.3 不同类别的商品拍摄 ·············· 78
4.3.1 服装商品拍摄实战 ·············· 78
4.3.2 数码商品拍摄实战 ·············· 80
4.3.3 饰品商品拍摄实战 ·············· 82
4.4 使用 Photoshop 简单处理商品图片 ·············· 84
4.4.1 调整拍歪的图片 ·············· 84
4.4.2 放大与缩小图片 ·············· 85
4.4.3 自由裁剪图片到想要的尺寸 ·············· 85
4.4.4 将图片保存为 GIF 格式 ·············· 87
4.4.5 调整曝光不足的图片 ·············· 87
4.4.6 调整曝光过度的图片 ·············· 88

4.4.7 调整模糊的图片让细节更
明显 ·············· 89
4.5 使用 Photoshop 美化商品图片 ·············· 91
4.5.1 为图片添加水印防止被他人
盗用 ·············· 91
4.5.2 为图片添加相框提高商品
档次 ·············· 93
4.5.3 把图片中的商品抠出来 ·············· 94
4.5.4 把抠出来的图片合成 ·············· 96
案例分析 在网上开店，商品图片很重要 ·············· 97
课后习题 ·············· 97
实训任务 ·············· 98

第5章 网店装修 ·············· 99
5.1 设计店标 ·············· 99
5.1.1 设计店标的基本方法 ·············· 99
5.1.2 设计网店的店标实例 ·············· 100
5.1.3 将店标发布到店铺 ·············· 102
5.2 设计美观的图片公告 ·············· 104
5.3 设计宝贝分类按钮 ·············· 111
5.3.1 制作分类按钮图片 ·············· 111
5.3.2 上传图片并设置店铺的分类 ·············· 113
5.4 设计店铺招牌 ·············· 117
5.4.1 制作店招 ·············· 117
5.4.2 将店招应用到店铺中 ·············· 120
案例分析 网店装修师零成本赚大钱 ·············· 123
课后习题 ·············· 124
实训任务 ·············· 124

第6章 淘宝免费资源和淘宝 SEO ·············· 125
6.1 了解客户 ·············· 125
6.1.1 了解客户会逛什么样的店铺 ·············· 125
6.1.2 了解客户的浏览习惯 ·············· 127
6.2 做好论坛免费引流 ·············· 128

6.2.1 精华热帖是如何炼成的 ……… 128

6.2.2 精华热帖题材的选用技巧 …… 130

6.3 常见的免费推广 …………… 131

6.3.1 互相添加友情链接增加店铺

流量 ……………… 131

6.3.2 相互收藏店铺增加人气 …… 132

6.3.3 灵活运用信用评价也是推广的

妙招 ……………… 134

6.3.4 参加店铺优惠券,与淘宝网一同

促销 ……………… 135

6.4 淘宝商品搜索排名规则 …… 136

6.5 宝贝标题 SEO ………… 139

6.5.1 宝贝标题和宝贝属性 …… 140

6.5.2 选取关键词的技巧 …… 140

6.5.3 商品标题的结构和组合方式 … 141

6.5.4 在标题中突出卖点的技巧 … 142

6.6 优化宝贝详情页 ………… 143

6.6.1 撰写宝贝详情页的步骤 … 143

6.6.2 写好宝贝描述,有效提高销售

转化率 …………… 145

案例分析 写出精华热帖引爆店铺流量 … 147

课后习题 …………………… 148

实训任务 …………………… 148

第7章 淘宝宣传推广工具 ……… 149

7.1 报名"淘金币营销" ……… 149

7.2 报名淘宝"天天特卖" …… 150

7.3 报名"免费试用中心" …… 154

7.4 参加"聚划算"活动 …… 156

7.5 加入"供销平台" ……… 159

7.6 使用宝贝"满就送" …… 162

7.7 使用店铺优惠券 ……… 164

7.8 直通车推广打造爆款 …… 168

7.8.1 直通车广告展示位置 …… 168

7.8.2 直通车的计费方式 …… 168

7.8.3 加入淘宝直通车 …… 169

7.8.4 新建推广计划 …… 170

案例分析 境外代购成就创业梦 ……… 174

课后习题 …………………… 175

实训任务 …………………… 175

第8章 大数据分析利器——

"生意参谋" ……… 176

8.1 生意参谋平台概述 …… 176

8.2 实时直播抢占生意先机 …… 177

8.2.1 实时概况总览所有终端的

数据 ……………… 177

8.2.2 通过实时来源分布来分析流量

来源 ……………… 177

8.2.3 实时榜单分析热门宝贝 …… 178

8.2.4 通过实时访客来分析买家信息

及访问习惯 …… 178

8.3 用好流量纵横,生意突飞猛进 ……… 179

8.3.1 生意参谋的流量概况 …… 179

8.3.2 访客分析 …………… 180

8.4 交易分析让卖家全面掌握网店交易

状况 ……………… 181

8.4.1 从交易概况分析店铺的整体

交易情况 …… 181

8.4.2 从交易构成分析店铺交易

情况 ……………… 182

案例分析 淘宝自创品牌,成就大生意 …… 183

课后习题 …………………… 184

实训任务 …………………… 184

第9章 网店物流 ………… 185

9.1 选择优秀的快递公司 …… 185

9.1.1 选择合适的送货方式 ……… 185

9.1.2 国内常见的快递公司 ……… 186

9.2 商品的包装 ……… 190

9.2.1 包装商品的方法 ……… 190

9.2.2 用商品包装收买人心 ……… 192

9.3 如何打消买家对物流的疑虑 193

9.4 与快递公司砍价的小窍门 194

9.5 注意避免发生物流纠纷 ……… 194

9.5.1 买家签收注意事项 ……… 195

9.5.2 物流纠纷的解决办法 ……… 195

案例分析 研究生毕业淘宝开店两个月

冲皇冠 ……… 196

课后习题 ……… 196

实训任务 ……… 197

第 10 章 网店客服及客户关系维护 ……… 198

10.1 网店客服的招聘 ……… 198

10.1.1 网店招聘客服的要求 ……… 198

10.1.2 招聘到合适的网店客服人员的

方法 ……… 199

10.2 网店客服必备的知识和能力 ……… 199

10.2.1 网店客服应具备的专业

知识 ……… 200

10.2.2 网店客服应具备的服务

态度 ……… 201

10.3 网店客服沟通的技巧 ……… 203

10.3.1 说服客户的技巧 ……… 203

10.3.2 应对客户砍价的技巧 ……… 203

10.3.3 如何与客户沟通 ……… 206

10.3.4 应对不同类型的客户的

技巧 ……… 207

10.3.5 坚持售后回访，提高销

售额 ……… 208

10.4 处理退换货和冲突 ……… 209

10.4.1 制定合理的退货和换货

政策 ……… 209

10.4.2 怎样避免客户退货 ……… 209

10.4.3 合理处理矛盾和冲突 ……… 210

10.5 理性对待中评或差评 ……… 211

10.5.1 怎样对待客户的中评

或差评 ……… 211

10.5.2 避免客户的中评或差评 ……… 212

10.5.3 引导客户修改中评或差评 213

10.6 客户关系管理维护 ……… 213

10.6.1 客户关系管理的概念 ……… 214

10.6.2 客户会员管理 ……… 214

10.6.3 将会员分类并设置不同

折扣 ……… 217

10.6.4 给客户发红包 ……… 221

案例分析 与客户沟通的禁忌 ……… 222

课后习题 ……… 224

实训任务 ……… 224

第1章　电商运营基础

电子商务的普及，带给年轻人更多的工作机会。辞去朝九晚五的枯燥工作，全职开网店，坐在家中创业，已成为越来越多年轻人的全新选择。由此可见，电子商务的前景是美好的，让我们衷心祝愿：网店发展越来越好，卖家生意越做越顺！

1.1　认识电子商务

随着全球电子商务的高速发展，我国电子商务的发展动力持续增强。未来几年，我国电子商务市场仍将保持较高的复合增长率。

1.1.1　电子商务的概念

随着互联网的迅速发展，电子商务已深入人们生活的方方面面。那么，电子商务是什么呢？

所谓电子商务（Electronic Commerce，EC），通常是指在全球各地广泛的商业贸易活动中，在互联网开放的网络环境下，基于浏览器/服务器的应用方式，买卖双方不见面而进行各种商贸活动，实现买家的网上购物、商户之间的网上交易和在线支付以及各种商务活动、交易活动、金融活动与相关的综合服务活动的一种新型商业运营模式。图 1-1 所示为 B2C（Business to Customer）电子商务网站交易流程。

电子商务最重要的是"商务"，网站只不过是其后台支撑。

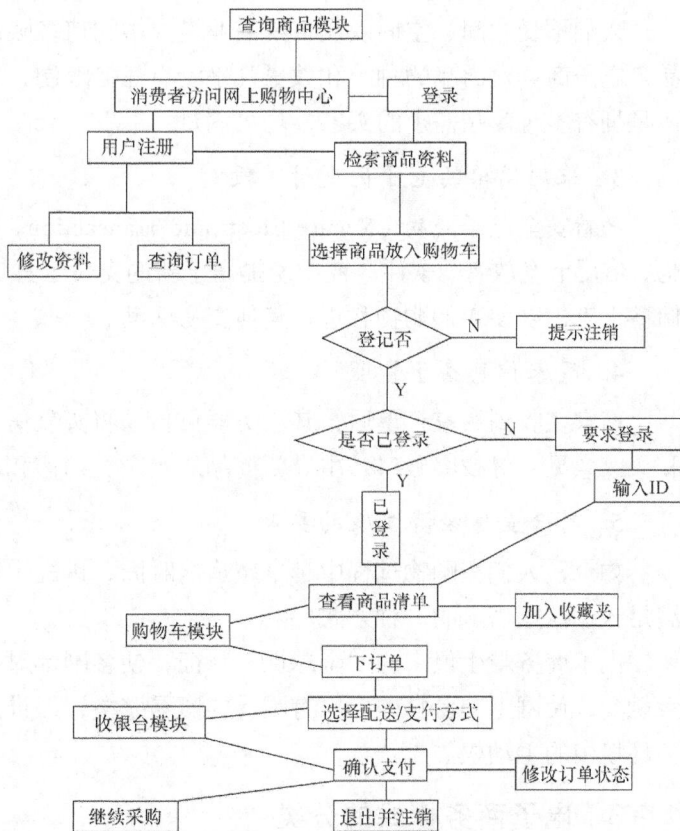

图 1-1　B2C 电子商务网站交易流程

而完整的电子商务过程是指一切利用现代信息技术开展商业活动的电子化过程，网上购物仅仅是电子商务的一小部分。

在电子商务活动中，人们不再是面对着实实在在的货物，通过纸介质单据（包括现金）进行交易，而是通过网上琳琅满目的商品信息、完善快捷的物流配送系统和方便安全的资金结算系统进行交易。

1.1.2　电子商务的特点

电子商务作为一种新型的商业模式，具有以下特点。

1. 交易环节少、营销成本低

电子商务减少了商品流通的中间环节，节省了大量的开支，从而也大大降低了商品流通和交易的成本。在传统商业模式中，企业不得不投入很大一部分资金用于开拓分销渠道，并让出很大一部分利润给各级经销商，从而使买家承担高昂的最终价格。电子商务则打破了这一局面，使厂家和买家绕过传统商业模式中的经销商直接进行联系，从而使销售价格更加合理。图1-2所示为传统的商业模式。

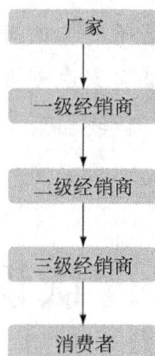

图1-2　传统的商业模式

2. 不受各种限制

人们不受时间、空间以及传统商业模式中的诸多限制，可以随时随地进行电子商务交易。电子商场对商品的种类和数量几乎没有任何限制，无论是具备很强经营能力的卖家，还是拥有多种商品需求的买家，均可满足。

3. 采用简单的电子化支付手段

随着安全电子交易（Secure Electronic Transaction，SET）协议的推出，各银行金融机构、信用卡发放者、软件厂商纷纷提出了新的支付工具，包括信用卡、电子现金、智能卡、储蓄卡等，以便人们购物和进行其他交易活动。

4. 买家信息易于管理

商家在收到买家订单后，其服务器可自动将买家信息汇集到数据库中，通过分析订单和买家意见，寻找突破口，引导新商品的生产、销售和消费。

5. 符合全球经济发展的要求

如今，人们在购物过程中越来越追求时尚、讲究个性、注重环境，而网上购物便是能满足人们这些需求的一种方式。

电子商务与生俱来的"全球性"特征，使各国都对其予以高度重视。网络的跨国界及大触角，使网上交易打破了原有国界的贸易壁垒，即谁主导了电子商务，谁就掌握了新商务环境中的主动权。

1.1.3　电子商务模式的分类

电子商务模式是指企业通过互联网开展经营活动取得营业收入的基本方式，也就是在网络环境中基于一定技术基础的商务运作方式和盈利模式。目前，常见的电子商务模式主要有 B2B、B2C、C2C、O2O 等。

1. B2B 电子商务模式

企业与企业之间（Business to Business，B2B）的电子商务模式，是指企业与企业建立商业伙伴的关系。企业与企业建立商业伙伴的关系是希望通过各自所提供的商品形成互补的发展机会，从而共享利润。例如，阿里巴巴和华强电子网就是典型的 B2B 电子商务网站。图 1-3 所示为华强电子网。

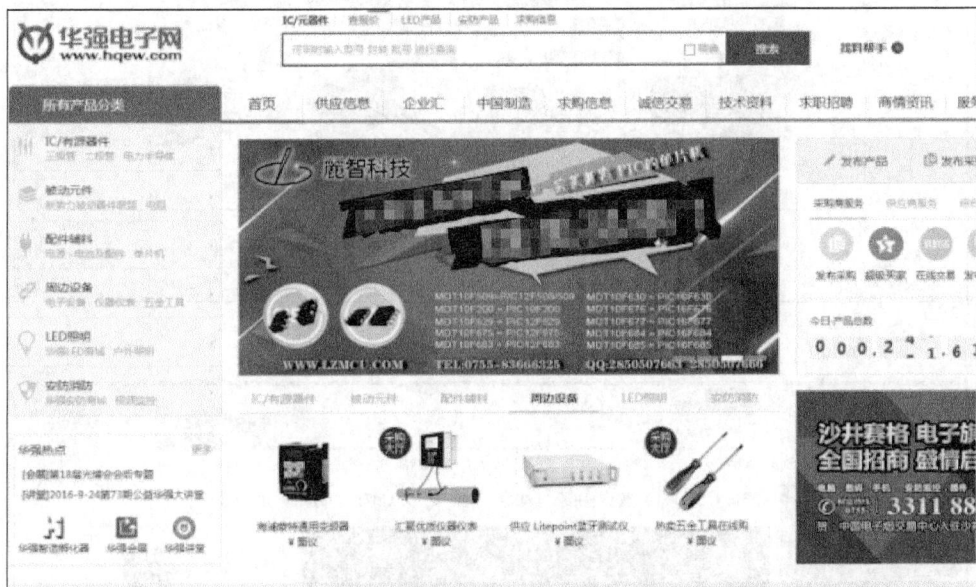

图 1-3　华强电子网

目前，国内 B2B 电子商务网站的发展大体有两种路线：一种是由阿里巴巴领头的综合类 B2B 平台；另一种是垂直类 B2B 平台，如中国服装网、全球五金网、环球塑化网、华强电子网、中国鞋网、中国化工网等。

2. B2C 电子商务模式

企业与消费者之间（Business to Customer，B2C）的电子商务模式，即企业通过互联网为买家提供一个新型的购物环境——网上商店，买家通过互联网进行购物、支付。B2C 是我国最早产生的一种电子商务模式，其一般以网络零售业为主，借助于互联网开展在线销售活动。

典型的 B2C 电子商务网站有亚马逊网上商店、唯品会、聚美优品、京东商城、当当网等。图 1-4 所示为当当网。

3. C2C 电子商务模式

消费者与消费者之间（Consumer to Consumer，C2C）的电子商务模式，即消费者和消费者之间通过 C2C 电子商务网站达成交易的过程。典型的 C2C 电子商务网站有易趣网、淘宝网等。图 1-5 所示为淘宝网。

图 1-4　当当网

图 1-5　淘宝网

随着互联网的迅速发展，网上购物这种方式在人们的生活中已经十分普遍。如果没有一个合适的供应商平台，仅靠买卖双方进行单纯的互联网人工搜索是很难发现的。其结果大多是买家没有买到自己想要的商品，卖家也没有很好的销量。

C2C 电子商务模式，使卖家和买家之间的信誉问题得到了很大的改善。该模式对买卖双方信誉的监督和管理、交易的监控、物流的跟踪，最大限度地防止了欺诈性事件的发生，确保了买卖双方的利益。

4. O2O 电子商务模式

线上到线下（Online to Offline，O2O）的电子商务模式是目前非常火爆的概念，即将线下服务与互联网结合在一起，让互联网成为线下交易的前台。

这样，线下服务就可以在线上揽客，买家就可以在线上筛选服务，交易也就可以在线上结算。图 1-6 所示的美团网采用的是典型的 O2O 电子商务模式。

图 1-6　美团网

O2O 电子商务模式的优势在于实现了线上与线下的完美结合。通过网络平台，卖家把自己的网店与实体店完美对接，让买家在享受线上优惠价格的同时，还可享受线下方便快捷的服务。同时，O2O 电子商务模式还可实现不同卖家的联盟。

O2O 营销模式的核心是在线支付，在线支付不仅是支付本身完成的标志，还是某次消费得以最终形成的唯一标志，更是消费数据唯一可靠的考核标准。其实对提供 Online 服务的互联网专业公司而言，只有用户在线上完成支付，他们才能从中获得效益。

1.2　跨境电商

跨境电商为买卖双方搭建起一个自由、开放、通用、普惠的全球贸易平台。在这个平台上，亿万买家随时随地可以购买全球的商品，企业也可以把商品卖到全球，从而真正实现全球连接、全球联动。可以预见，跨境电商将会成为未来全球贸易的主要形式。

1.2.1 跨境电商的概念

跨境电商是指分属不同关境的交易主体，通过电子商务平台达成交易、进行支付结算，并通过跨境物流送达商品、完成交易的一种国际商业活动。

我国的跨境电商主要分为企业对企业（即 B2B）和企业对消费者（即 B2C）两种贸易模式。在 B2B 电子商务模式下，企业依靠电子商务，以广告和信息发布为主，成交和通关流程基本在线下完成，本质上仍属传统贸易。在 B2C 电子商务模式下，企业直接面对国内外消费者，以销售个人消费品为主，物流方面主要采用航空小包、邮寄、快递等方式，其报关主体是邮政或快递公司。我国跨境电商行业有以下 4 个特征。

（1）跨境电商交易规模持续扩大，在我国进出口贸易中所占比例越来越高。

（2）跨境电商以出口业务为主，出口跨境电商有望延续快速发展的态势。

（3）跨境电商以 B2B 电子商务模式为主，B2C 电子商务模式逐渐兴起且有扩大的趋势。

（4）国家政策对跨境电商的扶持力度大幅增加。

当前国际贸易增速趋缓，为开拓市场、提高效益，越来越多的卖家开始着力于减少流通环节、降低流通成本、拉近与国外消费者的距离，而跨境电商便为其提供了有利的渠道。

跨境电商业务包括进口业务和出口业务。同样，跨境电商也包括进口跨境电商和出口跨境电商。

（1）进口跨境电商。进口跨境电商是指境外卖家将商品直销给国内买家，一般是国内买家先访问境外卖家的购物网站并从中选择商品，然后下单并完成支付，最后由境外卖家发国际快递给国内买家。

（2）出口跨境电商。出口跨境电商是指国内卖家将商品直销给境外买家，一般是境外买家先访问国内卖家的购物网店从中选择商品，然后下单并完成支付，最后由国内卖家发国际物流给境外买家。

1.2.2 跨境电商平台简介

当前，中国跨境电商行业风云乍起，群雄逐鹿。尽管竞争激烈，仍不乏优秀企业的诞生。而最具代表性的优秀企业：阿里巴巴、环球资源网、兰亭集势、焦点科技（中国制造网）和网易考拉海购。其中，阿里巴巴包括 B2B 和 B2C 两种业务，环球资源网和焦点科技（中国制造网）主营 B2B 业务，网易考拉海购和兰亭集势主营 B2C 业务。

1. 阿里巴巴全球速卖通

阿里巴巴集团于 1999 年注册成立，是中国最大的电子商务企业。阿里巴巴在跨境电商方面涉足较深，目前主要有全球速卖通、淘宝全球购、天猫国际。全球速卖通于 2010 年 4 月正式上线，是阿里巴巴旗下唯一面向全球市场的在线交易平台，被广大卖家称为"国际版淘宝"。全球速卖通面向境外买家，通过支付宝国际账户进行担保交易，并使用国际快递发货。图 1-7 所示为阿里巴巴全球速卖通。

图 1-7　阿里巴巴全球速卖通

2. 环球资源网

环球资源网既是一个多渠道的 **B2B** 国际贸易平台，也是大中华地区双边贸易的主要促进者。环球资源网为专业的买家提供采购信息，并为供货商提供综合的市场推广服务。公司的核心业务是通过一系列英文媒体，包括环球资源网站、印刷及电子杂志、采购信息报告、"买家专场采购会"、贸易展览会等形式促进亚洲各国的出口贸易。图 1-8 所示为环球资源网。

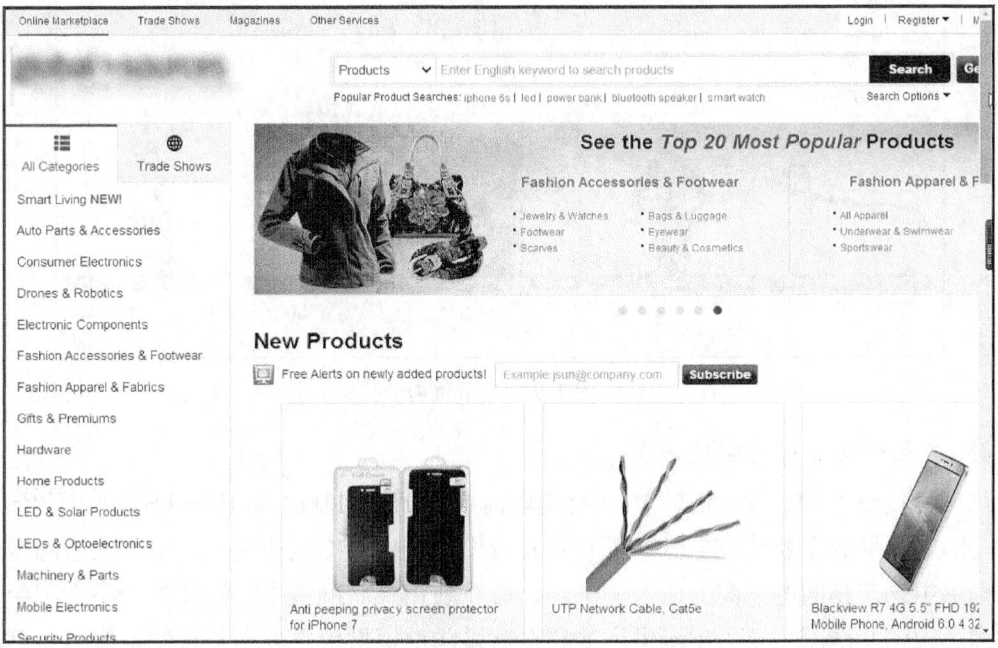

图 1-8　环球资源网

3. 兰亭集势

兰亭集势成立于 2007 年,是一家整合了供应链服务的在线 B2C 企业。兰亭集势拥有一系列供应商,并拥有自己的数据仓库和长期的物流合作伙伴。兰亭集势通过自有电商平台,以及在 eBay 和亚马逊等境外电商平台上开店的方式,将中国的商品卖到北美和欧洲等主要境外市场。随着国家对跨境电商的重视与扶持,兰亭集势已经与多地合作,走通了跨境电商出口退税流程。图 1-9 所示为兰亭集势。

图 1-9 兰亭集势

4. 焦点科技(中国制造网)

焦点科技旗下最具代表性的 B2B 跨境电商平台是中国制造网。中国制造网创建于 1998 年,是国内最早的专业从事电子商务开发及应用高新技术的企业之一。中国制造网是面向全球提供中国产品的电子商务服务的网站,旨在利用互联网将中国制造的产品介绍给全球采购商。中国制造网主要为中国供应商和全球采购商提供信息发布与搜索等服务,已成为全球采购商采购中国制造产品的重要网络渠道之一。图 1-10 所示为中国制造网。

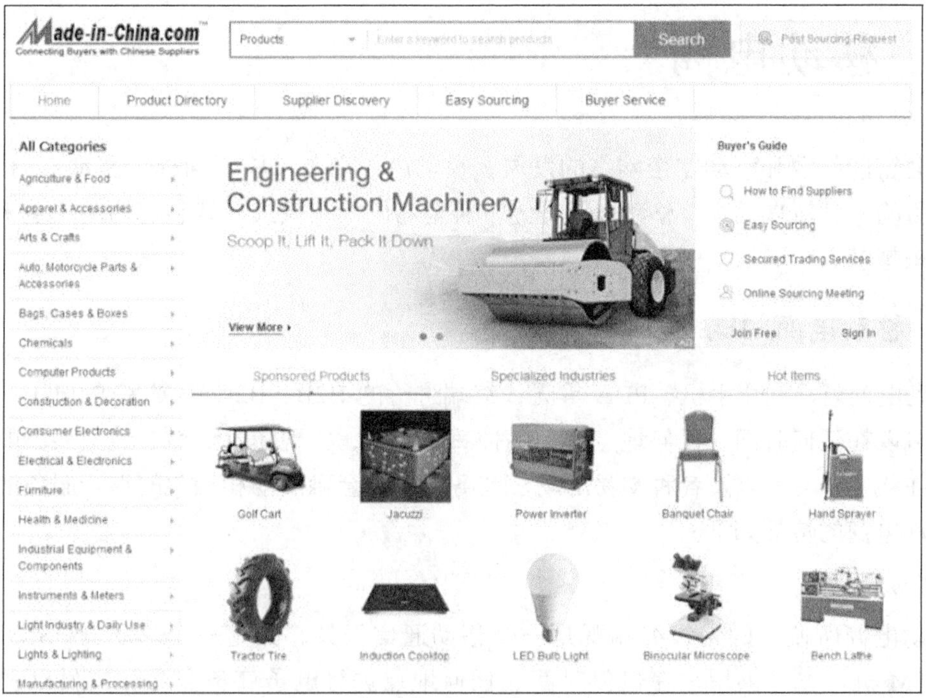

图 1-10　中国制造网

5. 网易考拉海购

网易考拉海购是我国目前为数不多的自营跨境电商之一，而自营的优势就在于能更好地把控货品。网易考拉会直接到境外与品牌厂商、一级供货商签订合作协议，自己先当买家，然后到货源地进行大量采购，等货物通关进入保税区后，再配送给买家，这样就省去了很多不必要的环节，从而为买家提供优惠的价格。图 1-11 所示为网易考拉海购。

图 1-11　网易考拉海购

1.3 移动电商

随着智能终端和移动宽带网络的发展，移动电子商务（以下简称"移动电商"）成为电子商务的一种新兴模式。移动电商作为一种全新的消费模式，其影响的范围越来越大、领域越来越多。

1.3.1 移动电商的概念及特征

移动电商就是利用手机、PDA 等无线终端进行的 B2B、B2C 或 C2C 的电子商务。它使人们可以在任何时间、任何地点进行各种商贸活动，实现随时随地、线上线下的购物与交易、在线电子支付以及各种交易活动、商务活动、金融活动和相关的综合服务活动等。

移动电商的特征如下。

1. 方便

移动电商所使用的无线终端既是一个移动通信工具，又是一个移动 POS 机、一个移动 ATM 机。它可供用户在任何时间、任何地点进行电子商务交易和支付以及办理银行业务。

2. 不受时空限制

移动电商最大的优势就是能使用户随时随地获取所需的服务、应用、信息和娱乐。用户可以在任何方便的时候，使用智能手机或 PDA 查找、选择及购买商品或其他服务。

3. 安全

手机银行用户可使用银行可靠的密钥对信息进行加密，传输过程全部使用密文，从而确保支付安全、可靠。

4. 开放性、包容性

移动电商采用无线接入方式，使任何人都更容易进入网络世界，也使网络范围延伸更广阔，因而具有开放性；同时，它使网络功能虚拟化成为现实，因而具有包容性。

5. 潜在用户规模大

目前，我国的移动电话用户数已突破 13 亿。显然，从普及程度来看，移动电话远远超过了计算机。而从消费用户群体来看，手机用户中包含了大量消费能力强的中高端用户。由此不难看出，以移动电话为载体的移动电商不论是在用户规模方面，还是在用户消费能力方面，都优于传统的电子商务。

6. 易于推广使用

移动通信灵活、便捷的特点，决定了移动电商更适合大众化的个人消费领域，如自动支付系统、半自动支付系统、日常费用收缴系统、移动互联网接入支付系统等。

7. 迅速灵活

移动电话用户可根据自己的需求和喜好灵活选择访问和支付方法，并设置个性化的信息格式。

1.3.2 移动电商的商务模式

随着移动互联网的异军突起、智能终端的强势逆袭，以及电子商务的快速发展，众多传统企业纷纷踏上了移动电商之路。移动电商的商务模式主要有以下几种。

1. 传统 PC 电商移植到移动电商

以手机淘宝、京东移动端等为代表的传统 PC 电商移植到移动电商的主要目标是拓展移动互联网的流量资源，其平台、卖家和供应链的本质并没有太大变化。图 1-12 所示为手机淘宝页面。

2. 以买卖宝为代表的移动 B2C 电商

买卖宝成立于 2006 年，是一家专注于移动互联网的在线零售平台，致力于为中国广大的草根群体提供物美价廉的商品和便捷高效的服务。目前，买卖宝（见图 1-13）商城已有近 20 个分类频道，包括手机数码、服装、鞋、护肤品、箱包、饰品等 10 万余种商品，日均访问用户数超过 800 万。

图 1-12　手机淘宝页面

图 1-13　买卖宝

3. 微店模式

目前，大多数微商都是使用微信开店工具创建微商店铺，然后通过微信把店铺里的商品分享到公众账号或者朋友圈。其主要类型如下。

（1）依托口袋购物平台上的微店，如图 1-14 所示。

（2）依托微信公众平台上的微信小店。

（3）依托京东微店、有赞（原口袋通）、微盟旺铺这三大微店渠道。

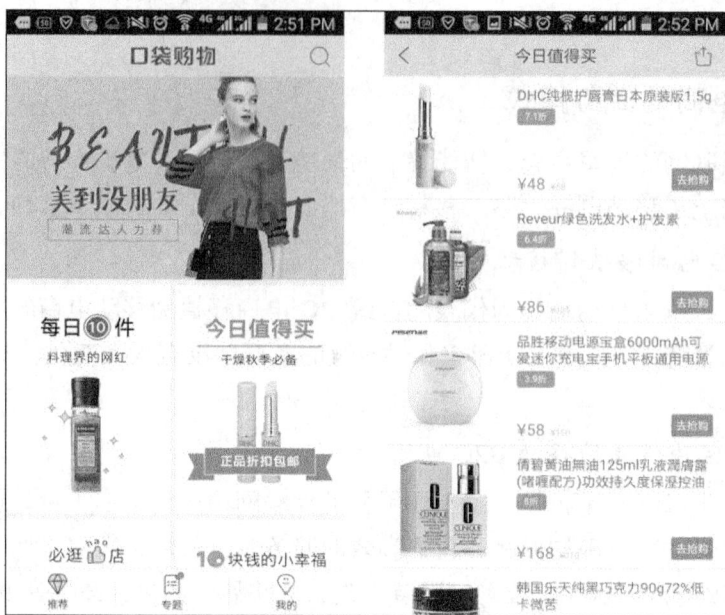

图 1-14　口袋购物平台上的微店

随着 O2O 的发展，微店体验店模式，即微店全渠道模式出现。微店实现了二维码全覆盖，可以扫描订单、商品、会员卡等具有二维码的物品。同时，微店还将移动网络、平面和电子海报、数字货架等系统予以整合。

1.3.3　移动电商的发展趋势

随着智能手机的发展，移动互联网时代已经到来。在这个社交化、本地化、移动化和个性化的时代，智能手机消费群体悄然崛起，正在掀起第三次零售革命。全球消费者被实时连接起来，所有商业则可不受时空的限制，运行在移动智能终端上。

基于 PC 端互联网的电子商务 1.0 时代，造就了亚马逊和阿里巴巴等杰出的电子商务平台型企业的巨大成功。移动互联网的普及让网络购物展现出新的面貌，并带来新的增量。

手机网民规模大于其他设备网民规模并继续保持稳定增长，意味着手机依然是中国网民增长的主要驱动力。

截至 2019 年年初，中国移动购物行业用户规模近 8 亿，交易额超 6 万亿元，网购的移动渗透率还将持续提高。目前，小红书、达令等新兴电子商务企业已经把业务完全放在移动端，而 PC 端只提供展示和 App 下载功能。同时，阿里巴巴、京东等电子商务企业也在持续加大力度开发移动端、扩充商品品类，这在一定程度上助推了移动端渗透率的提高。

1.4　农村电商

电子商务对农村生活的影响日益显著。2015 年以来，在"互联网+"浪潮的驱动下，阿里巴巴、京东、苏宁等电商巨头开始把触角伸向农村。与此同时，农村电子商务从业者也开始思考怎么利用"互联网+"这一大风口，提高农产品等商品的附加值，把它们卖到更远的地方。

1.4.1 农村电商概述

农村电商通过网络平台嫁接各种服务于农村的资源，拓展农村信息服务业务、服务领域，使之成为遍布乡、镇、村的"三农"信息服务站。农村电商作为农村电子商务平台的实体终端直接扎根于农村，服务于"三农"，真正使农民成为平台的最大受益者。

我国是一个发展中国家，同时也是一个城乡差别巨大的国家。我国的农产品市场既庞大又分散，在农业领域应用电子商务可以将分散的个体以一定的结构组织起来进行管理，从而提高分散个体的市场竞争力。此外，利用互联网还可将农业市场延伸到世界的任何一个角落，为我国的农业提供一个全球性的巨大市场。因此，农村电商有着巨大的市场潜力和广阔的发展前景。

农村电商有以下优势。

（1）提供多样化选择，满足农村消费者的需求。近年来，我国农村的消费水平大幅提高，但是获得商品的渠道过少，而农村电商的发展正好解决了这个问题，可以满足消费者的更多需求。

（2）为农产品提供了销售渠道，提高农民收入。农产品销售渠道单一一直困扰着农民，而农村电商则解决了这个问题。通过电商平台，农民可以把农产品销售到全国各地甚至全球，从而大大提高了收入。

（3）受到国家的大力支持。国家对农村电商的发展给予了政策支持，包括鼓励高校毕业生、农村青年、返乡农民工等积极参与农村电商。此外，国家还投入了大量资金支持农村电商的发展。

1.4.2 农村电商的商务模式

农村电商可以很好地实现农业生产与市场需求的对接。开展农产品电子商务，能够改善农产品的流通状况，促进农产品贸易。农村电子商务有以下几种常见模式。

1. B2C 电子商务模式

B2C 电子商务模式是卖家直接面向消费者销售产品的一种零售模式，主要借助于互联网开展在线销售活动，已成为目前电商领域最主要的经营业态，如优菜网、龙宝溯源商城、沱沱工社（见图 1-15）等。

该模式包括两种经营形式：一种是纯 B2C 电商网站，即自己本身不种植、不饲养任何产品，所售卖的产品均来自其他农场，其典型代表是顺丰优选、本来生活；另一种是"自有农场+B2C"，即自己本身种植产品，然后通过自建 B2C 网站的方式直接销售给消费者。

图 1-15　沱沱工社

2. 淘宝"特色中国"平台

淘宝在推进农村电商的发展过程中起到了重要的作用，尤其是重点项目"特色中国"发挥了不可替代的作用。"特色中国"是淘宝特色营销的一种，它主要是挖掘和精选全国各地的名优土特产以及名优企业，为特色农产品卖家提供展示机会。淘宝网平台开设了许多地方特色农产品馆，如临沂馆、延安馆、宝鸡馆等。图 1-16 所示为淘宝宝鸡馆销售地方特色农产品。

图 1-16　淘宝宝鸡馆销售地方特色农产品

3. 订单农业

这种模式受规模所限，大多依托淘宝网的集市店进行销售，其最大卖点是经营者承诺用最天然的方式种植，即不打农药、不施化肥、不加生长素等。这是一种订制模式，其最大的特点是以销定产，即根据消费需求进行生产，从而避免盲目生产。

4. 家庭会员宅配模式

这种模式主要是通过家庭会员宅配的方式，把企业的产品直接配送给家庭会员。其主要盈利来源是家庭会员的年卡、季卡或月卡消费，这种模式的典型代表是多利农庄，如图1-17所示。多利农庄在经营之初就确定了"压缩中间环节"的经营原则，并最终选择了直销的方式，采取了会员预售的模式，即会员以月、半年或年度为周期预先付费，打包销售。

图 1-17　多利农庄

1.4.3　淘宝村

淘宝村是指有大量网商聚集，以淘宝、天猫为主要交易平台，以淘宝电商生态系统为依托，形成规模和协同效应的网络商业群聚现象的村子。淘宝网作为国内电商平台的代表，给农村带来的变化十分显著。

淘宝网是一个低门槛、以中小型企业和个人创业者为主的网络创业平台，为农民创业提供了天然的优质土壤。对于收入偏低、抗风险能力弱、零散时间宽裕的农民来说，淘宝网可满足其各项实际需求。

《中国淘宝村研究报告（2009—2019）》显示，10年间，中国淘宝村数量从3个增加到4 310个，淘宝镇数量达到1 118个，覆盖了2.5亿人口；2018年，全国淘宝村和淘宝镇网店年销售额共计超过7 000亿元，在全国农村网络零售额中占比接近50%，提供就业机会超过683万个。

过去10年，淘宝村成为县域经济数字化转型的抓手。2019年，全国淘宝村集群达到

95 个。例如，浙江义乌小商品、山东曹县演出服、江苏睢宁家具等产品电商年销售额达数十亿元甚至上百亿元。

"淘宝村"的财富效应，带动了周边村庄的模仿和跟进。同时，随着具备更强计算机操作能力和网购意识的返乡大学生的加入，各地发展淘宝村有了更多的支撑力量。

1.5 选择合适的网上开店平台

在网上开店需要一个好的平台，一般是创业者通过在大型网站注册成为会员，然后在其上开设店铺售卖商品。在人气高的网站上注册并开店是目前国内最火爆的开店方式。

1.5.1 淘宝网

淘宝网成立于 2003 年 5 月 10 日，由阿里巴巴集团投资创办。2003 年淘宝网成立时全年交易额仅为 2 271 万元，2018 年淘宝天猫仅仅"双 11"一天交易额就达 2 135 亿元。不断刷新的消费纪录，凸显着不断积聚的经济新动能，蕴涵着满足人们美好生活需求的价值逻辑，为消费增长和经济发展注入了新的活力。

淘宝网致力于推动"货真价实、物美价廉、按需定制"网货的普及，满足更多消费者对海量且丰富网货的需求，从而提高生活品质。淘宝网通过提供网络销售平台等基础性服务，帮助更多的企业开拓市场、建立品牌，实现产业升级；同时，帮助更多胸怀梦想的人实现网上创业、就业。图 1-18 所示为淘宝网首页。

图 1-18 淘宝网首页

1.5.2　京东商城

京东商城是我国最大的自营式电商企业，在线销售计算机、手机及其他数码产品、家电、汽车配件、服装与鞋类、奢侈品、家居与家庭用品等 13 大类商品。京东商城的迅猛发展，吸引了不少卖家想注册开店。图 1-19 所示为京东商城。

图 1-19　京东商城

京东商城致力于为消费者提供愉悦的在线购物体验，同时还为第三方卖家提供在线销售平台和物流等一系列增值服务。京东商城通过内容丰富、人性化的网站和移动买家端，以富有竞争力的价格，提供品类丰富的商品和品质卓越的服务，以及快速可靠的送达方式和灵活多样的支付方式。

1.6　网上开店的必备条件

在网上开店不需要支付昂贵的店面租金，也不需要自己或雇用营业员站柜台，因此具有很大的优势。可以说，只要满足网上开店的必备条件，任何人都可以在网上开店。

1.6.1　硬件准备

尽管在网上开店投资较少，操作简单，但是也需要满足一些最基本

微课 1-1

的条件。在网上开店需要以下硬件设备。

1. 计算机或智能手机

拥有一台计算机或智能手机，是在网上开店需要满足的最基本的条件。当然，最好是拥有一台方便携带、随时随地都能投入工作的笔记本电脑。商家用笔记本电脑可以更加快速、方便地与买家和厂家进行沟通，还可以及时查看和回复买家的留言，也可以起到移动硬盘的作用。当然，如果条件不允许，配一台台式计算机也可以，只要合理分配时间，同样也可以达到事半功倍的效果。图1-20所示为笔记本电脑。

图 1-20　笔记本电脑

网上开店的另一个重要条件，就是要有便捷的网络。网上开店，顾名思义，就是需要选择一个提供个人或企业店铺平台的网站进行开店。同时，还需要利用网络查询一些资料，也需要利用网络收发电子邮件或与买家和厂家进行沟通。

2. 联系电话

当然通过网络联系并不一定能解决全部问题，这时就需要用固定电话或手机来帮忙。

如果卖家同时配备了固定电话和手机，就十分方便与买家联系。买家打电话来询问，就说明买家有一定的购买意向，同时希望卖家能很好地解答自己的问题。所以，提供一个方便买家联系的固定电话或手机是很重要的。

3. 数码相机

对于很多网店而言，数码相机也是基本的装备之一。因为大部分买家都是通过图片展示和文字描述来了解商品的。卖家有了数码相机，就可以自由地将自己的商品多角度地展现给买家，使买家更加直观地感受和了解商品。如果某商品没有实物图，就很难吸引买家的注意力并激起其购买欲望，而且还会让买家怀疑该商品是否存在。图1-21所示为数码相机。

图 1-21　数码相机

当然，娴熟的拍摄技术也十分重要。在拍摄技术方面，可以多请教一下相关的专业人士，也可以通过在网上搜索来学习，以免出现高质量的数码相机拍摄出低水准图片的尴尬情况。

4．打印机和传真机

在网店的运营过程中，常常需要接收一些订单或文件，而且要收发很多资料，所以传真机也是很重要的一个设备。

当网店业务发展到一定程度时，可以选择使用打印机打印发货单，这比手写的发货单显得更正规和专业。

1.6.2　软件准备

网上开店除了需要投入必要的硬件外，还需要准备相应的软件。掌握基本的网络操作技术并学习一些相关软件的操作知识，将更有利于开展网上销售。

以下是网上开店必须掌握的网络操作技术和一些相关软件的操作知识。

1．熟练的网络操作技术

熟练的网络操作技术有利于开展网上销售，如果卖家连自己网店的网页都不会打开，那么即使具备了网上开店的一切硬件条件也难以把生意做好。

2．收发电子邮件

收发电子邮件是互联网广泛应用的服务，是一种通过网络与其他用户进行联系的简便、迅速、廉价的现代通信方式。它不但可以传送文本，还可以传递多媒体信息，如图像、声音等。通常情况下，一封邮件在几秒钟之内就可以发送至对方邮箱。同时，通过收发邮件还可以得到大量的免费新闻、专题内容，轻松实现信息搜索。

3．使用聊天软件

如果卖家能够熟练地使用一些网上即时聊天工具，如阿里旺旺、腾讯 QQ 等，或者使用其他网站平台自带的聊天工具，将有助于自己与买家和厂家的沟通。

另外，卖家在与买家聊天时打字速度要快，否则会被买家误会，觉得你没有很认真地与其交谈。可以说，很多生意往往都是在手指敲击键盘的过程中谈成的。

4．操作网站设计软件

学会操作网站设计的相关软件，可以为自己的店铺设计漂亮的广告宣传页面。为自己的店铺添加一些人性化的页面，效果通常会更好。卖家需要学习的网站设计软件主要是 Adobe Dreamweaver，它是专门的网站设计软件。

5．操作图像处理软件

买家主要是通过图片来判定网店商品的，所以精美的商品图片和宣传图片尤为重要。精美的商品和宣传图片往往会吸引买家的注意力，而质量差的图片则会使买家望而却步。用数码相机拍摄的图片，可能会存在各类问题，如曝光不足、反差过高等。因此是不是能做出漂亮的商品和宣传图片，是网上开店能否成功的一个至关重要的因素。现在的作图软件有很多种，这里推荐一款非常有用的图像处理软件——Photoshop。图 1-22 所示为使用 Photoshop 软件处理图像。

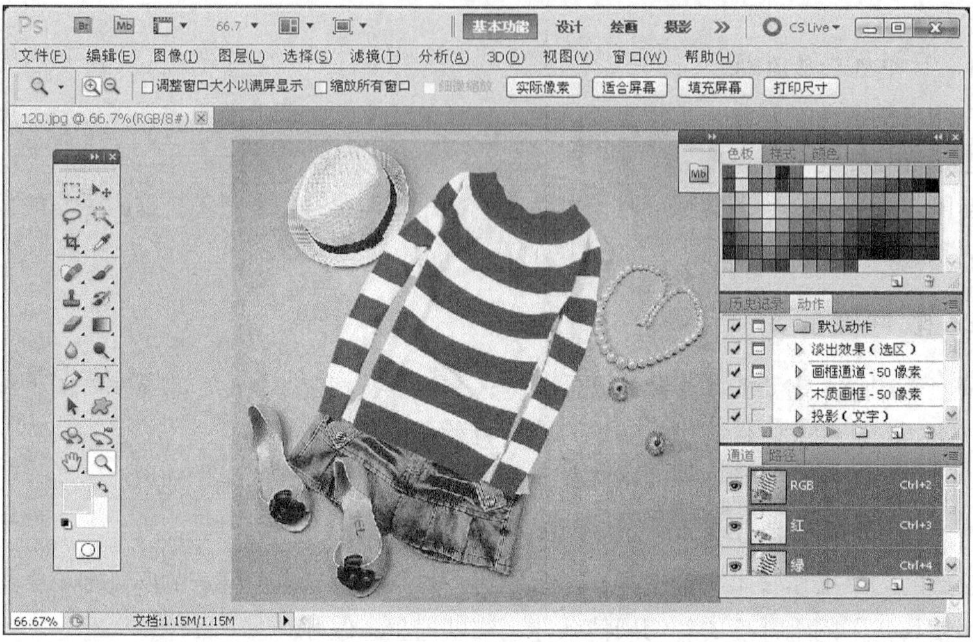

图 1-22　使用 Photoshop 软件处理图像

📖 案例分析

大学毕业返乡淘宝开店，把土特产卖到全国

2015 年，21 岁的何海燕大学毕业刚一年。"我是学外事管理的，到底回不回家乡工作，一度成为摆在我面前的一道难题。"何海燕说，她一直处于矛盾中：一方面想留在成都找一份自己喜欢的销售工作，另一方面想为家乡做点贡献。

"读书的时候，我经常给同学们带青川的土特产，发现很多人都知道青川木耳、竹荪、香菇、核桃很好，却不知道该去哪里买。"有一天，何海燕正在和好友聊天，突然想到："何不在网上销售这些土特产呢？"带着一股冲劲，何海燕毅然地回到了很多同学都不愿意去的偏僻小县，在淘宝网上开设了一家销售青川纯天然野生产品的店铺。

"开张第一个月就赚了 3 000 多元，开店 3 个多月以来，已经卖出 10 万元的土特产了。"何海燕笑着说，一方面自己获得了稳定就业，另一方面带动了周围生产农副产品的农户收入的增加。她说，现在青川的土特产不仅在川内卖得很好，在江浙一带也越来越受欢迎。

为了与网友分享自己在创业过程中的得失与经验，何海燕专门在网上发帖讲述自己的"淘金"故事。她笑着说，严把质量关、发货速度快和服务细致周到是她制胜的三大"法宝"。

"每一份订单都是我亲手称重的，可多不可少。"何海燕说，一定要做一个诚信的卖家，保证商品的质量，这样才会获得更多的回头客或推广者。她说，自己的网店刚开张时，鲜核桃正好上市，由于外地人很少吃鲜核桃，因而并不知道外面的壳有一种透明的汁，用手去壳后若不及时清洗，手就会慢慢变黑，且很难洗掉。"我便一个个去掉核桃外面的壳，挑选至凌晨 2 点多，原本 10 斤的核桃只剩 6 斤多。"她出售的鲜核桃受到买家的欢迎，第一位买家在不到一个月的时间里就买了 80 多斤。

分析：

农村电商为农村的朋友提供了在家创业的机会。农村土特产在电商市场上的热卖，得益于农村电商的快速发展。当前在淘宝网开店卖土特产最为常见，不过前提是土特产必须有名气，如砀山梨、乐陵小枣、烟台苹果等。如果没有独具特色的农副产品，那么农村淘宝店就难以发展起来。

课后习题

一、判断题

1. 电子商务就是网上购物。　　　　　　　　　　　　　　　　　　　　　　（　　）

2. 电子商务减少了商品流通的中间环节，节省了大量的开支，从而也大大降低了商品流通和交易的成本。　　　　　　　　　　　　　　　　　　　　　　　　　（　　）

3. 阿里巴巴和华强电子网就是典型的 B2C 电子商务网站。　　　　　　　（　　）

4. O2O 的优势在于把网上和网下的优势完美结合起来。线下服务就可以用线上来揽客，消费者就可以用线上来筛选服务，成交也就可以在线上结算。　　　　　　（　　）

二、思考题

1. 电子商务的特点有哪些？

2. 常见的电子商务模式有哪些？

3. 移动电商的商务模式有哪些？

4. 农村电商的商务模式有哪些？

5. 常见的网上开店平台有哪些？

6. 网上开店的必备条件有哪些？

实训任务

实训任务一：熟悉常见的电子商务模式

分别登录华强电子网、当当网、淘宝网、美团网熟悉常见的电子商务模式。

实训任务二：熟悉网上开店平台

1. 登录淘宝网，熟悉淘宝网的购物和开店过程。

2. 登录京东商城，熟悉京东商城的购物和开店过程。

第2章　申请与简单装修淘宝店铺

本章主要介绍如何注册与登录淘宝网，如何使用和管理支付宝账户，如何开通网银以及给支付宝充值，如何发布商品，如何设置和简单装修店铺。通过本章的学习，读者可以对淘宝网及其支付宝的基本功能有一个初步的认识，初步了解店铺的设置与商品的发布，为深入学习淘宝网买卖交易打下基础。

2.1　成为淘宝网会员

无论是在网上开店还是在网上购物，首先都要注册成为会员，才能享受网络提供的各种服务。在淘宝网注册成为会员，不会收取任何费用。

2.1.1　注册淘宝网会员

注册淘宝网会员的操作步骤非常简单，只需要根据提示进行操作即可。注册淘宝网会员的具体操作步骤如下。

（1）打开淘宝网首页，单击页面左上角的"免费注册"按钮，或者单击页面右侧的"注册"按钮，如图2-1所示。

微课 2-1

图 2-1　单击"免费注册"按钮或"注册"按钮

（2）打开注册协议页面，单击"同意协议"按钮，如图2-2所示。

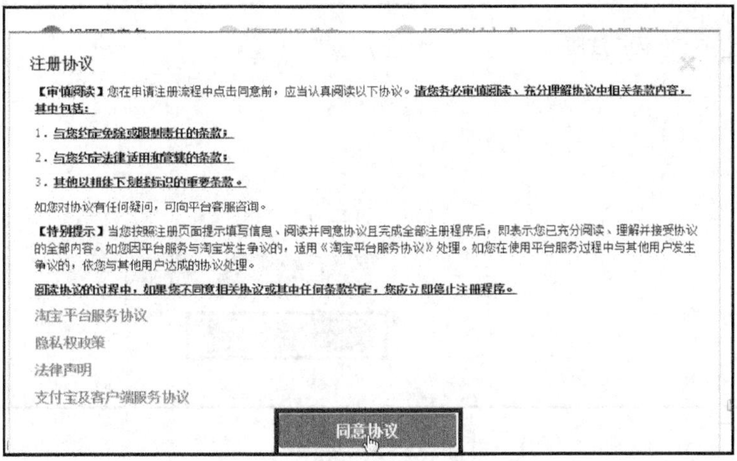

图 2-2　单击"同意协议"按钮

（3）进入图 2-3 所示的页面，输入手机号码，拖动"验证"滑块进行验证，或单击"切换成企业账户注册"进行注册。

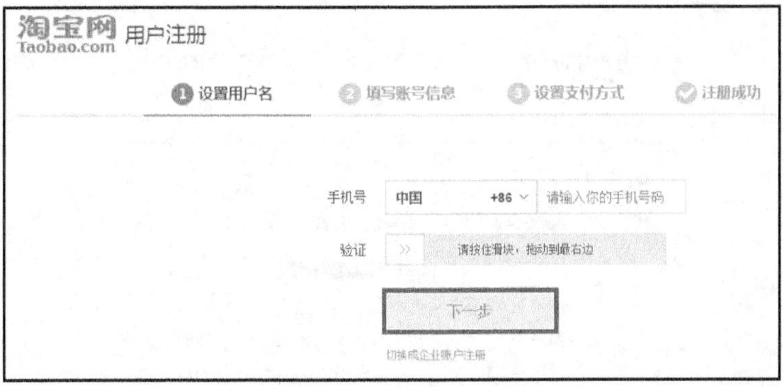

图 2-3　输入手机号码

（4）进入图 2-4 所示的页面，输入电子邮箱地址。

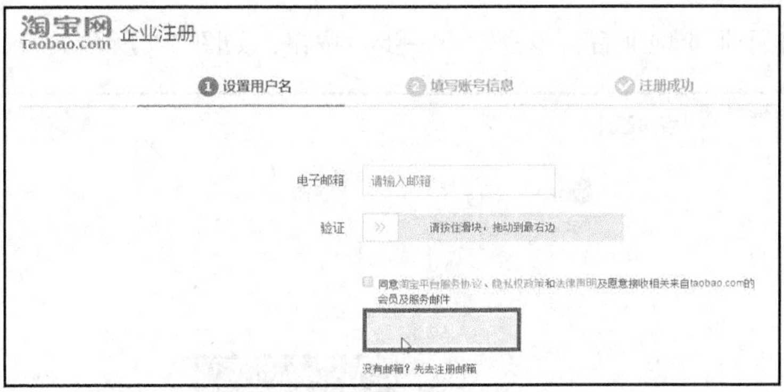

图 2-4　输入电子邮箱地址（1）

（5）拖动"验证"滑块，提示"验证通过"，单击"下一步"按钮，输入手机号码，如图 2-5 所示。

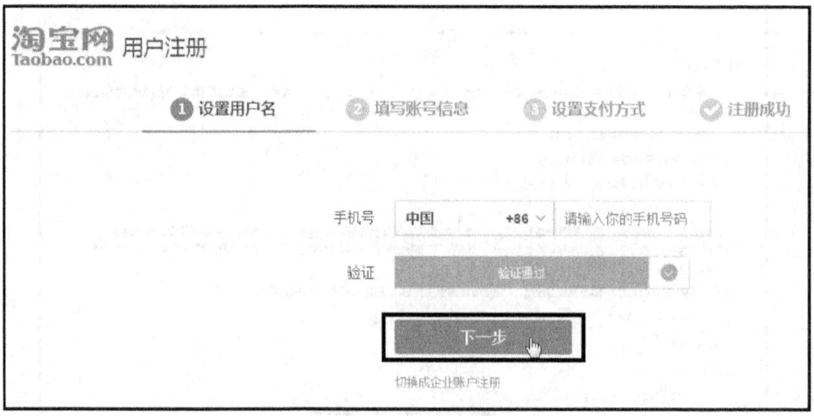

图 2-5　验证通过

（6）收到淘宝网发送的手机验证码，输入验证码后，单击"确认"按钮，如图 2-6 所示。

图 2-6　输入验证码

（7）输入电子邮箱地址后，单击"下一步"按钮，如图 2-7 所示。

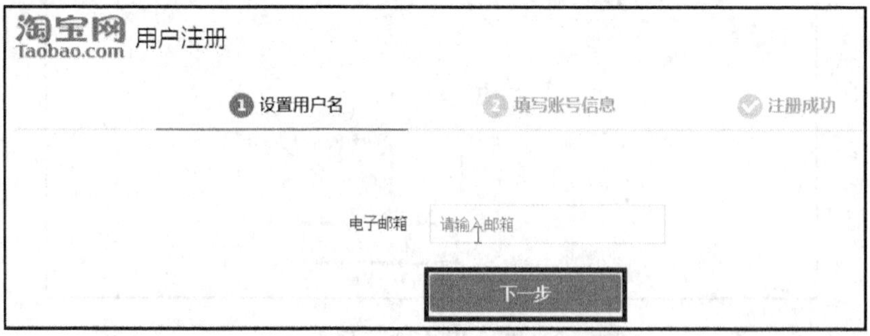

图 2-7　输入电子邮箱地址（2）

（8）提示验证邮件已送达邮箱，单击"请查收邮件"按钮，如图 2-8 所示。

图 2-8　单击"请查收邮件"按钮

（9）登录邮箱，可以看到淘宝网发送的邮件，单击"完成注册"按钮，如图 2-9 所示。

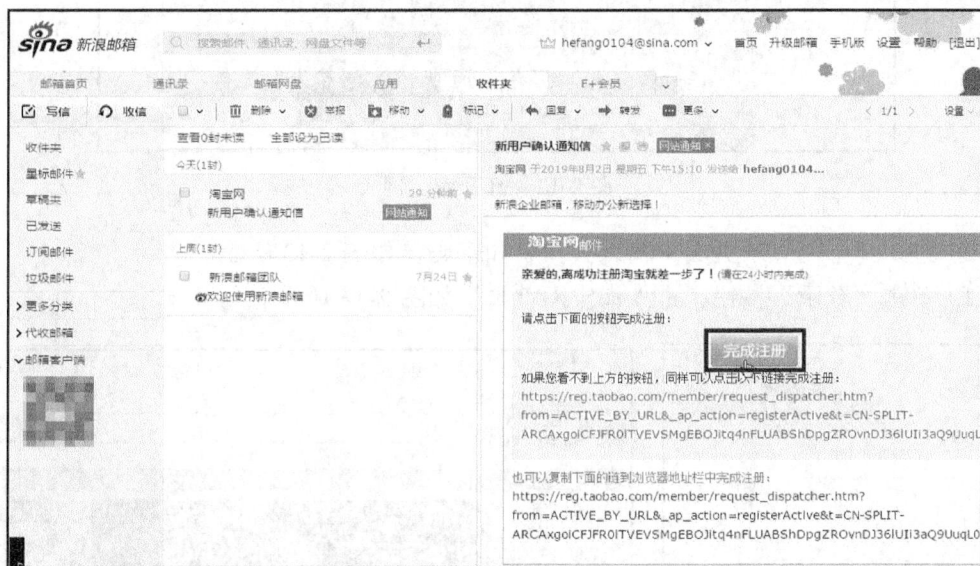

图 2-9　单击"完成注册"按钮

（10）填写登录密码、密码确认、设置会员名等账户信息，单击"提交"按钮，如图 2-10 所示。

（11）提示"恭喜注册成功！你的账户为："，如图 2-11 所示。

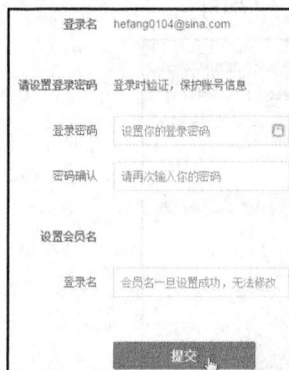

图 2-10　填写账户信息

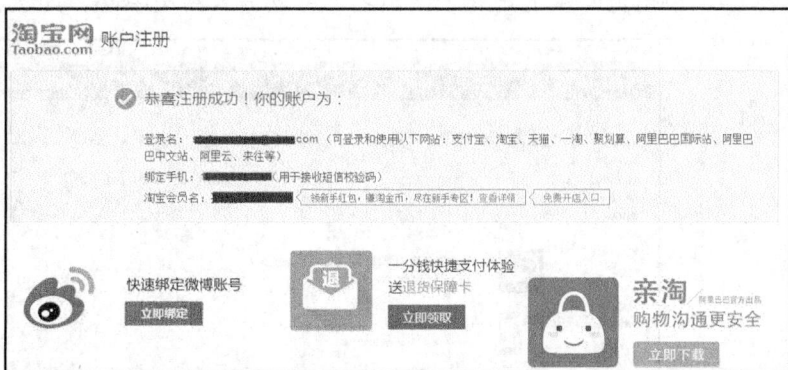

图 2-11　注册成功

2.1.2 登录淘宝网

注册成为淘宝网会员后，即可登录淘宝网。登录淘宝网的具体操作步骤如下。

（1）打开淘宝网首页，单击"亲，请登录"按钮，如图 2-12 所示。

图 2-12　打开淘宝网

（2）进入淘宝网登录页面，输入会员名和密码，如图 2-13 所示。

（3）单击"登录"按钮，进入淘宝网首页，如图 2-14 所示。

图 2-13　淘宝网登录页面

图 2-14　登录淘宝网

（4）单击页面左上角的"会员名"可以进入会员中心，如图 2-15 所示。

图 2-15　会员中心

2.2 开通支付宝

有些电商交易平台，只需要开通网上银行，就可以直接使用网上银行的电子钱进行网上购物。但在淘宝网交易平台，为了保证买家的实际利益，要求交易双方都必须是支付宝会员，因为购物后流通的资金不是网上银行的电子钱，而是支付宝账户中的电子钱。尽管多了支付宝账户这个资金中转站，购物流程会相对复杂一些，但这样能帮助网上交易解除后顾之忧。

2.2.1 开通网上银行

网上银行是支持网上交易的虚拟银行，提供支付宝充值、商品付款、转账等功能。下面以在工商银行网站开通网上银行为例讲述如何开通网上银行。

（1）登录工商银行网站，单击"个人网上银行"栏下面的"注册"按钮，如图 2-16 所示。

图 2-16 工商银行网站

（2）进入"注册个人网上银行"页面，如图 2-17 所示。根据提示一步步注册，即可成功注册网上银行。

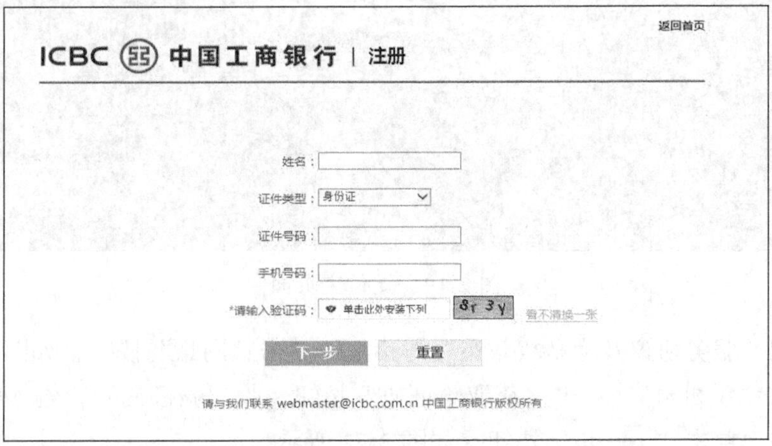

图 2-17 "注册个人网上银行"页面

2.2.2 开通支付宝

微课 2-3

支付宝解决了买卖双方的后顾之忧，最大限度地保证了交易安全。同时，支付宝也是买家和卖家的私人银行，提供支付货款、提款、设置商品红包等功能。开通支付宝的具体操作步骤如下。

（1）打开淘宝网首页，单击页面顶部"网站"下面的"支付宝"超链接，如图 2-18 所示。

图 2-18　单击"支付宝"超链接

（2）进入图 2-19 所示的支付宝页面，单击"立即注册"按钮。

图 2-19　支付宝页面

（3）弹出"服务协议及隐私权政策"对话框，单击"同意"按钮，如图 2-20 所示。

（4）输入"手机号"，单击"获取验证码"按钮，收到验证码后，输入短信校验码后面的文本框中，单击"下一步"按钮，如图 2-21 所示。

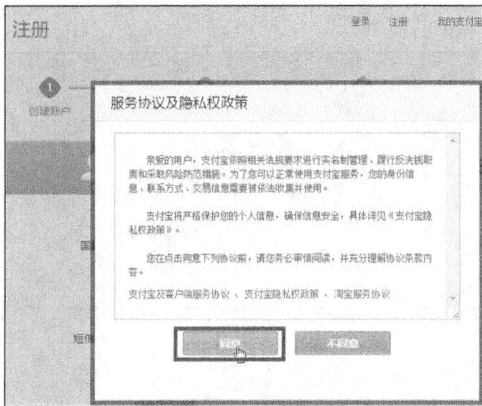

图 2-20 "服务协议及隐私权政策"对话框

图 2-21 "支付宝注册"页面

（5）设置登录密码、支付密码、身份信息后，单击"确定"按钮，如图 2-22 所示。至此，支付宝注册成功。

图 2-22 支付宝注册

使用支付宝有哪些好处呢？

① 货款先由支付宝保管，买家收货满意后才付钱给卖家，安全放心。

② 不必跑银行汇款，在线支付，方便简单。

③ 付款成功后，卖家立刻发货，快速高效。

④ 交易手续费全免，经济实惠。

2.2.3 修改支付宝登录密码

支付宝登录密码是涉及账户信息变动或资金变动、交易确认时需要确认的密码。支付宝系统会根据各账户的情况，设置不同的密码找回方式。

修改支付宝登录密码的具体操作步骤如下。

（1）进入支付宝首页，单击"忘记登录密码"超链接，如图 2-23 所示。

图 2-23　支付宝首页

（2）输入需要重置登录密码的账户名和验证码，单击"下一步"按钮，如图 2-24 所示。

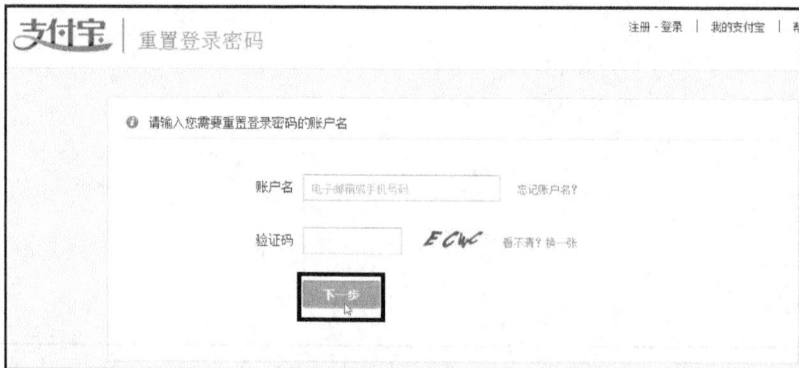

图 2-24　输入需要重置登录密码的账户名和验证码

（3）进入"支付宝重置登录密码"页面，其中罗列了多种重置密码的方式，可任选其一并单击"立即重置"按钮，如图 2-25 所示。

图 2-25 "支付宝重置登录密码"页面

（4）输入身份证号码进行验证，单击"下一步"按钮，如图 2-26 所示。

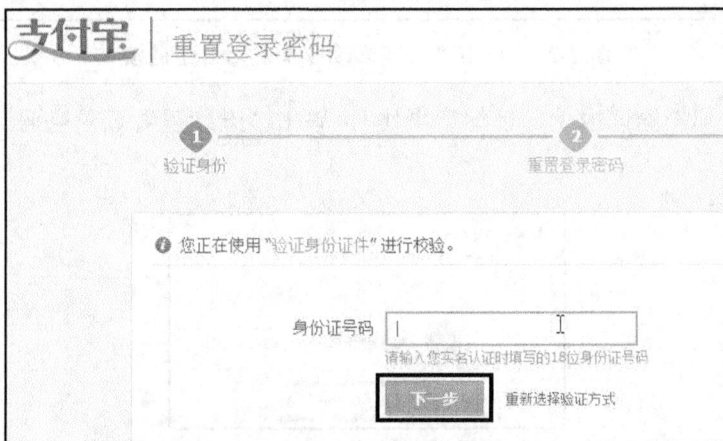

图 2-26 验证身份

（5）单击"立即查收邮件"按钮，如图 2-27 所示。

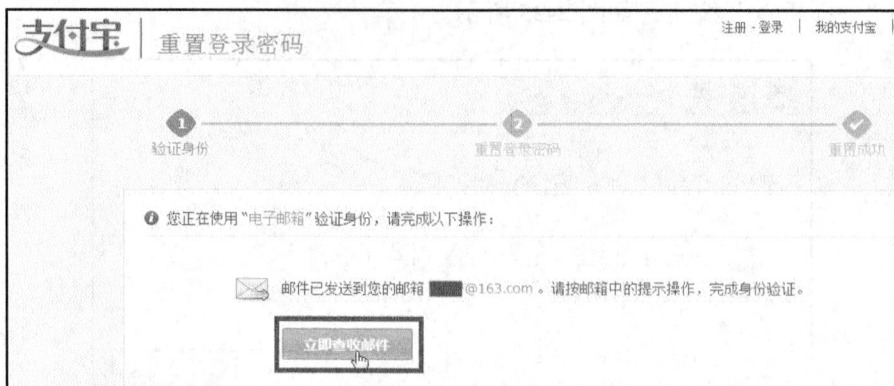

图 2-27 单击"立即查收邮件"按钮

（6）单击"立即修改登录密码"超链接，如图 2-28 所示。

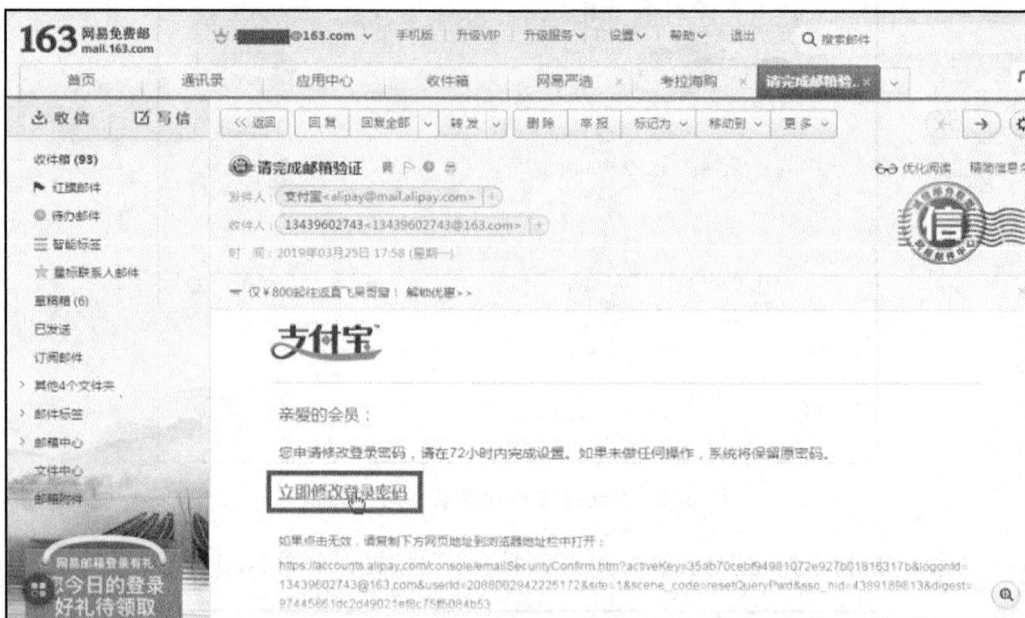

图 2-28 单击"立即修改登录密码"超链接

（7）提示"邮箱验证成功，请继续操作"，单击"继续重置登录密码"超链接，如图
2-29 所示。

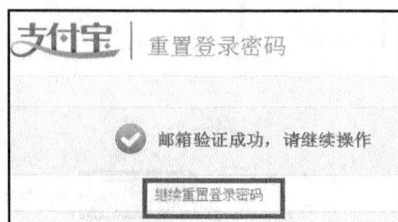

图 2-29 邮箱验证成功

（8）设置并确定新的登录密码，单击"确定"按钮，如图 2-30 所示。

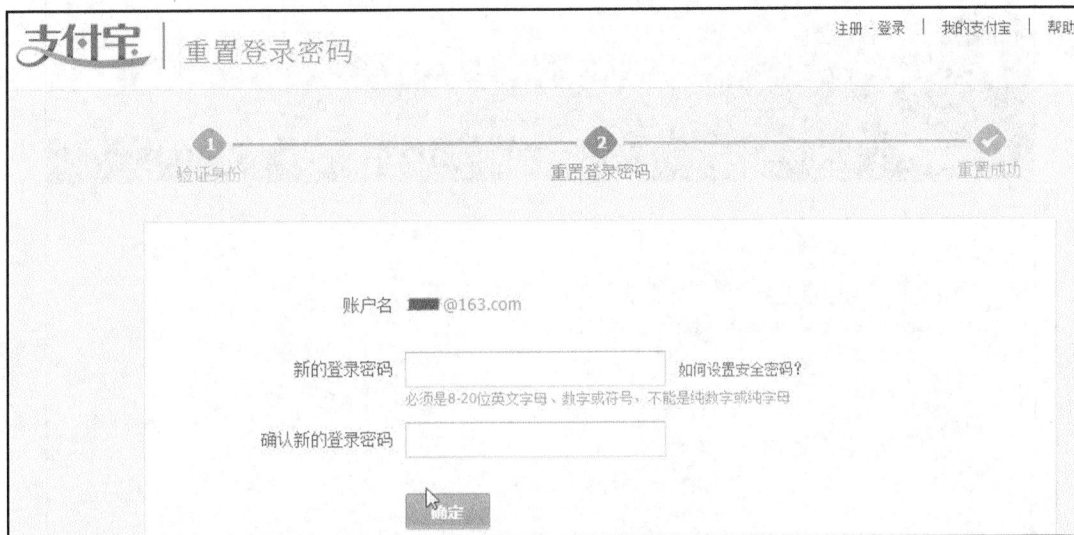

图 2-30　设置并确认新的登录密码

2.2.4　给支付宝账户充值

给支付宝账户充值成功后，就可以付款了。给支付宝账户充值的具体操作步骤如下。

（1）打开淘宝网登录支付宝首页，在"账户名"后面输入账户名，在"登录密码"后面输入登录密码，单击"登录"按钮，如图 2-31 所示。

图 2-31　支付宝首页

（2）进入"我的支付宝"页面，单击"充值"按钮，如图 2-32 所示。

（3）进入充值向导页面，在"储蓄卡"下拉列表中选择用于充值的银行卡，单击"下一步"按钮，如图 2-33 所示。

图 2-32 "我的支付宝"页面

图 2-33 充值向导页面

小提示

是否可以使用他人的银行卡给自己的"支付宝账户"充值？

① 网上银行充值：可以使用他人的银行卡给自己的"支付宝账户"充值，这对充值没有影响。

② 支付宝卡通充值：限于使用与需要充值的支付宝账户签约绑定的开通了卡通功能的银行卡进行充值。

（4）进入充值页面，输入充值金额和支付密码，单击"确认充值"按钮，如图 2-34 所示。

图 2-34　输入充值金额和支付密码

（5）充值成功，如图 2-35 所示。

图 2-35　充值成功

（6）返回到支付宝首页，即可看到账户余额，如图 2-36 所示。

图 2-36　查看账户余额

2.3 发布商品

在淘宝网注册完会员并开通支付宝后，就要往店铺中发布商品了。毕竟店铺中有了商品，才可以开张。

2.3.1 配有高质量的商品图片

高质量的商品图片在网络营销中起着至关重要的作用，不但可以增加商品被搜索到的概率，而且还会促进买家做出购买决策。那么怎样才算得上是高质量的商品图片呢？高质量的商品图片起码应该能反映出商品的类别、款式、颜色、材质等基本信息。在这个基础上，商品图片要清晰、主题突出且颜色还原准确。图 2-37 所示为清晰的商品图片。

图 2-37　清晰的商品图片

要想把一件商品真实、清晰地呈现在买家面前，让买家从整体到细节对商品有一个深层次的了解，刺激买家的购买欲望，就要提供商品的整体图和细节图。

1. 整体图

通过整体图，买家可以对商品有一个大致的了解。特别是服装类商品，可以先用一些整体图向买家展现穿上这件衣服的整体效果，包括正面、侧面、背面的效果。只有从整体上给买家留下很好的印象，才会促使他们做出购买决策。图 2-38 所示为商品的整体效果图。

（1）在拍摄图片时，适当添加背景可以更好地展示商品。但注意图片的背景要尽量简单，以便买家一眼就能看出你经营的是什么商品。图 2-39 所示为适当添加背景图片。

图 2-38　商品的整体效果图

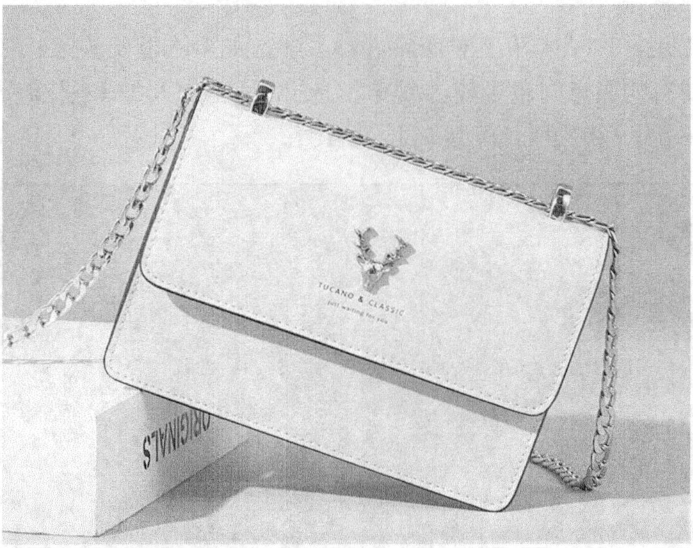

图 2-39　适当添加背景图片

　　（2）把其他买家对该商品的好评截图后直接放到商品详情中会显得更直观，对新手买家也会更有冲击力，如图 2-40 所示。

　　（3）商品图的配件就是用于点缀衬托商品的小物品，其在图中所占版面不能太大，以免喧宾夺主。

　　（4）如果经营的是服装，建议有条件的卖家使用真人模特。因为买家对该服装穿上之后的效果心里没底，不知道合适不合适。如果有真人模特示范，就等于让买家吃了定心丸。

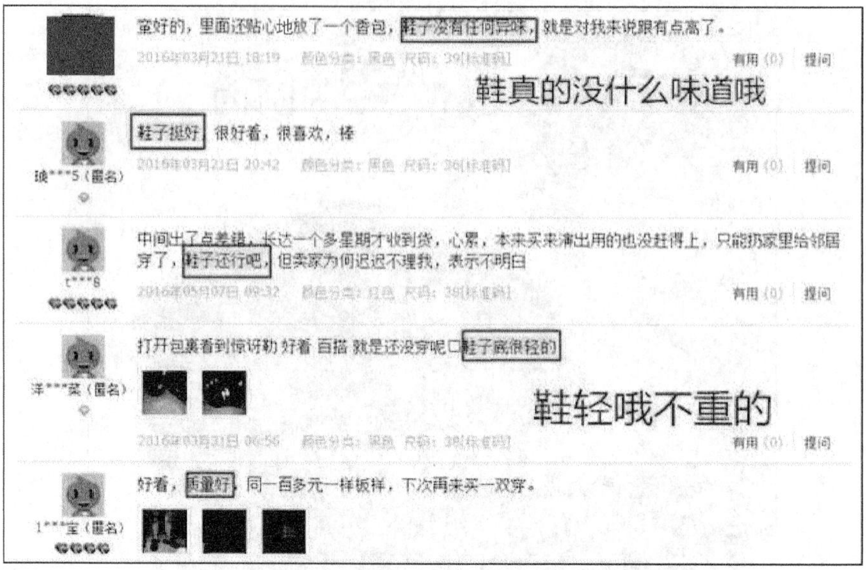

图 2-40　好评截图

（5）如果店铺有一定的规模，或者有自己的工厂和仓库，或者有良好的办公环境，则可以用 1～2 张图片进行展示。当买家看到展示的图片后，就会增加对店铺的信任感。

2. 细节图

整体图只是帮助买家从宏观上对商品进行了解，如果不能使买家从细节上对商品进行了解，则买家即使有购买意向也可能会放弃。所以，适当加入 1～2 张商品细节图有助于买家更全面地了解商品。图 2-41 所示为商品细节图。

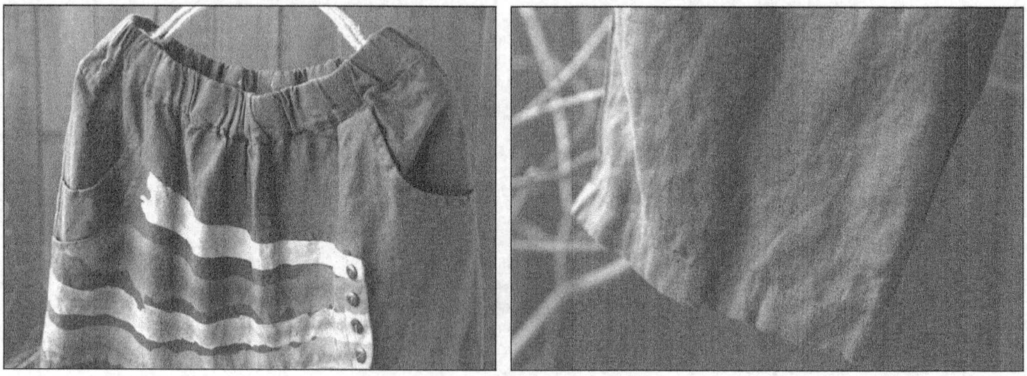

图 2-41　商品细节图

电商运营与推广：操作实战+案例分析+策略技巧（微课版 第2版）

小提示

① 图片本身要清晰，包括画面的主体与层次。有的图片很模糊，看不清楚，买家当然没有购买欲望。

② 图片的清晰度与图片的大小也有关系。在保证一定质量的情况下，图片不要太大，否则会降低图片的加载速度，从而影响买家的心情。

③ 图片不要失真，否则买家收到实物后和图片相比心理落差一定很大，自然就会不满意。

2.3.2 写好宝贝介绍，勾起买家的购买欲望

经营网店，最重要的就是把商品的信息准确地传递给买家。图片传递给买家的只是商品的形状和颜色等信息，而商品的性能、材料、产地、售后服务等信息则要通过文字描述来传递。在文字描述中，最好包括吸引人的商品名称和详细的商品描述。

1. 吸引人的商品名称

淘宝网规定商品名称的字数要在 30 个汉字（60 个字符）以内，其中关键字越多被搜索到的可能性就越大。一般来说，商品名称中使用关键字主要有下面几种组合方式。

（1）品牌、型号+商品关键字。

（2）促销、特性、形容词+商品关键字。

（3）地域特点+品牌+商品关键字。

（4）店铺名称+品牌、型号+商品关键字。

（5）品牌、型号+促销、特性、形容词+商品关键字。

（6）店铺名称+地域特点+商品关键字。

（7）品牌+促销、特性、形容词+商品关键字。

（8）信用级别、好评率+店铺名称+促销、特性、形容词+商品关键字。

2. 详细的商品描述

在网购过程中，影响买家做出购买决策的一个重要因素就是商品描述。其实很多卖家都会花费大量的心思在商品描述上，但往往发现效果并不好，用户的转化率也不高，究竟是什么原因呢？卖家在填写商品描述信息时，应注意以下几个方面。

（1）向供货商索要详细的商品信息，毕竟商品图片不能反映商品的材料、产地、售后服务、生产厂家、性能等。相对于同类产品的优势和特色信息一定要详细地描述出来，这才是商品的卖点。

（2）商品描述一定要全面概括商品的特点、相关属性，最好是包括使用方法和注意事项，为买家提供贴心的服务。

（3）商品描述应该使用文字+图像+表格相结合的形式，这样会显得更直观，从而增加买家购买的可能性。

（4）可以去同行的皇冠店转转，看看其商品描述是怎么写的。尤其要重视同行中做得好的网店，借鉴并学习其好的做法。

（5）在商品描述中添加相关推荐商品，如本店热销商品、特价商品等，加大对商品的宣传力度，让买家更多地接触店铺的商品。

（6）在商品描述中要注意服务意识和规避纠纷，包括一些买家平时很关心的问题以及对商品问题的解释等内容。

2.3.3 发布具有吸引力的商品

商品可以在淘宝网直接发布，也可以使用"淘宝助理"发布。这里主要介绍在淘宝网直接发布商品的方法。发布商品有两种方式，即一口

微课 2-5

价方式和拍卖方式。下面介绍一口价方式，其具体操作步骤如下。

（1）登录淘宝网，单击页面右上角的"千牛卖家中心"超链接，如图 2-42 所示。

（2）进入"千牛卖家工作台"页面，单击页面左侧"宝贝管理"下面的"发布宝贝"超链接，如图 2-43 所示。

图 2-42　单击"千牛卖家中心"超链接

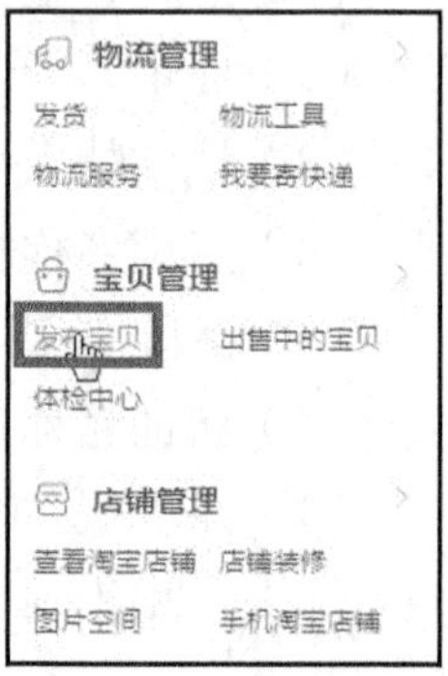

图 2-43　单击"发布宝贝"超链接

（3）在打开的页面中，选择要发布宝贝的类目，然后单击"下一步，发布商品"按钮，如图 2-44 所示。

图 2-44　单击"下一步，发布商品"按钮

（4）在打开的页面中，根据提示输入发布宝贝的宝贝类型、宝贝标题、类目属性等基础信息，如图 2-45 所示。

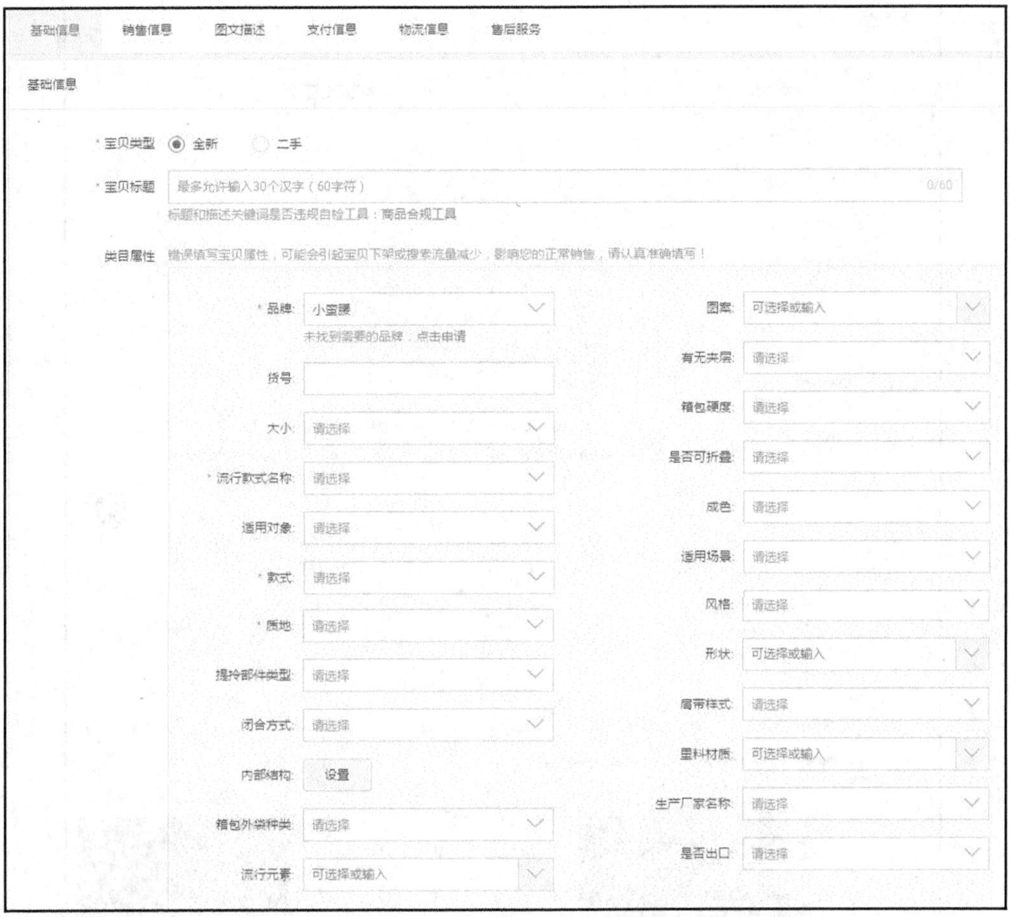

图 2-45　发布宝贝的基础信息

（5）填写宝贝的销售信息，如图 2-46 所示。

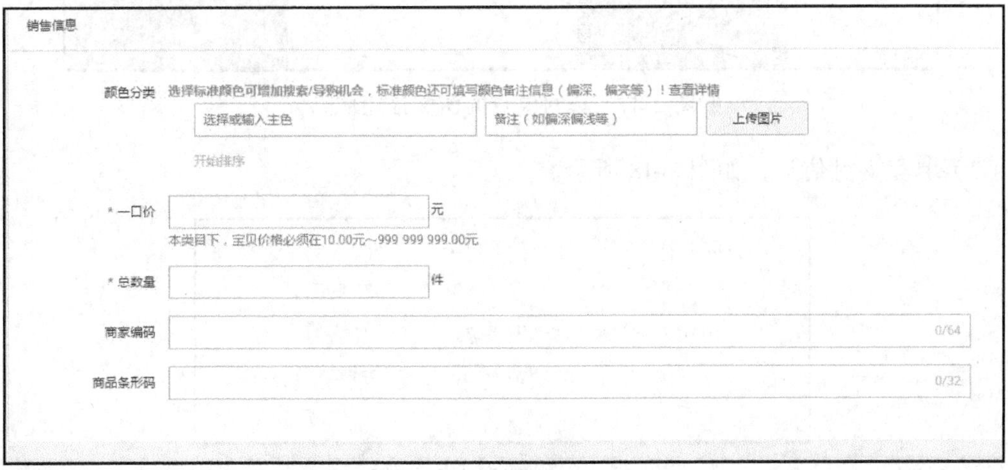

图 2-46　填写宝贝的销售信息

（6）填写宝贝的图文描述信息，如图 2-47 所示。

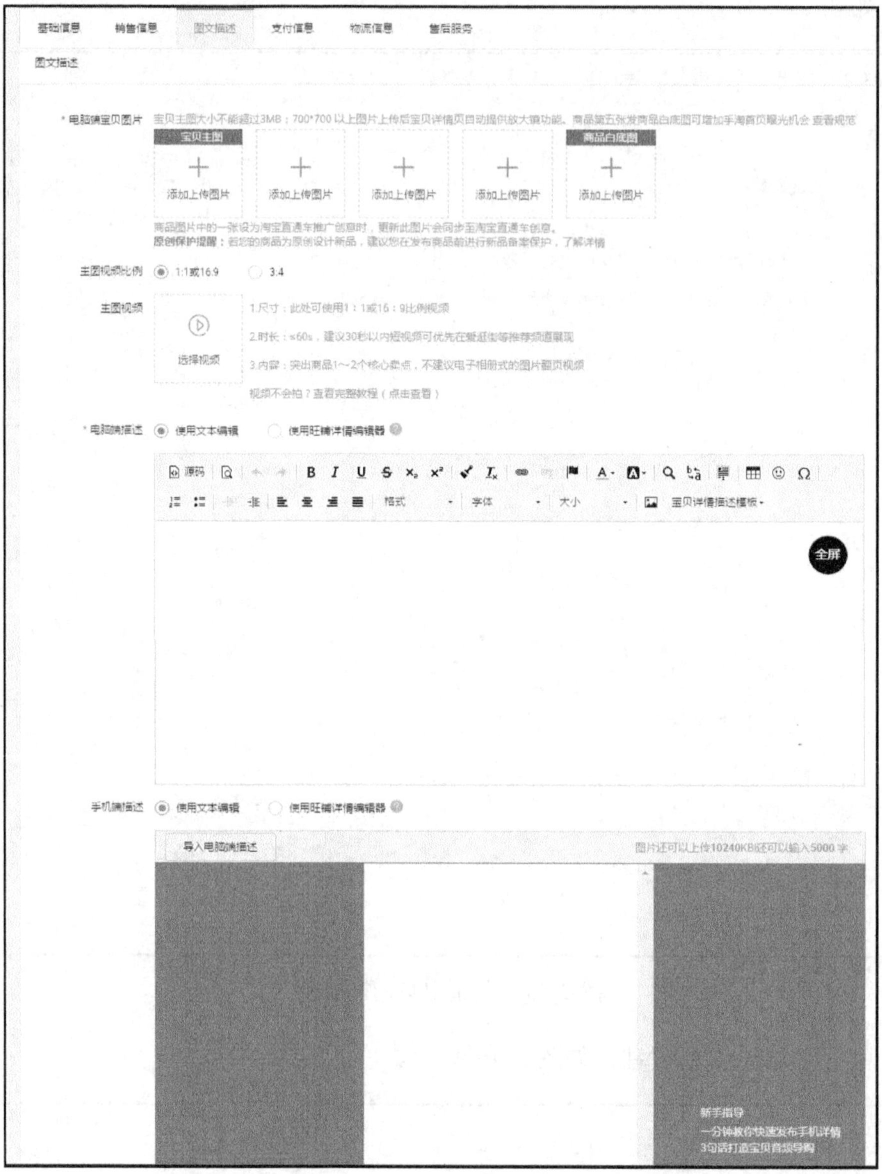

图 2-47　填写宝贝的图文描述信息

（7）填写支付信息，如图 2-48 所示。

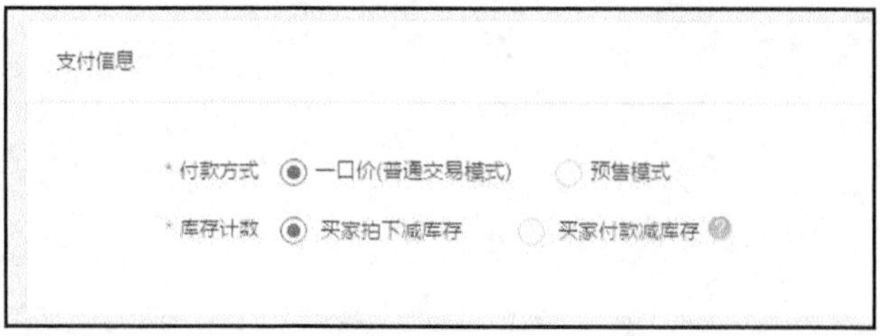

图 2-48　填写支付信息

（8）填写宝贝的物流信息，如图 2-49 所示。

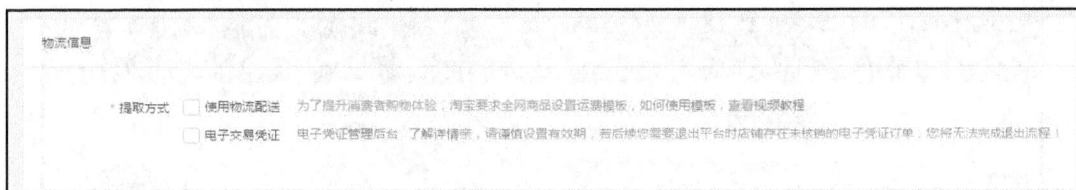

图 2-49　填写宝贝的物流信息

（9）填写宝贝的售后服务信息，最后单击"提交宝贝信息"按钮，宝贝发布成功，如图 2-50 所示。

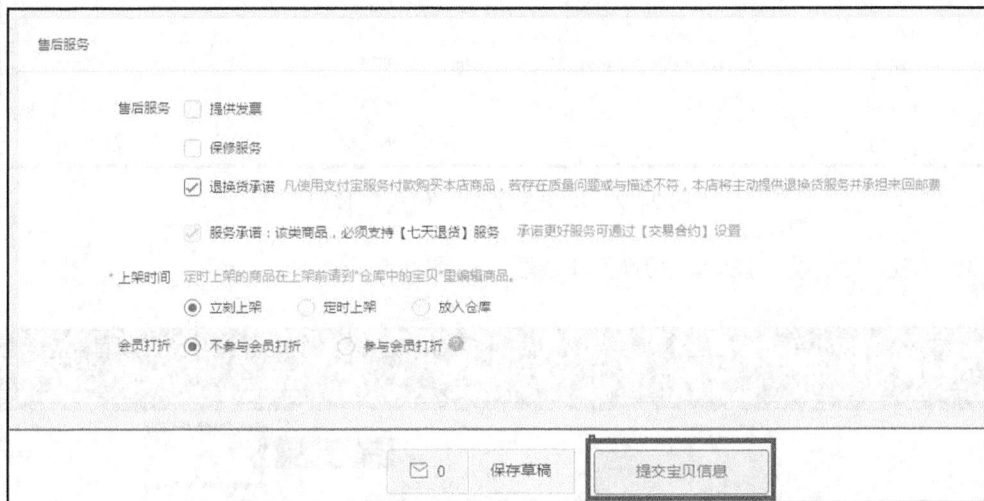

图 2-50　宝贝发布成功

2.4　设置并简单装修店铺

设置并简单装修店铺不仅可以使店铺更加美观，而且还能体现出卖家对店铺的重视程度，表明卖家的确是在用心经营，从而提高买家对店铺的好感度。

2.4.1　选择合适的店铺风格

店铺风格是店铺的背景颜色和元素基调，是店铺能否给人留下直观印象的重要因素，所以选择一个合适的店铺风格很重要，其具体操作步骤如下。

（1）登录淘宝网，进入"千牛卖家中心"页面，单击"店铺装修"超链接，如图 2-51 所示。

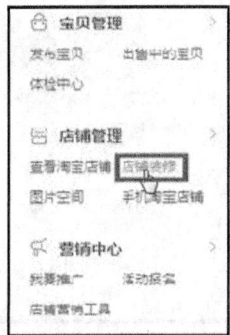

图 2-51　单击"店铺装修"超链接

（2）进入"手机端"页面，单击左侧的"模板"按钮，如图2-52所示。

图 2-52　单击左侧的"模板"按钮

（3）单击"PC端"按钮，切换至PC端，如图2-53所示。

图 2-53　切换至 PC 端

（4）进入"PC 端"页面，选择相应的配色方案，这里选择"粉红色"，在可用的模板下选择合适的模板，如图 2-54 所示。

图 2-54　选择合适的模板

2.4.2　添加店铺公告

店铺公告是买家了解店铺的一个窗口，同时也是宣传店铺的一个窗口。店铺公告中的内容可以是文字，也可以是图片。添加店铺公告的具体操作步骤如下。

微课 2-6

（1）单击"店铺管理"下面的"店铺装修"超链接，打开图 2-55 所示的"店铺装修"页面，单击顶部的"PC 端"按钮。

（2）打开图 2-56 所示的页面，将鼠标指针放置在"首页"的后面，即出现两个按钮，单击"装修页面"按钮。

图 2-55 "店铺装修"页面

图 2-56 单击"装修页面"按钮

（3）单击"店铺公告"后面的"编辑"按钮，如图 2-57 所示。

图 2-57 单击"编辑"按钮

（4）弹出"店铺公告"页面，可以在其中设置字体样式、颜色和超链接，如图 2-58 所示。

电商运营与推广：操作实战＋案例分析＋策略技巧（微课版 第2版）

图 2-58　设置字体样式、颜色和超链接

（5）单击"插入图片"按钮 ▦，弹出"图片"对话框，如图 2-59 所示。

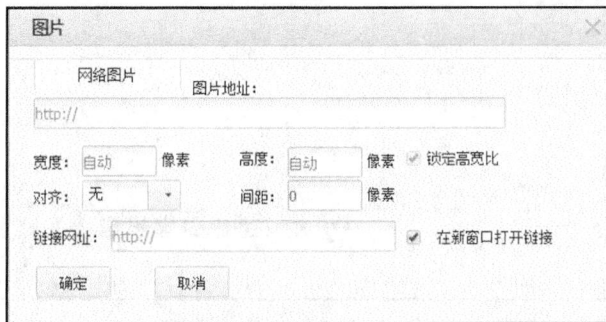

图 2-59　"图片"对话框

（6）单击"插入图片空间图片"按钮 ▣，插入图片空间图片，如图 2-60 所示。

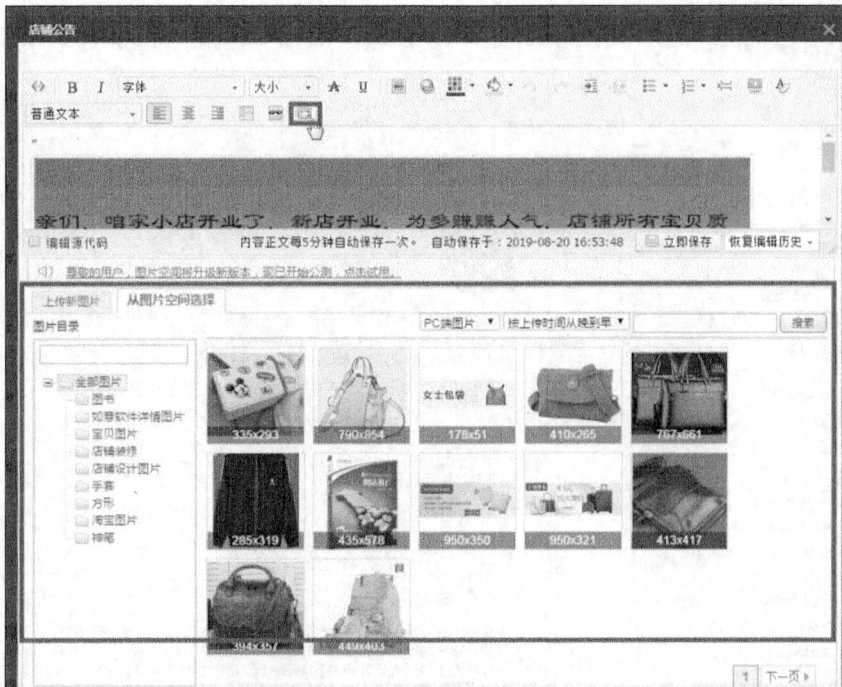

图 2-60　插入图片空间图片

2.4.3 店铺基本设置

店铺基本设置包括店铺名称、店铺类别、主营项目、店标和店铺简介等内容。店铺基本设置的具体操作步骤如下。

微课 2-7

（1）登录淘宝网，单击"千牛卖家工作台"中"店铺管理"下面的"店铺基本设置"超链接，如图 2-61 所示。

图 2-61　单击"店铺基本设置"超链接

（2）进入"店铺基本设置"页面，给店铺起一个名字，选择店铺类别、填写店铺主营项目，单击"上传图标"按钮，如图 2-62 所示。

图 2-62　店铺基本设置

（3）弹出"打开"对话框，选择想要上传的图标，单击"打开"按钮即可上传，如图2-63所示。

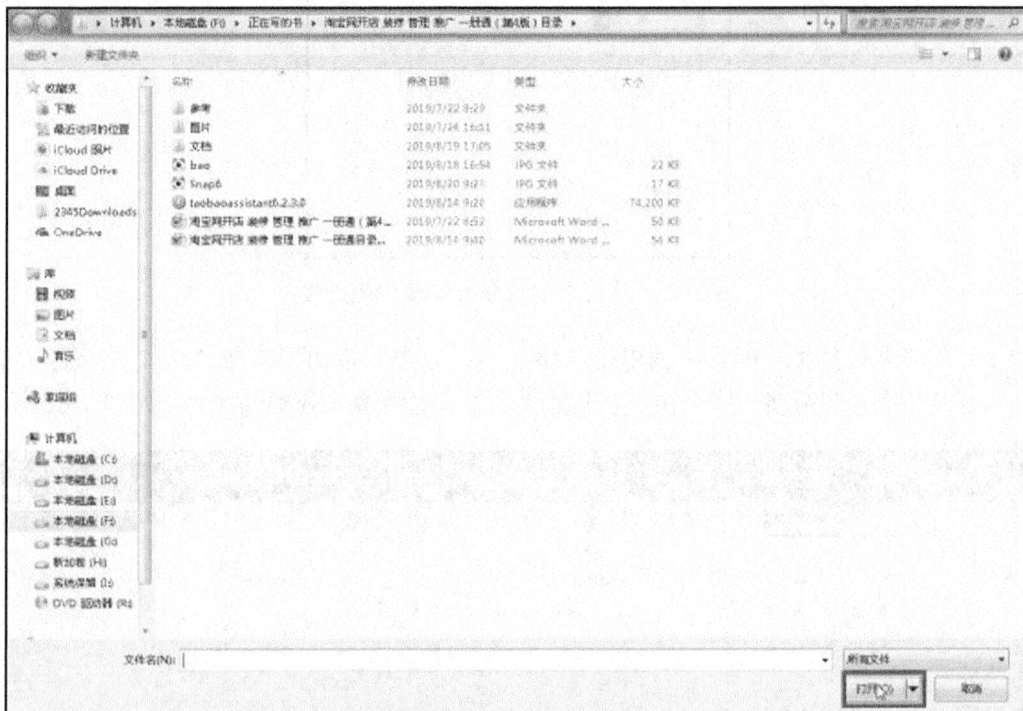

图 2-63 "打开"对话框

（4）在"店铺介绍"下面的文本框中输入介绍店铺的内容，如图 2-64 所示。

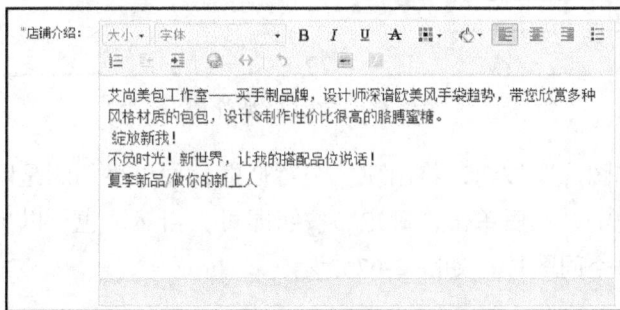

图 2-64 店铺介绍

2.4.4 设置宝贝分类，让商品清晰有序

合理地设置宝贝分类可以使店铺的商品清晰有序，从而方便买家快速浏览与查找自己想要的宝贝。尤其是当店铺发布的宝贝数目众多时，合理的分类就更为重要，其具体操作步骤如下。

（1）登录淘宝网，单击"千牛卖家工作台"中"店铺管理"下面的"宝贝分类管理"超链接，如图 2-65 所示。

微课 2-8

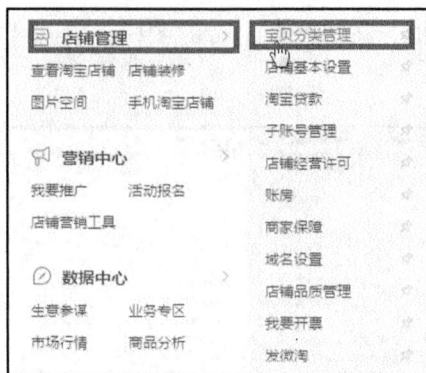

图 2-65　单击"宝贝分类管理"超链接

（2）在"宝贝分类管理"页面单击"添加手工分类"按钮，将在"添加了分类"按钮的上面出现一个宝贝分类，然后在"分类名称"文本框中输入分类的名称，如图 2-66 所示。

图 2-66　宝贝分类管理

（3）单击"添加图片"按钮，将出现一个对话框，如果添加的是网络图片，直接在文本框中输入图片的地址，然后单击"确定"按钮即可。当然，也可以单击"插入图片空间图片"按钮插入图片空间图片，如图 2-67 所示。

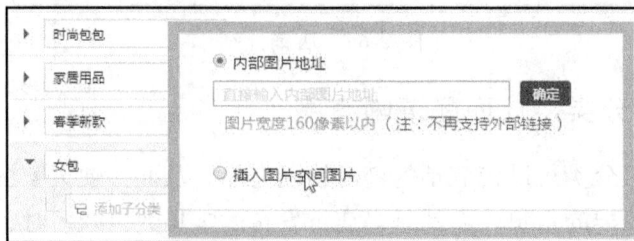

图 2-67　插入图片空间图片

（4）如果要添加子分类，可单击"添加子分类"按钮，并填写子分类的内容，如图 2-68所示。

图 2-68　添加子分类

（5）单击上箭头或下箭头可以将宝贝分类上移或下移，如图 2-69 所示。

图 2-69　将宝贝分类上移或下移

（6）设置完毕后，单击右上角的"保存更改"按钮。在"宝贝管理"页面单击"查看淘宝店铺"超链接，如图 2-70 所示。

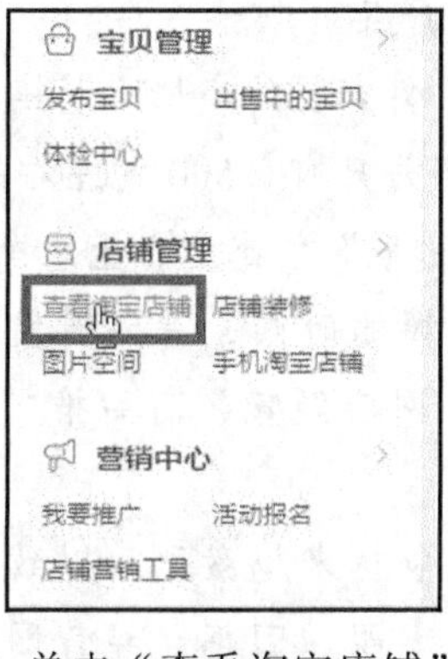

图 2-70　单击"查看淘宝店铺"超链接

开店技巧

宝贝的具体分类方式如下。

① 按照商品种类分类：这种分类方式最为常见，适用于商品种类较多的店铺。

② 按照品牌分类：这种分类方式适用于多品牌的专营店。

③ 按照商品风格分类：一般适用于客户对商品风格比较敏感的商品分类，如装修行业。

④ 按照新品分类：适用于店铺有大量上新时，不过往往与其他分类同时使用。

⑤ 按照价格分类：通常适用于同一品类商品的价格跨度较大时。

⑥ 按照材质或款式分类：如果店铺中商品的材质或款式本身是商品最重要的卖点，并且顾客多数通过这些来识别商品的话，就可以采用此种分类方式。

⑦ 按照活动或者折扣分类：如果店铺有多种活动可以采用此种分类方式。但多数情况下，该分类方式不会单独存在，一般会和别的分类方式同时使用。

⑧ 按照时令分类：这里的时令包括规则时令和不规则时令两种。其中规则时令指的是春节、圣诞节、春夏秋冬四季等，不规则时令则包括生日、纪念日、婚期等。

案例分析

在校大学生淘宝开店

大学生在实体领域创业要跨越诸多门槛，成功率不超过10%。而在网络领域创业的低门槛，加快了创业者积累财富的速度。张雅西，是一个在网上开店月收入过万的女大学生。当身边很多同学才准备参加工作的时候，她早已当上了名副其实的"老板"。

高中阶段，张雅西学习比较忙且住校，因而没时间逛街。那时候网购还是新鲜事，她听同学说可以在网上买衣服，感到很新奇，于是周末回家后就上网搜索了一番。无意间，张雅西按网店开设流程注册了一家网店，但并没有去经营。

上大学后，张雅西身边有不少同学开始经营网店，这时她才想起自己早已注册的网店。当时身边同学经营最多的是化妆品和家居用品网店，但是张雅西对这些都不太感兴趣，于是决定做自己感兴趣的羽毛球运动产品。

当然，在网上开店并赚钱不是一件容易的事情。尤其是网店刚起步的时候，会遇到很多困难。起初销售情况并不理想，前3个月只有2 500元左右的毛利润。但她从未想过放弃，本着"对顾客认真负责、诚信为本、积极进取"的态度，生意渐渐步入正轨，业务也开始遍及全国。

据张雅西介绍，网店业务最火爆的时候，一天要发出50多个快件，一个月的利润达到了20 000元左右。其中，租房、网店经营、商品推广、问题商品退换、快递等费用每个月大概需要5 000元。

张雅西还说，如今网店经营竞争越来越激烈，以致业绩无法持续攀升。如何在这种竞争中脱颖而出，成了她当前面临的难题。回想起经营网店以来的心路历程，张雅西用一句话进行了概括：苦尽甘来，决不放弃，思想跟行动都要拼。

分析：

大学生资金有限，而且在网上开店需要承担一定的风险。大学生在网上开店应先熟悉网店业务，可以尝试着成为二级、三级代理，甚至可以将自己有特色的东西拿到网上去卖。大学生与供货商签订交易协议时一定要谨慎，注意其中的条款，最好是货物销量不好时可以有退路。另外，选择信誉好的网站平台对网上开店也很重要。

课后习题

一、判断题

1．在淘宝网只需要开通网上银行，就可以直接使用网上银行的电子钱进行网上购物了，不需要再开通支付宝。　　　　　　　　　　　　　　　　　　　　　（　　）

2．支付宝解除了买卖双方的后顾之忧，最大限度地保证了交易安全。　　（　　）

3．要想把一件商品真实、清晰地呈现在客户面前，让客户从整体到细节对商品有一个深层次的了解，从而刺激客户的购买欲望，就要提供商品的整体图和细节图。（　　）

4．店铺公告是客户进到店铺后对店铺的第一印象，其内容只能是文字。　（　　）

二、思考题

1．如何开通网上银行？

2．使用支付宝有哪些好处？

3．怎样写好宝贝介绍？

4．怎样发布商品？

5．怎样添加店铺公告？

6．宝贝有哪些分类方式？

实训任务

实训任务一：注册成为淘宝网会员

1．登录淘宝网，单击首页左上角的"免费注册"按钮，或者单击页面右侧的"注册"按钮，根据提示注册成为淘宝网会员。

2．注册成为淘宝网会员后，使用会员名和密码登录淘宝网。

实训任务二：开通和使用支付宝

1．登录淘宝网，注册一个支付宝账户，设置登录密码、支付密码、身份信息。

2．登录支付宝，练习修改支付宝登录密码。

3．登录支付宝，给支付宝账户充值。

第3章 在淘宝网成交第一笔生意

在淘宝网开设店铺后，便可以进行交易了。要想提高网店的营业额，卖家需要具备沟通与交流的基本素质，并能熟练运用淘宝网的交流工具如千牛软件等。掌握了这些工具之后，交易过程就会更为顺畅。

3.1 使用千牛软件与客户沟通

千牛卖家工作台由阿里巴巴集团官方出品，可供淘宝卖家、天猫卖家等使用，包括卖家工作台、消息中心、阿里旺旺、订单管理、商品管理等主要功能。

3.1.1 使用千牛软件查找并添加客户

在淘宝网开店的卖家，每天首先要做的事情就是登录千牛卖家工作台与客户交流，进行交易管理。使用千牛卖家工作台添加好友的具体操作步骤如下。

微课 3-1

（1）登录千牛卖家工作台，将鼠标指针置于左上角的"好友和群"文本框中，如图 3-1 所示。

（2）输入想要添加的好友名称，下面就会自动出现好友，单击"查找"按钮，如图 3-2 所示。

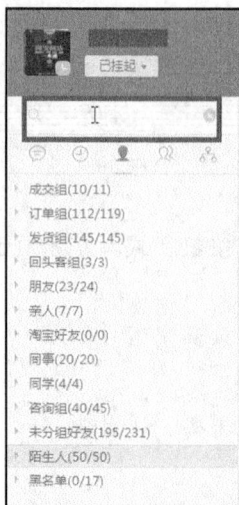

图 3-1　千牛卖家工作台　　　　　图 3-2　查找好友

（3）单击好友名称后面的加号，就会弹出"添加好友成功！"对话框，然后选择相应的组进行分类，如图 3-3 所示。

（4）提示添加好友成功，单击"完成"按钮，如图 3-4 所示。

图 3-3 "添加好友成功！"对话框

图 3-4 添加好友成功！

（5）此时就可以在千牛卖家工作台中聊天了，如图 3-5 所示。

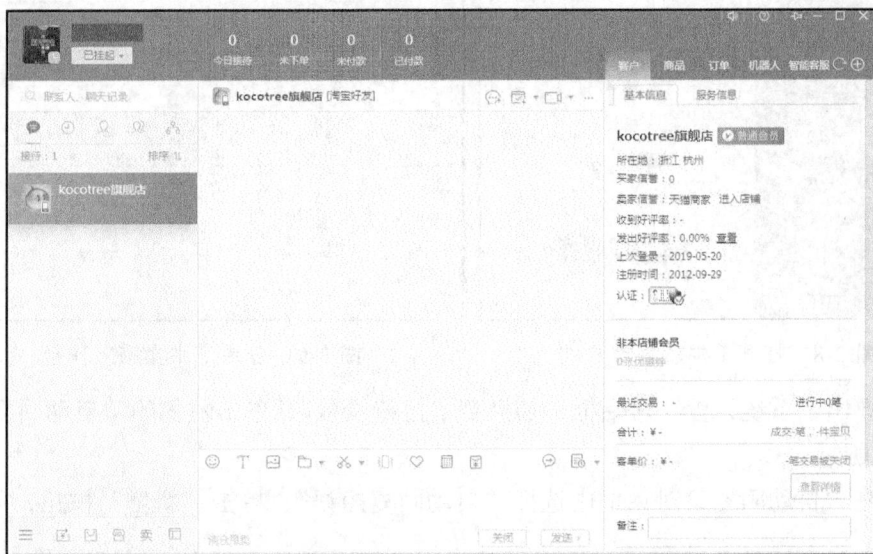

图 3-5 在千牛卖家工作台中聊天

3.1.2 加入别人创建的群

千牛软件是类似 QQ 和 MSN 的即时通信软件，受到很多淘友的青睐。加入别人创建的群的具体操作步骤如下。

（1）登录千牛卖家工作台，将鼠标指针置于左上角的"好友和群"文本框中，输入想要添加的群号码，单击加号按钮，如图 3-6 所示。

（2）在弹出的"加入群验证"对话框中，输入验证信息，单击"发送验证"按钮，如图 3-7 所示。通过验证后，即可成功加入该群。

图 3-6　添加群

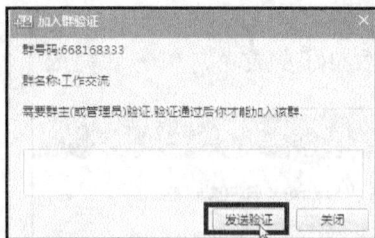

图 3-7　输入验证信息

3.1.3　迅速回复客户

当买家向你咨询时，如果你在线，就要立即回复对方；如果你不在线，就要设置千牛软件自动回复，以免让客户久等。其具体操作步骤如下。

（1）打开千牛软件客户端，输入用户名和密码，单击"登录"按钮，如图 3-8 所示。

（2）登录千牛卖家工作台，单击右上角的"系统设置"按钮，如图 3-9 所示。

微课 3-2

图 3-8　打开千牛软件客户端

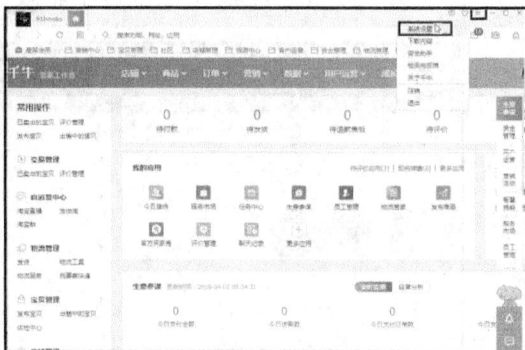

图 3-9　登录千牛卖家工作台

（3）弹出"系统设置"对话框，切换至"接待设置"，单击左侧的"自动回复"按钮，如图 3-10 所示。

（4）在"自动回复"对话框中选择"自动回复短语"，单击"新增"按钮，如图 3-11 所示。

图 3-10　"系统设置"对话框

图 3-11　"自动回复"对话框

（5）打开"新增自动回复"对话框，输入需要自动回复的内容，单击"保存"按钮，如图 3-12 所示。

（6）此时新增自动回复内容，如图 3-13 所示。

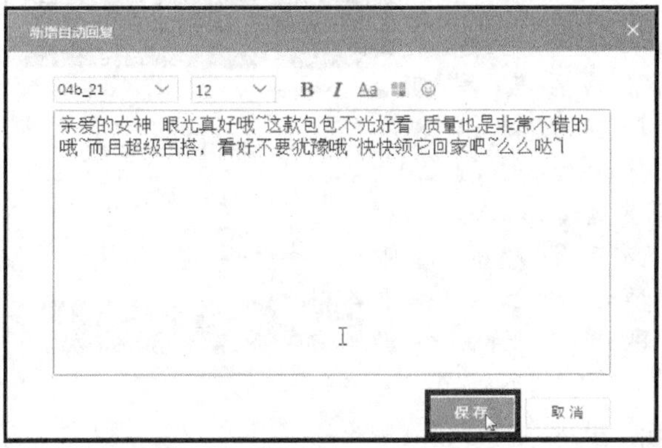

图 3-12　输入需要自动回复的内容

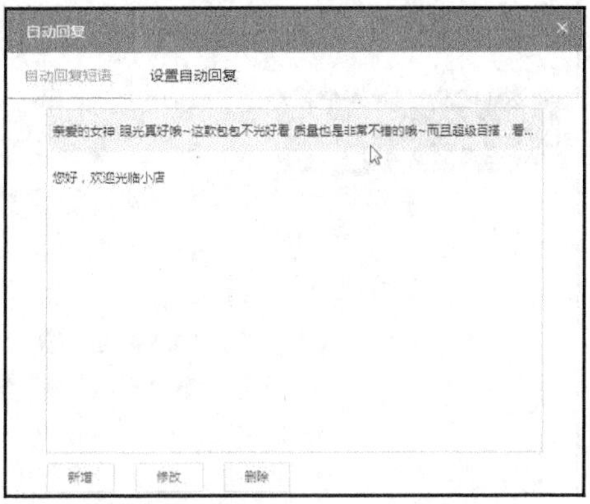

图 3-13　新增自动回复内容

3.1.4　如何使用千牛表情拉近与客户的距离

卖家在与买家沟通时搭配使用合适的千牛表情，会提高自己的亲和力，拉近与对方的距离，从而有利于促成交易。使用千牛表情的具体操作步骤如下。

微课 3-3

（1）登录千牛卖家工作台，双击打开要聊天的客户，如图 3-14 所示。

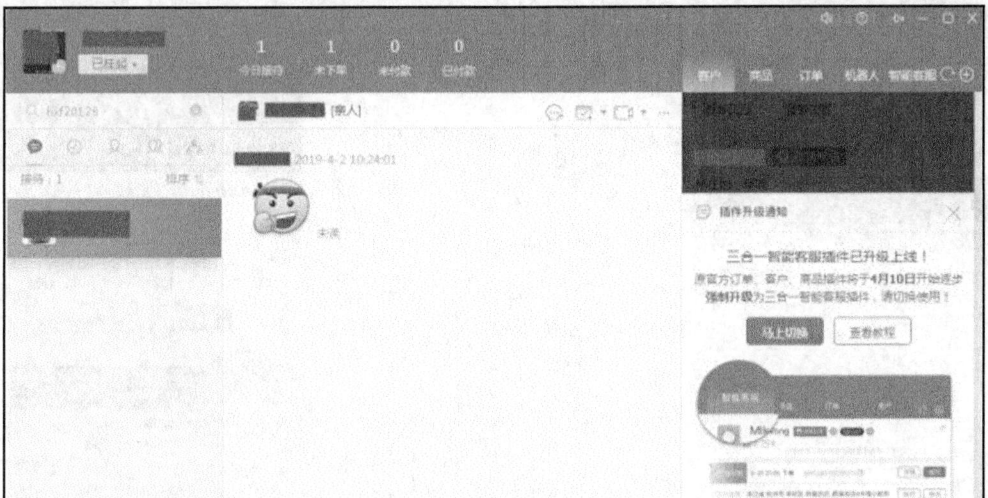

图 3-14　千牛卖家工作台

（2）单击底部的"选择表情"图标，在弹出的列表框中选择合适的表情，如图 3-15 所示。

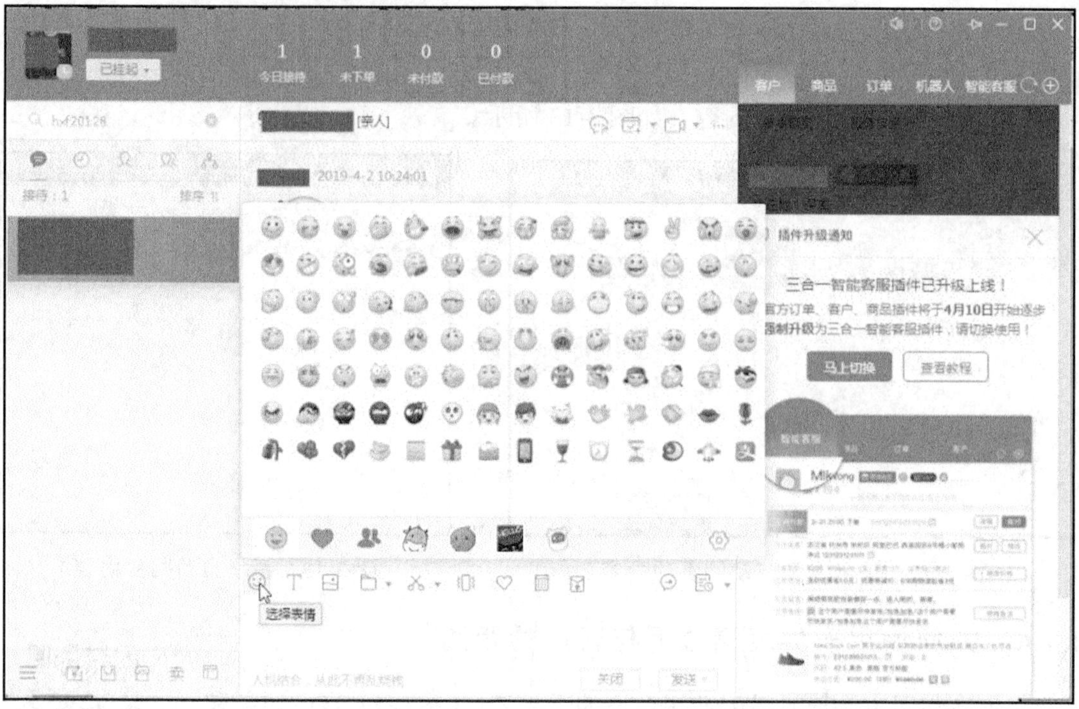

图 3-15　选择合适的表情

（3）选择后即可将表情添加到输入框中，如图 3-16 所示。

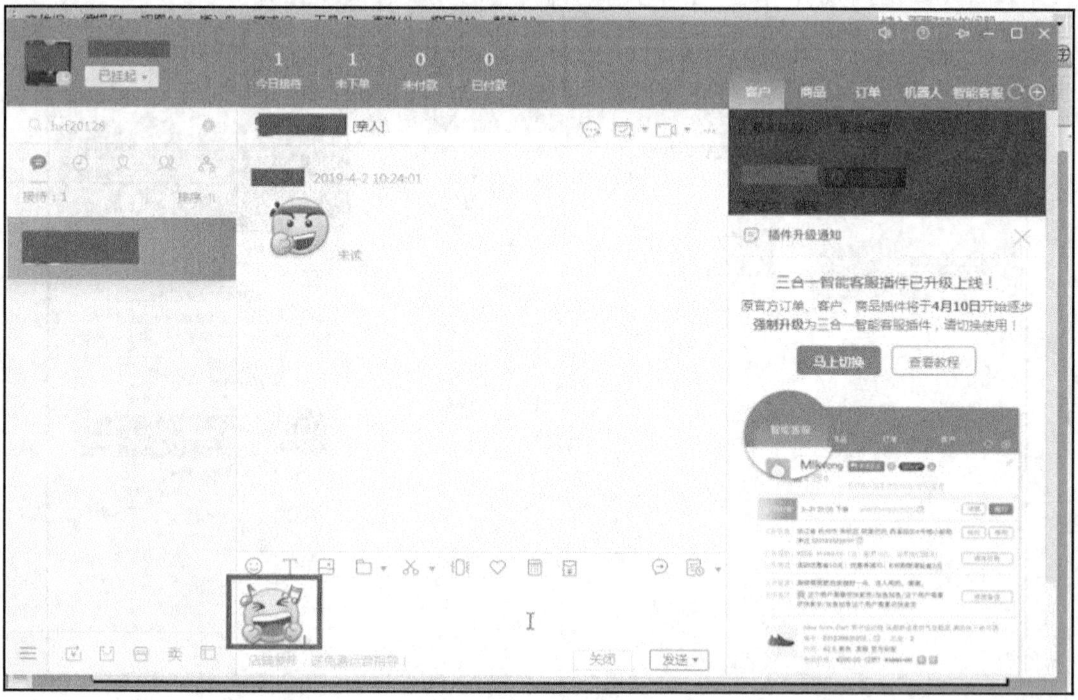

图 3-16　将表情添加到输入框中

（4）单击"发送"按钮，即可成功发送表情，如图 3-17 所示。

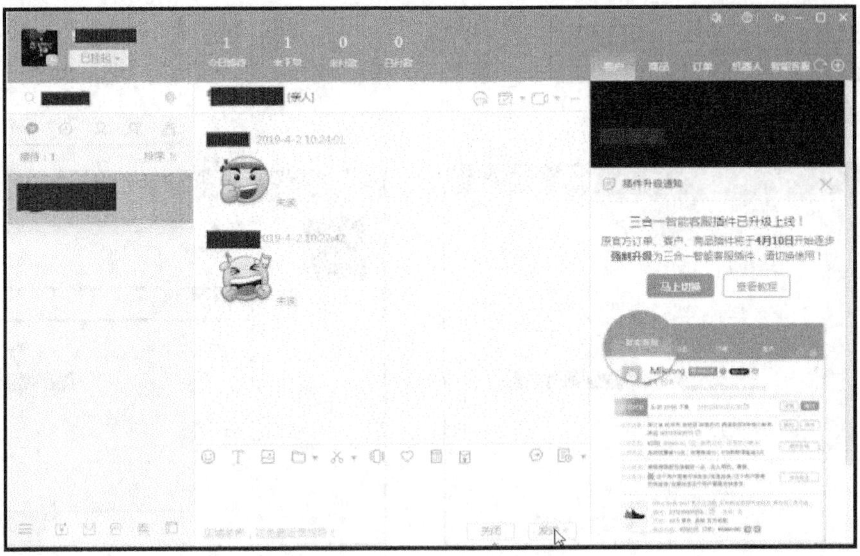

图 3-17　成功发送表情

3.1.5　巧设千牛软件，让别人用关键词找你

随着在淘宝网开店的卖家越来越多，千牛软件已经不仅仅是买卖双方交易的工具，更是人们生活中不可缺少的聊天工具。那么，在更好地推销自己店铺的同时找到志趣相投的朋友，成为令很多卖家大伤脑筋的事情。下面介绍如何通过关键词让更多的朋友找到你，其具体操作步骤如下。

（1）登录千牛卖家工作台，将鼠标指针放在用户名上，即可弹出用户信息资料，如图3-18 所示。

图 3-18　用户信息资料

（2）单击头像，弹出"我的资料"对话框，单击底部的"编辑"按钮，如图 3-19 所示。

（3）在"签名"文本框中设置个性签名，即被搜索时的关键词，然后单击"确定"按钮，如图 3-20 所示。

图 3-19 "我的资料"对话框

图 3-20 设置个性签名

怎样选取关键词？

小提示

无论是直接从题目中抽取的名词，还是从小标题、正文或摘要中抽取的词汇，都要把握好"度"，且必须标注单一的概念而非复合概念。因此，在选取关键词时，一定要仔细界定。

3.1.6 查看聊天记录

建立买家档案、总结交流经验、查找口头协议、发生纠纷时进行取证，都离不开聊天记录，聊天记录的重要性可见一斑。快速查看聊天记录的具体操作步骤如下。

（1）单击千牛卖家工作台左侧的"最近"按钮，就会在列表中显示最近的联系人，如图 3-21 所示。

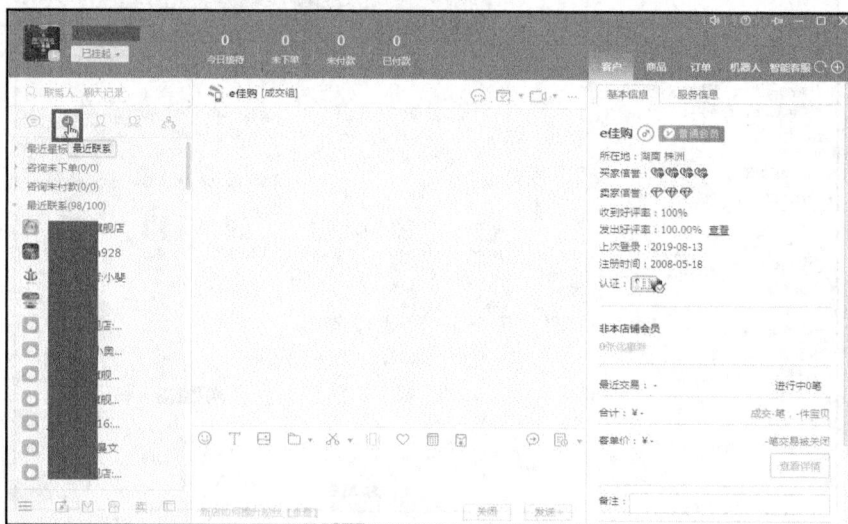

图 3-21 显示最近的联系人

（2）选择其中一个联系人，单击"查看消息记录"下的三角，即可选择"查看消息记录"或"查看在线消息记录"，如图 3-22 所示。

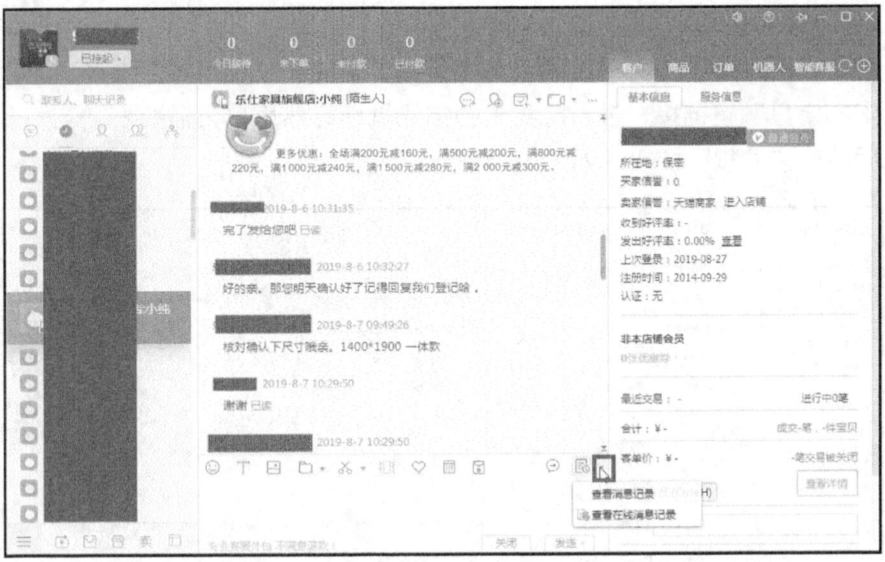

图 3-22　单击"查看消息记录"下的三角

（3）选择"查看消息记录"选项，即可在右侧显示消息记录，如图 3-23 所示。

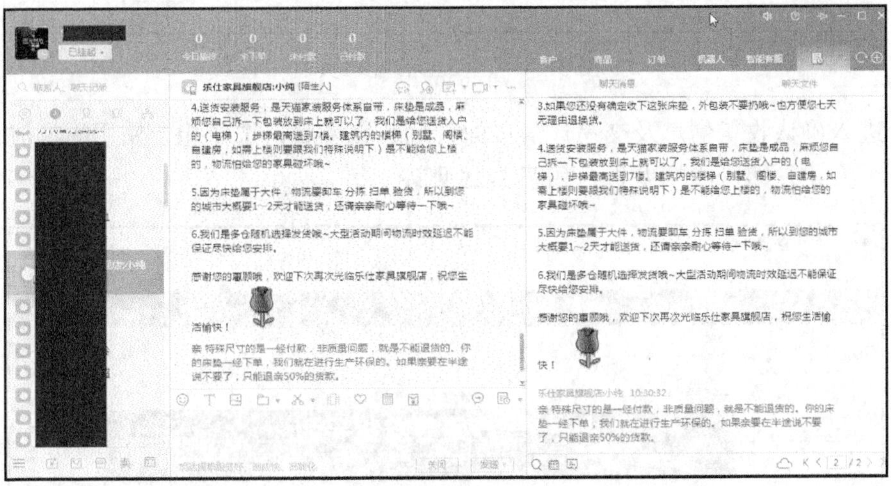

图 3-23　查看消息记录

3.2　出售商品完成交易

在商品的出售过程中，经常会涉及讨价还价、发货方式的选择等问题。因此，卖家还要学会选择物流公司发货、处理退款、评价买家和从支付宝中提现等。

3.2.1 选择物流公司发货

买家付款后，宝贝的交易状态即变成"买家已付款"。此时，卖家可以联系物流公司提供发货服务，其具体操作步骤如下。

微课 3-4

（1）登录"我的淘宝"，进入千牛卖家工作台，单击"交易管理"下的"已卖出的宝贝"超链接，进入已卖出的宝贝页面，然后单击需要发货的商品后面的"发货"按钮，如图 3-24 所示。

图 3-24　已卖出的宝贝页面

（2）进入确认收货信息及交易详情页面，确认完毕后，选择想要使用的物流公司，单击"确认"按钮，即可成功发货，如图 3-25 所示。

图 3-25　确认收货信息及交易详情页面

（3）这里也可以选择"无需物流"完成发货，如图3-26所示。

图 3-26 选择"无需物流"完成发货

使用推荐的物流公司有哪些好处？

① 网上直连物流公司，不用打电话也可联系物流公司，全部实施网上操作。

② 价格更优惠，可以使用协议最低价与物流公司结算。

③ 赔付条件更优惠，淘宝网与物流公司通过协议约定了非常优惠的赔付条款。

④ 赔付处理更及时，淘宝网会监控并督促物流公司尽快处理投诉和索赔。

⑤ 订单跟踪更便捷，商品的物流跟踪信息链接会被置于物流订单详情页面，以便买卖双方随时查看。

⑥ 可享受批量发货功能，即一次性将多条物流订单发送给物流公司，使下单更便捷。

⑦ 可享受批量确认功能，即一次性确认多笔交易为"卖家已发货"状态。

⑧ 可享受阿里旺旺在线客服的尊贵服务，物流公司在线客服会即时回复买卖双方的咨询，并解答疑惑。

⑨ 日发货量超百票，会提供特别的定制服务。

3.2.2 处理退款

有时买家付款后会因特殊情况需要退款，这就需要卖家妥善地处理退款请求，其具体操作步骤如下。

（1）登录"我的淘宝"，进入千牛卖家工作台，单击"交易管理"下

微课 3-5

的"已卖出的宝贝"超链接，打开已卖出的宝贝页面，可以看到退款信息，单击"请卖家处理"超链接，如图 3-27 所示。

图 3-27　退款信息

（2）打开等待退款处理的页面，在"协商历史"下面可以看到买家发起的申请退款的原因是"拍错/多拍/不想要"，单击"同意退款"按钮，如图 3-28 所示。

图 3-28　等待退款处理页面

（3）打开卖家处理退款申请页面，输入"支付宝支付密码"和"校验码"，单击"确定"按钮，如图 3-29 所示。

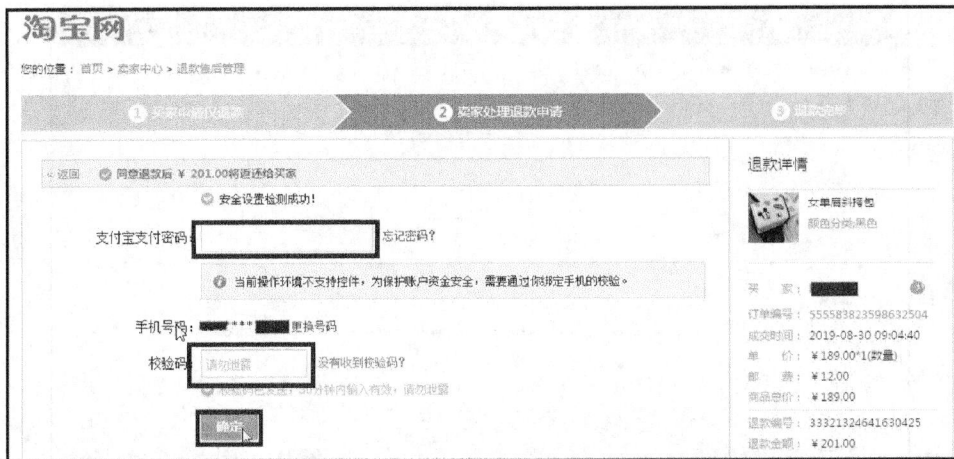

图 3-29　输入"支付宝支付密码"和"校验码"

（4）此时即成功退款，如图 3-30 所示。

图 3-30　成功退款

3.2.3　评价买家

　　买家收到货物并将货款支付给卖家后，卖家应及时评价买家。只要交易顺利，就不妨多给买家"好评"。买卖双方要互给好评，这样日积月累，店铺才能越做越大。卖家要本着"顾客就是上帝"的原则，细心周到地处理每一笔交易。

微课 3-6

　　卖家评价买家的具体操作步骤如下。

　　（1）登录淘宝网，进入千牛卖家工作台，单击"交易管理"下的"已卖出的宝贝"超链接，打开已卖出的宝贝页面，可以看到对方已经评价，单击"评价"超链接，如图 3-31 所示。

　　（2）进入评价页面，勾选"好评"复选框，在文本框中输入评价内容后，单击"发表评论"按钮，如图 3-32 所示。

图 3-31　对方已经评价

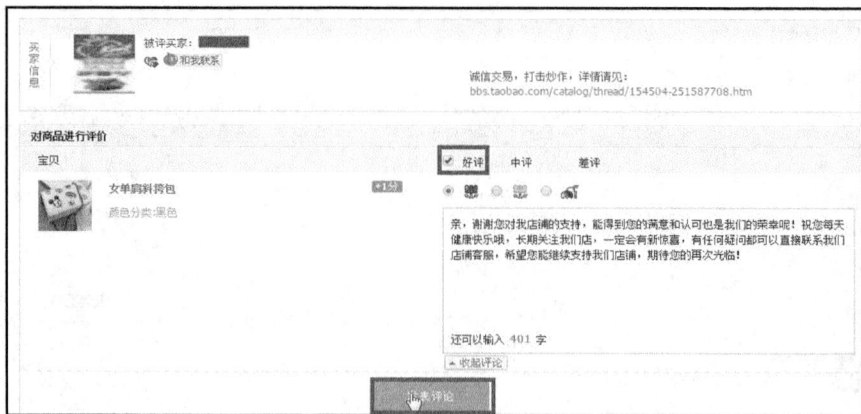

图 3-32　评价页面

（3）此时即成功评价买家，如图 3-33 所示。

图 3-33　成功评价买家

3.2.4　从支付宝中提现

　　卖家发货后，若买家收到了宝贝，则会在淘宝网上确认货已收到。这时，支付宝管理员会把货款打入卖家的支付宝账户中。如果卖家想把支付宝账户中的"电子钱"换成"现金"，就需要从支付宝账户中提取现金，这就是账户提现，其具体操作步骤如下。

　　（1）登录支付宝，单击"我的支付宝"中的"提现"按钮，如图 3-34 所示。

　　（2）选择银行卡，输入提现金额，单击"下一步"按钮，如图 3-35 所示。

图 3-34　单击"提现"按钮

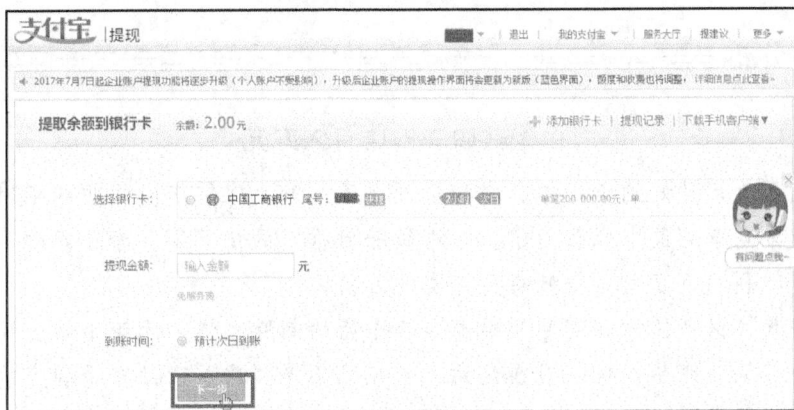

图 3-35　申请提现

（3）确认提现信息，输入"支付密码"，单击"确认提现"按钮，如图 3-36 所示。

图 3-36　确认提现信息

（4）打开图 3-37 所示的网页，提示"提现申请已提交，等待银行处理"。

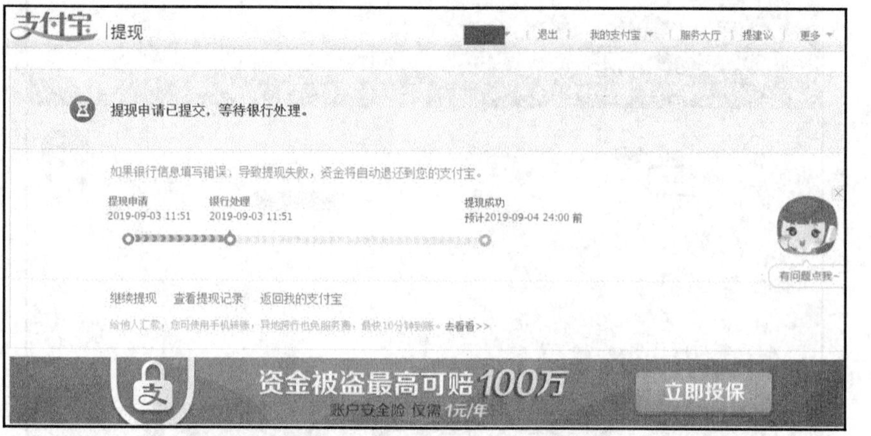

图 3-37　提交提现申请并等待处理

案例分析

白领兼职开网店月入万元

有手工艺品收集爱好的李小姐，在淘宝网开了一家十字绣店。短短半年时间，李小姐的小店就在众多竞争店铺中脱颖而出。在未做任何推广的情况下，李小姐的小店每月营业额达两万元，纯利润近万元，是她每月工资的 5 倍。

差异化经营、保证信誉和商品质量高是李小姐的制胜之道。无论是线上还是线下，十字绣店都随处可见，商品价位一般在几元、十几元不等。这些商品多是国产的便宜线料，仅仅满足了部分顾客群的需要。而李小姐却专营进口十字绣，以满足中高端消费群体的市场需求。进口线和国产线价格相差 10 倍左右，同样是 8m 长的线，国产线是 7 元 24 支，而进口线 1 支就要 3 元。

在网上开店不仅要赚人气，更要赚口碑。李小姐骄傲地说，她的网店信用已获得 100% 的好评率。买家对网店的好评无疑是最好的广告，她的生意因此做得十分好。

2016 年 6 月，李小姐在网店评论栏中看到一位外地买家给了自己一个中评。原来是买家要的商品在邮寄途中受损，买家不是很满意。于是李小姐主动提出赔偿，并于当天将赠品寄了过去。最后，这位买家很快就将中评改为好评。

李小姐称，卖十字绣一定要脾气好才行，即使心情不好，也一定要耐心、和气地对待买家，否则稍不注意就会遭到投诉。"上次有个买家，买了一个不是很大的十字绣，因为我写的是每套材料包配 1～2 根针，于是就给她了一根针；后来她说我少给了一根针，硬要给我差评，我打了十几个电话，可谓费尽了口舌，才说服她修改了评价。出了这样的问题，利润是不可能再考虑了，能保住信用就好。"

分析：

在网店的经营过程中，卖家与买家不是面对面地交易，因而在沟通交流时更需注意技巧。

在与买家沟通的过程中，卖家不要总是以"我是卖家"自居，而要把自己当作买家，或者买家的朋友。这样，你的思路才能真正接近买家，才知道怎样去介绍商品。只有站在买家的角度来考虑问题，才能知道怎样吸引买家，你的观点、你的讲解才能获得买家的认同。可以说，做好沟通才能实现双赢。

课后习题

一、判断题

1．沟通时搭配使用合适的千牛表情，会提高自己的亲和力，拉近与对方的距离，从而有利于促成交易。   （   ）

2．使用推荐物流网上下单，订单跟踪更便捷，商品的物流跟踪信息链接被置于物流订单详情页面，以便买卖双方随时查看。   （   ）

3．买家付款后，如果想退款，能不退款尽量不给予退款。   （   ）

4．只要交易顺利，可以给客户中评，不一定非得给"好评"。   （   ）

二、思考题

1．怎样使用千牛软件查找并添加客户？

2．怎样设置千牛自动回复？

3．如何使用千牛表情？

4．怎样选择物流公司发货？

5．怎样进行退款处理？

6．怎样对买家做出评价？

实训任务

实训任务一：安装和使用千牛软件

1．下载并安装电脑客户端千牛软件。

2．使用千牛软件查找并添加客户，进而跟客户聊天。

3．设置千牛软件自动回复。

实训任务二：出售商品完成交易

1．买家付款后，选择合适的物流公司发货。

2．买家收到货物并将货款支付给卖家后，对买家做出评价。

3．收到买家付款后，从支付宝账户中提取现金。

第4章　商品拍摄和图片处理

网店销售最大的特点就是通过图片的形式来展现商品。买家进入店铺后，首先看到的不是商品说明，而是商品图片。一幅好的商品图片，是吸引买家点击和购买的最重要因素。所以说，拍摄出精美真实的图片对网店销售至关重要。这就需要掌握一些拍摄方法和技巧，更好地进行商品拍摄和图片处理。

4.1　摄影器材的选择

网店不同于实体店，买家在网店购物时无法看到真实的物品，只能通过商品图片进行了解。为了提高店铺的成交率，卖家就要在图片的拍摄与处理方面多下功夫了。

4.1.1　数码相机的选购技巧

数码相机的种类众多，根据价格大致可分成 3 类：普通数码相机、专业数码相机和高档数码相机。

1．普通数码相机

普通数码相机的特点是价格低廉，这类相机适合于拍摄家人、朋友、宠物或旅行的图片。这是数码相机中的主流产品，价格为 1 000～10 000 元，拍摄图片的效果相当不错。生产这类相机的厂家众多，因而买家的选择余地也很大。如果要拍摄网店商品的图片，那么使用普通数码相机就足够了。

2．专业数码相机

专业数码相机的售价高达数十万元，需要由受过良好训练的专业人员搭配一台 SGI 或非常高档的 Mac 图形工作站使用。值得注意的是，许多专业数码相机缺乏存储图片的能力，必须通过电缆线与计算机连接，将图片储存在计算机中。

3．高档数码相机

高档数码相机的售价一般都在万元以上。生产高档数码相机的厂家相对少一些，比较著名的品牌有佳能、尼康等。佳能公司的数码相机通常以佳能 EOS 的机身为基础，尼康公司的数码相机则以尼康 F4 的机身为基础。它们都可以更换镜头，使用连闪闪光灯，如果搭配多用途附件即可在更多的场合使用。图 4-1 所示为佳能数码相机。

选购数码相机时要注意如下事项。

（1）品牌。影响数码相机成像效果的因素除了像素、镜头等外，最主要的还是数码相机厂家在成像质量方面的整体技术水平。例如，佳能、索尼、三星、尼康、柯达等厂家在数码相机的整体成像技术方面就比较专业。建议最好不要买新款机型，而是选择那些在市场上推出比较长时间的机型，其性价比较高。

（2）像素。现在主流数码相机的像素都达上千万。像素越高，拍摄图片的质量就会越好，但是网络图片用 800 万像素的相机拍摄就足够了。图 4-2 所示为三星 ES70，具备千万像素的成像能力，配备了 3 倍光学变焦镜头以及数字图像稳定功能和 2.7 英寸的 LCD 显示屏。

图 4-1　佳能数码相机　　　　图 4-2　三星 ES70

（3）拍摄效果。一般人在选购数码相机时，都是随便拍几张，然后在数码相机的液晶屏上看，感觉效果不错就可以了。其实，这种方法是不正确的，因为数码相机的液晶屏很小，很难看出拍摄效果。正确的方法是拍完后在计算机屏幕上看，并注意观察图片有没有偏色。因此，我们要尽量到配备了计算机的经销处购买。

（4）镜头。数码相机的镜头往往比像素和 CCD 更重要，因此购买时要尽量选择大厂家的镜头，如佳能、尼康、美能达等。将变焦控制在 3～4 倍，定焦的效果可能更好，因为镜头变焦越大，镜头镜片的数量就越多，而数量多就会影响画质，甚至会造成更大的眩光、更多的噪点、丢失暗部细节以及影响整个变焦范围的画质。

（5）外形。最好是购买便携式数码相机。大部分人喜欢卡片机，就是因为它携带起来非常方便。像有些个头较大的机型，就不太受欢迎。

（6）防抖。现在的主流数码相机都配备了光学防抖的功能，而不防抖的机型就不太受欢迎。不过，个人认为只要掌握最基本的持机方式，无论是防抖机型还是不防抖机型都可以拍出清晰的图片。当然，不防抖机型的价格要低不少，大家还是要根据自己的实际情况选择。

📖　**开店技巧**

购买数码相机的时候，要注意对方是不是正规的经销商，商品是不是正品行货、是否全国联保、保修期是多久、配件是否齐全等。在日后的使用过程中，这些都是解除我们的后顾之忧的保证。

4.1.2　用普通数码相机拍摄出高质量的图片的技巧

虽然数码相机操作简单、使用方便，但并不表示随随便便就能拍摄出高质量的图片。其实不管使用哪种相机，都需要拍摄者多动脑多思考。因为高质量的图片不会凭空而降，所以多了解一些专业概念才能真正发

微课 4-1

挥先进设备的功能，从而拍摄出令人满意的图片。

下面介绍使用普通数码相机拍摄出高质量的图片的一些技巧。

拍摄商品图片的时候最好使用 M 手动模式，把相机的微距打开，这样就可以很清楚地表现出商品的细节。图 4-3 所示为使用 M 手动模式把相机微距打开后拍摄的衣服。

在拍摄的地方放一张白纸，将相机设置为手动白平衡，然后用镜头对着白纸，使白色充满相机屏幕中间的框，接着按下设置键（不同的相机有不同的设置键，相机屏幕上会有提示），如图 4-4 所示。

图 4-3　把相机微距打开后拍摄的衣服

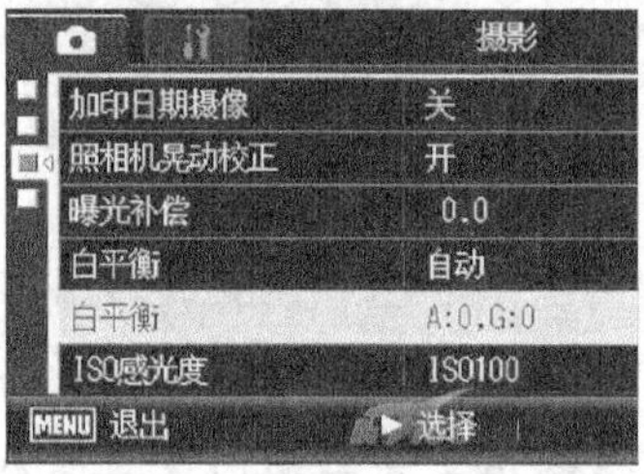

图 4-4　设置白平衡

图 4-5　使用手动白平衡拍摄的衣服

这时你会发现，从相机中看到的白纸颜色发生了变化。这就说明设置成功了。在刚才放白纸的同一个地方放上商品进行拍摄，白平衡就是准确的。如果换一个地方拍摄，那么就需要重新设置手动白平衡。图 4-5 所示为使用手动白平衡拍摄的衣服。

很多图片质量不高，就是因为在拍摄时晃动了相机。拍照时可用右手拿稳相机，左手轻扶相机的底部。不过现在的相机越做越轻巧，而且又合乎人体工学的设计，因而只要拿稳相机就没有问题。另外，要注意拍照时避免配件或手指遮住镜头及闪光灯。

要想拍摄出高质量的图片，还要注意正确的曝光及充足的光线。若不是要达到特殊效果，应尽可能避免逆光拍照，应让光线照在拍摄物上。在阴天或阴影下拍摄时，应使用柔和光源。拍摄时要选择适当的光圈大小。光圈的大小是以数字表示的，数字越大光圈越小，数字越小光圈越大，光圈越大进入镜头的光线就越多。在光线不足处拍摄时要使用闪光灯，但应注意有效距离，一般闪光灯的有效距离只有三四米。

相机的曝光补偿功能可以在拍摄时进行调节，如果补充光线不足或光线过于强烈就会引起曝光不足和过曝。图 4-6 所示为使用曝光补偿功能拍摄的图片。

图 4-6　使用曝光补偿功能拍摄的图片

总的来说，要想拍摄出高质量的图片，就要正确设置相机，尽量使用手动模式，并注意白平衡和曝光补偿。在环境方面，拍摄时尽量使用单色背景，选择在光线亮色干扰小的地方拍摄。

拍摄商品图片有哪些要求呢？

总体要求是将商品的形、质、色等充分表现出来，而不能夸张。

① 形：指的是商品的形态、造型特征以及画面的构图形式。

② 质：指的是商品的质地、质量、质感。商品图片对质的要求非常严格，体现质的影纹层次必须清晰、细腻、逼真。尤其是细节处以及高光和阴影部分，对质的表现要求更严格。

③ 色：拍摄商品图片时要注意色彩的统一。色与色之间应该互相烘托，而不是彼此对抗。在色彩的处理上，应力求简、精、纯，避免繁、杂、乱。

4.2 拍摄商品图片前的准备工作

卖家要想使自己网店的商品在众多的商品中脱颖而出，从而快速吸引买家，就要拍摄出高质量的商品图片。拍摄商品图片前的准备工作有哪些呢？

4.2.1 光线的运用

光线是摄影的灵魂，不懂得运用光线就拍摄不出好作品。有了光线的照射，被摄物体才会产生明暗层次、线条和色调。

拍摄风光图片时，主要以太阳光作为光源。太阳光变化多端，它照射在景物上，能产生各种不同的效果；它会随着季节和天气的不同，有时强有时弱。因此，我们在拍摄景物时，一定要先了解每种光线的来源和不同强弱的光线所产生的影响，从而很好地加以运用，这样才能充分表达景物的光线效果。风光图片拍摄得成功与否，与光线运用是否得当有很大的关系。因此，熟悉光线在景物上的一切变化，是拍摄风光图片的关键所在。

1. 正面光对景物的影响

用正面光拍摄景物，可使景物清朗且显得光亮、鲜明。但正面光照射在景物上往往过于平正，缺乏明暗对比，从而使景物主体与背景的色调互相混淆，没有立体感。

2. 侧光对景物的影响

利用侧光拍摄景物，可使景物产生阴影，出现明暗对比的线条，立体感十足。景物有了立体感，景物主体与背景的色调就不易互相混淆。但利用侧光拍摄景物时，要注意暗部色调的深浅，以此确定曝光时间。最好是以中性灰为侧光的基调，这样能够充分显示景物暗部的层次，使画面层次丰富。侧光是几种基本光线中最能表现层次、线条的光线，也是最适宜拍摄风光图片的光线。

3. 逆光对景物的影响

逆光照射景物会产生光亮的轮廓，能使物体与物体之间出现明显的光的界线，避免景物主体与背景混合成一片深黑色的色调。

逆光是从物体的背后照射来的，如果物体与物体之间的距离不是很远，就有互相反射光线的作用。拍摄逆光景物时，光亮的轮廓和镜头前面的光照会影响拍摄者的视觉，容易造成拍摄的图片曝光不足。因此，拍摄逆光景物必然要以景物的暗部或中性灰来确定曝光时间，从而充分显示出景物的层次。另外，逆光照射下的平地、水面以及一切仰面物体，都会产生一片强烈的白色反光，为了避免这部分白色反光与其他物体的色调反差过大，运用柔和的光线拍摄较为适宜。

4. 高光对景物的影响

太阳升高至天空并垂直照射大地时，就是高光。高光出现在一天中阳光最强烈的时候，因此光线强烈、阴影很深。同时，高光又是从高空垂直照射下来的光线，只能表现由上到下的阴暗层次，并不能表现出物体的质感。这种光线不是拍摄风光的理想光源，非必要时应尽量避免采用。

5. 散射光、低光、反光对景物的影响

除了以上介绍的正面光、侧光、逆光和高光四种基本的光线类型之外，还有其他一些光线类型。散射光没有阳光直接照射，利用这种光线拍摄的一切物体都没有明暗线条的界线，不能产生阴影，因此，也就难以表现景物主体及背景色调的深浅。在散射光下拍摄的景物只能显示出平淡的物体影像和阴沉的气氛，不能使景物产生明暗的层次和优美的线条。因此，拍摄景物遇到散射光天气时，只有尽可能缩小景物的范围且采取较近距离的中景或局部场面，才可获得稍为清晰的效果。场面越大，灰暗的气氛越浓；场面越小，灰暗的气氛越淡。

太阳刚出或将落的时候，会出现一天中最柔和的低光光线，由于光线以低角度直接照射景物，可在不同的方向获得正面光、侧光或逆光等光线效果。因此，利用低光拍摄风光图片，不但能获得极其柔和的效果，而且会产生丰富的变化。但低光属于光谱中的红色成分，表现出来的颜色呈黄色、橙色，会对景物的原有色调产生一定的影响。因此，利用低光拍摄景物时，首先要注意光线对景物色调的影响，然后确定是否适合运用滤色镜拍摄，避免有色的低光光线影响景物的原有色调。

反射光是间接的光线，比直接的低光更柔和，但是只能对景物中物体的暗部起反射作用。因为反射范围有限，所以反射光除了能辅助表现物体本身的暗部外是起不了很大作用的。

小提示

光线对景物的层次、线条、色调和气氛都有着直接的影响，景物能否表现得好，全在于光线运用是否恰当。因此，我们必须了解每一种光线对景物的作用，这样才能获得理想的效果。经常观察各种光线在景物上的自然变化和产生的影响，有助于提高我们对光线效果的认识。

4.2.2　使用模特与道具

为了吸引买家、激发其购买欲望，从而实现营销目标，拍摄商品时常使用模特和道具。模特对于服装类商品尤为重要，一个精美的模特实拍可以在短短几秒内吸引买家。

利用模特拍摄商品图片时，首先要清楚自己到底想拍摄什么样的图片。如果只单纯依靠模特，不但会拖延拍摄的时间，而且也无法得到满意的结果。同时，模特的使用时间越长，费用就越高，这样会增加成本。

拍摄服装类商品的方法有很多种，其中利用模特实际穿着衣服的方法最自然，效果也最好。模特摄影大致可以分为室内摄影和室外摄影两种，二者最大的区别就是照明，也就是使用自然光和人工光的区别。

拍摄时要拍模特的全身，且要多一些背景，以便为后期的图片处理打下基础。这是单反相机的一个优势，即像素高，图片够大够清楚。拍摄时，摄影师要蹲下来，并且在离模特 5米远的地方仰望着模特。这样做的好处：图片上模特的腿会显得比较长，可增加图片的美观度。

4.2.3　在户外拍摄商品

在户外拍摄商品时，常用的道具有太阳镜、太阳帽、纱巾、毛公仔、花、手机、椅子和沙发。当然，石头、树枝、汽车、摩托车、自行车甚至灯杆都可用于拍摄。在场景的选择方面，有柳树、草坪、花丛、走廊、墙壁以及柱子的环境，都容易拍到好的图片。道具和环境的搭配，应根据商品来选择。

一般来说，经营服装的网店为了能使自家的宝贝从众多商品中脱颖而出，使用真人模特展示是最好的选择。那么，使用真人模特对拍摄地点究竟有什么要求呢？

1.　在公园里拍摄

寻找一些可以免费进入的公园进行拍摄是个不错的选择，毕竟公园的景色都很美。公园的面积通常都比较大，最好是能开车前往，这样既不会受到模特换衣服的困扰，也不必担心东西太多而拿不了。在公园里，随处设立的长凳是理想的拍摄场地。图 4-7 所示为在公园长凳上拍摄的图片。

图 4-7　在公园长凳上拍摄的图片

2.　在商场、大型超市里拍摄

在商场、大型超市里拍摄的图片比较贴近生活，可以给买家十足的亲近感，有利于商品的销售。但是，在拍摄的时候要注意画面的干净简洁，尽量不要将不相关的物品纳入画面。需要注意的是，在这类场景中拍摄，因为周围的照明光线比较复杂，很容易使商品的颜色出现偏差，所以尽量不要在过于偏黄的光线下拍摄。

3.　在河边拍摄

河边也是很好的拍摄地点，阳光可以为画面添加特殊的颜色和场景氛围。黄昏时分，夕阳西下，阳光能将景物变成金黄色，这些都是高质量图片的必备因素。图 4-8 所示为在河边拍摄的图片。

4. 在树林下拍摄

秋天在树林下拍摄图片，可以很好地烘托出气氛。另外，色调方面也比较自然，不太容易出现不协调的色彩。图 4-9 所示为在树林下拍摄的图片。

图 4-8　在河边拍摄的图片

图 4-9　在树林下拍摄的图片

5. 在花草丛中拍摄

在花草丛中拍摄图片时，要考虑到服装鞋帽以及配饰的颜色是否与花草的背景相配。同时，让模特与背景之间保持一定的距离，将背景虚化，也是不错的选择。拍摄前需开启相机的微距功能，尽量拉近与拍摄者之间的距离，并留意相机和手是否挡住了自然光线，以免影响被拍摄物体的亮度。图 4-10 所示为在花草丛中拍摄的图片。

6. 在大学里拍摄

在大学里拍摄图片时，首先可以尝试在图片背景中加入一些学生的活动场景，从而体现一些具备校园风的服装鞋帽的特色。其次，大学里的一些大型建筑（如图书馆、主教学楼）也是不错的拍摄场景，这时使用广角镜头将大型建筑物的线条和模特一并清楚地拍摄下来，会给画面带来十足的视觉冲击力。最后，大学里的运动场通常都比较空旷，拍摄出来的效果也会很棒。图 4-11 所示为在大学里拍摄的图片。

图 4-10　在花草丛中拍摄的图片

图 4-11　在大学里拍摄的图片

7. 在酒吧街拍摄

酒吧街一般都比较有格调，可以拍出异国风情，但需注意选择比较单一的背景（如窗台、大门、太阳伞下），以免画面杂乱。如果有熟悉的酒吧，在里面拍摄也是不错的选择，这无形之中会增加许多时尚元素。一般下午时店里不会有很多客人，这时前往拍摄既不会影响店家，也会获得不错的拍摄环境。但是要注意室内的光线，可以考虑在窗口附近拍摄或者使用闪光灯补光。图 4-12 所示为在酒吧里拍摄的图片。

图 4-12　在酒吧里拍摄的图片

4.2.4　在简易摄影棚中拍摄商品

要想准确地拍出商品的颜色和细节，不仅要重视曝光值，还要重视照明度。假如我们要把带有红色的灯光打在白色的商品上进行拍摄，由于人类的视觉具有顺应性，即使在上述照明条件下，人眼在一段时间之后也能准确分辨出白颜色。然而数码相机并不具备这一特性，即无法在上述照明条件下准确拍摄出白色商品的原有颜色。尽管这时我们可以通过调节白平衡来解决这一问题，但仍无法拍摄出完美的效果。那么，采用怎样的照明方式才能拍摄出最为准确的颜色呢？答案就是组建一个摄影棚。如果拍摄的商品对颜色的要求很高，那就更需要使用摄影棚。

摄影棚是在室内拍摄商品的最主要的场所。摄影棚无非就是灯光、布景、照相机加上与镜头相适应的景深空间，且房间最好有一定的宽度和深度。其实，现在的数码相机配合镜头，已经可以在很狭小的空间拍摄到高质量的图片。

摄影器材店中简易棚的售价不高，如果商品不是很大，可以买一个简易棚。图 4-13 所示为淘宝网出售的简易摄影棚。

但是，专业的摄影棚需要较大的空间和较专业的摄影灯光，这对于一般的卖家尤其是新开店的卖家来说无疑是一笔高昂的支出。如果自己能做一个，自然是最好的。图 4-14 所示为自制摄影棚，其主要是由一个内部粘贴白纸的大箱子、两个节能灯管、插头及灯座构成。

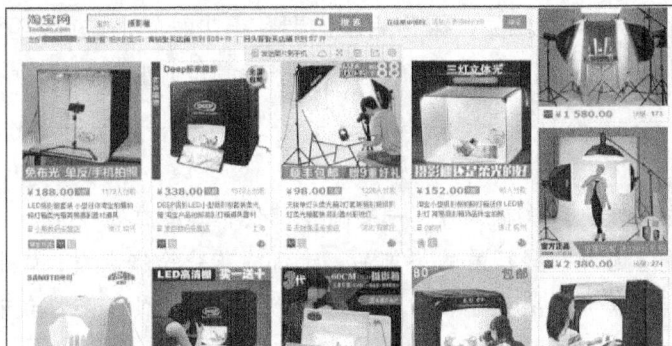

图 4-13　淘宝网出售的简易摄影棚

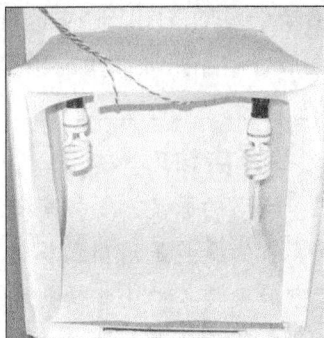

图 4-14　自制摄影棚

4.3　不同类别的商品拍摄

经营网店，视觉效果很重要。不同的商品，有着不一样的拍摄方法和技巧。卖家需要做的就是通过摄影把一个好的商品完美地展现出来，以更好地吸引买家的关注，并促使其下单购买。

4.3.1　服装商品拍摄实战

服装商品的买家第一眼看到的肯定是商品的图片，而不会是面料、尺码等，因此拍摄出吸引人的图片非常重要。服装商品一般采用模特实拍，如图4-15所示。

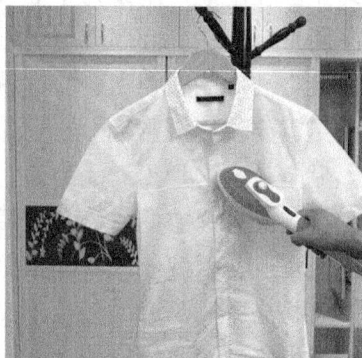

下面详细讲述服装商品的拍摄实战。

1. 拍摄前要整理熨烫好商品

拍摄前整理衣服是根据其质地和颜色进行区分，这样有助于后面的拍摄，以免需要不断调整和变换拍摄方式。卖家可以依据深色和浅色，按照粗棉、细棉、毛、丝和混纺进行分类。

刚买来的衣服由于折叠会产生褶皱，可以先用熨斗烫平整再进行拍摄，这样拍摄出来的图片效果会更好。一般使用普通的家用熨斗就行，当然，如果有专业的熨斗更好，如图4-16所示。

图4-15　服装商品一般采用模特实拍　　　　图4-16　拍摄前要整理熨烫好商品

2. 摆放好商品

拍摄服装图片时，有的卖家可能觉得有一点儿不整齐问题不大，没人能看出来，或者寄希望于后期修图。其实这样做往往会得不偿失，因为后期需要花不少时间来进行处理。而摆放好商品是很简单的事，又十分便于后期处理。摆放商品要一步到位，如图4-17所示。

> 📖　**开店技巧**
>
> 　　不同的服装，要搭配不同的配饰。摆放衣服时，一要有搭配物，二要摆得生动。如果卖家的服装是清新风格的，可以选择一些可爱的小饰品、清新的花朵等作点缀；如果卖家的服装是爵士摇滚风格的，可以加一些礼帽、乐器等进行搭配。不同的搭配，会带给买家不同的购物体验。

3. 选好背景

如果使用衣架辅助或平铺拍摄，最好选择木质的地板或墙壁作为背景，这样拍摄出来的画面就不会显得呆板，同时还可以体现出衣服的时尚感。图 4-18 所示为拍摄商品选择墙壁作为背景。

图 4-17　摆放商品要一步到位

图 4-18　拍摄商品选择墙壁作为背景

4. 模特实拍

采用模特拍摄能完全表现出商品的立体造型，从而激起买家的购买欲望。毕竟，挂在墙上的衣服和穿在身上的衣服给人的感觉是完全不同的。有条件的卖家可以请个专职模特，这样拍摄出来的图片效果会比假人模特和衣架辅助或平铺拍摄好许多，甚至可以拍一段视频，以更好地展示服装的各个细节。当然，如果经济条件不允许，采用假人模特的方法也不错。

> **📖 开店技巧**
>
> 在实地拍摄时，要选择多个角度进行拍摄。从上往下拍摄会给人身材矮小和衣服比较短的感觉，从下往上拍则会给人身材高挑、衣服比较长的感觉。另外，前后左右拍摄都会有不一样的效果。所以，如果要使买家对衣服有一个最直观的感觉，就要从每个角度都拍摄出一个系列，然后从中挑选出效果最佳的图片进行展示。商品展示图越多、越全面，买家看到后的购买欲望就会越强烈。

5. 搭配饰物

单个服装很难摆出动感造型，这时可借助包包、项链或者模特对服装进行搭配。如果你的搭配足够漂亮、足够打动买家，那么你的店铺的成交率就会不断攀升。需要注意的是，不同的服装要用不同的配饰来搭配。如图 4-19 所示，卖家在摆放衣服时选择了不同的配饰，如小礼帽、鞋、小配件等。

6. 学习经验

开店新手要多看看别家店铺的商品图片，多向拍摄商品图片的高人取经，模仿和学习他们的搭配原则与方法，以创造出更好的造型并拍摄出高质量的图片。

7. 不可忽略细节图

除实物图外，细节图也很重要。买家在购物时如果能看到细节图，一般都会放心购买。包包、服饰类商品都需要拍摄细节，以体现服饰的材质和做工。一般来说，只需拍摄出买家最关心的几个位置就可以了，如衣领、衣袖、扣子、拉链、包口等。图 4-20 所示为包包的细节图。

图 4-19　服装搭配饰物的图片

图 4-20　包包的细节图

4.3.2　数码商品拍摄实战

由于网络销售的价格优势，很多人甚至连数码产品也会在网上购买。有很大一部分买家会在实体店中查看喜欢的数码产品，然后去网上购买。虽然买家已经看过实物，但是卖家提供全面、真实、详细的产品实物图仍十分必要。下面着重介绍几种数码产品的拍摄技巧。

1. MP3/MP4 播放器

MP3/MP4 播放器非常小巧，可以让我们把音乐带在身边。MP3/MP4 播放器不仅体积很小，而且设计感十足，毕竟它们面对的是时尚一族。当然，每款产品的定位各有不同，在这里我们主要想表现出其形体、颜色及其设计感。我们要找出该产品的特点，确定好角度，再进行拍摄。

由于大部分 MP3/MP4 播放器采用的材质都比较光滑，反光很强，所以在拍摄的时候要注意这一点。此外，其体积较小，用光的时候也比较难控制。建议在拍摄时使用柔光，这样商品表面看起来就会比较细腻、柔润。

在拍摄时控制好商品的反光，有利于表现其质感。例如，在屏幕上出现一道利索的反光，可很好地表现屏幕的质感，这也是当前数码产品广告中常用的手法。我们可以借助白纸来制造这种反光，而调整白纸的位置就能改变反光在商品上的位置。

在拍摄时，要注意以下事项。

① 清洁商品。由于数码商品反光较强，在拍摄前一定要注意清洁，否则在后期修片的时候会非常麻烦。当然，最好是戴手套操作。

② 确定机位。将商品放到静物台上，找到合适的拍摄角度进行拍摄。

③ 开始布光。布光的时候建议使用柔光，光线太硬的话会使商品显得生硬，而且还会在商品上产生高光点。摄影者可以从不同的角度拍摄商品，展示商品的不同方面。

2. 数码相机

数码相机的大体形状是一个立方体，而立方体通常由 6 个面组成。在拍摄的时候，要清楚哪个面是数码相机的独特之处、哪个面能展现出数码相机的特色、哪个面是要着力表现的。这样做主要是想更有针对性地拍摄出表现商品最主要特征的图片，从而向受众传递更有价值的信息。当然，也可以每个面都去拍摄，这种图片能极好地辅助说明相机的各种规格，使受众对商品有一个全面的了解。

拍摄的数码相机的面数越多，画面越有立体感；同时展现的面数越多，越能描述相机的真实外观。图 4-21 所示为拍摄的数码相机的各个面。

图 4-21　拍摄的数码相机的各个面

拍摄数码相机这类商品时，应该把握住其几大基本要点。

① 尝试使用不同的附件，镜头上产生的光晕是不同的。

② 将相机不同的面用不同的亮度区分开来，以表现立体感。

③ 如果可以，对相机的按钮和图标进行具体讲解，以免去买家查看说明的麻烦。

④ LCD 显示屏是相机的关键，展示其尺寸的细节图必不可少。

3. 笔记本电脑

笔记本电脑虽然结构简单，但是拍摄起来并不容易。笔记本电脑的体积都较大，这就加大了灯光的处理难度。如果灯光照射不均匀，那么拍摄出的图片效果一定不会很理想。

对于整机可以用常规角度来拍摄，而对于键盘则可以加大倾斜角度来拍摄，这样效果会更好。图 4-22 所示为拍摄的笔记本电脑。

图 4-22 拍摄的笔记本电脑

下面是笔记本电脑的拍摄要点。

（1）笔记本电脑的屏幕很容易沾上指纹，因此操作的时候一定要戴手套。

（2）找到自己想要突出表现的面，确定相机的位置，采用合适的角度进行拍摄。

（3）为了体现出笔记本电脑的立体感，可以加大倾斜度来拍摄。

（4）虽然笔记本电脑不同于相机，没有那么多的面需要拍摄，但是其各插孔都是需要我们进行展示的。所以，要仔细拍摄笔记本电脑上各个接口、插槽等的细节图。

（5）拍摄笔记本电脑的整体外观及光滑的表面时，要注意灯光的控制。

（6）键盘的细节拍摄很重要，要掌握好照明并拍摄到位，让买家通过画面"体会"到舒适的手感。

4.3.3 饰品商品拍摄实战

在网上浏览各式各样的饰品，很容易会被漂亮的图片所吸引。当然饰品的拍摄是有很多技巧的，不然摆在眼前平平的饰品，怎么在图片中立马就变得光彩照人了呢？

拍摄饰品有两种常用手法。

1. 为饰品单独构图

为饰品单独构图是卖家拍摄饰品时主要采用的手法。采用这种手法拍摄时，首先要将饰品摆放好。由于饰品的种类和质地比较复杂，因此很难有特定的布光规则。

在图 4-23 所示的饰品图片中，使用的是背景布，普通数码相机可以使用自动白平衡功能进行调节。如果有手动白平衡功能，可以逐一试验，选择出效果最好的一张，以决定该使用哪种白平衡设置。

把商品直接放在背景布上，拍摄出来的图片视觉单一，没有衬托物，显得十分单调。而在上面放些花，图片的层次感就出来了，如图 4-24 所示。

2. 让模特佩戴饰品

让模特佩戴饰品进行拍摄，如图 4-25 所示。注意模特的身体部位一定要美，否则很难与饰品相映成趣。采用这种手法拍摄时，一般在构图上要给出特写，在用光上要控制光照范围，将饰品区域稍微照亮，其他区域则稍微暗一些，以形成饰品与模特间的明暗对比，从而凸显出饰品。

图 4-23 使用红色背景布拍摄	图 4-24 在背景布上放些花拍摄	图 4-25 让模特佩戴饰品

📖 开店技巧

由于饰品通常较小，因而要近距摄影。从近距摄影的角度考虑，要选购有微距功能的相机。如果使用的是单反数码相机，那么可选用中、长焦距镜头和微距镜头。如果使用中、长焦距镜头，镜头和被摄物体的最近对焦距离可以比较大，以便布光。但是如果对画面质量的要求比较高，还是选择微距镜头比较好。

在拍摄饰品时要注意以下事项。

（1）不要用反光背景。如果背景是光面的，经光线照射反射出来的光会形成白色晕影，从而让饰品局部曝光过度，失去质感。

（2）如果没有摄影灯，尽量采用太阳光。如果在家用电灯、日光管等光源拍摄饰品，很难调整白平衡，况且大多数人用的都是普通数码相机，不会去购置专业摄影装置。一般来说，用台灯等作为光源，拍摄出来的图片大多偏暖色调，有一层薄薄的橙红色。

（3）尽量准确曝光，减少用 Photoshop 修饰图片，最大限度地呈现出饰品的真实性。如果完全曝光，因为饰品有金属光泽，深色背景可能会曝光过度，使画面过于光亮，失去细节；如果是淡色背景，会显得很黯淡，整体效果也会偏黑。因此，应在饰品和背景之间选取一个最佳的平衡点。

（4）拍摄珠宝类首饰时，因其表面光泽性很好，反光性很强，四周要用吸光性比较好的物品；不要堆放杂物，以免被反射进去造成商品出现黑点，影响美观。用纯色的物品衬托，拍摄出的图片就会更纯、更透。可多选几个角度拍摄，尽量减少反射和阴影，把影响降到最低。

（5）一般来说，金银首饰使用柔光照明，而多面的水晶、宝石则用直射光布光。在布光的时候，一定要注意首饰的质感能否得到很好的体现，首饰的每个面、每条棱线是否达到理想的明度等。一定要将细节调整到完美，把商品更好地展示出来，让买家看了就有想购买的欲望。

4.4 使用 Photoshop 简单处理商品图片

在处理商品图片的过程中，Photoshop 发挥着不可比拟的作用。它是一款强大的图形处理软件，在淘宝网店装修中必不可少。

4.4.1 调整拍歪的图片

在拍摄的过程中，难免会将图片拍歪。下面讲述如何调整拍歪的图片，其具体操作步骤如下。

（1）启动 Photoshop，选择"文件"|"打开"命令，打开图像"拍歪.jpg"，如图 4-26 所示。

（2）按"Ctrl+A"组合键，全选图像，如图 4-27 所示。

图 4-26　打开图像

图 4-27　全选图像

（3）选择"编辑"|"自由变换"命令，调整图像位置，如图 4-28 所示。

（4）按"Enter"键，确认调整，如图 4-29 所示。

图 4-28　调整图像位置

图 4-29　确认调整

4.4.2　放大与缩小图片

现在的数码相机像素都非常高，拍摄出的图片也非常大，要将图片上传到网店中就需要调整图片的大小。如何在保证图片质量的情况下将图片放大与缩小，成为令很多新手卖家头疼的难题。下面讲述如何放大与缩小图片，其具体操作步骤如下。

（1）启动 Photoshop，选择"文件"|"打开"命令，打开图像"放大缩小.jpg"，如图 4-30 所示。

图 4-30　打开图像

（2）选择"图像"|"图像大小"命令，弹出"图像大小"对话框，如图 4-31 所示。

（3）在该对话框中设置相应的"宽度"和"高度"，单击"确定"按钮，即可调整图像大小，如图 4-32 所示。

图 4-31　"图像大小"对话框

图 4-32　调整图像大小

4.4.3　自由裁剪图片到想要的尺寸

下面讲述如何自由裁剪图片到想要的尺寸，其具体操作步骤如下。

（1）启动 Photoshop，选择"文件"|"打开"命令，打开图像"自由裁剪.jpg"，选择工具箱中的"裁剪工具"，如图 4-33 所示。

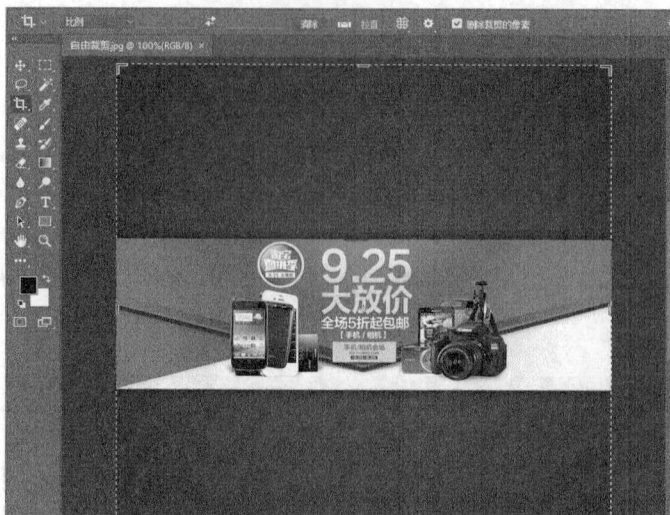

图 4-33　打开图像

（2）按住鼠标左键，在画布中绘制相应的选区，如图 4-34 所示。

图 4-34　绘制选区

（3）在选区内双击鼠标左键，即可裁剪图像，如图 4-35 所示。

图 4-35　裁剪图像

4.4.4 将图片保存为 GIF 格式

下面讲述将图片保存为 GIF 格式的方法，其具体操作步骤如下。

（1）启动 Photoshop，选择"文件"|"打开"命令，打开图像"保存为 GIF 格式.jpg"，如图 4-36 所示。

（2）选择"文件"|"存储为"命令，弹出"另存为"对话框，"保存类型"选择 GIF 选项，如图 4-37 所示。

图 4-36 打开图像

图 4-37 "另存为"对话框

（3）单击"保存"按钮，弹出"索引颜色"对话框，在该对话框中设置相关参数，如图 4-38 所示。

（4）单击"确定"按钮，弹出"GIF 选项"对话框，"行序"选择"正常"，如图 4-39 所示。单击"确定"按钮，即可将文件保存为 GIF 格式。

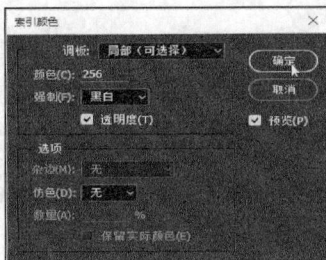

图 4-38 "索引颜色"对话框

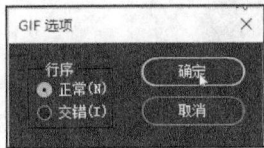

图 4-39 "GIF 选项"对话框

4.4.5 调整曝光不足的图片

在拍摄的过程中，有时会出现曝光不足的问题。下面讲述如何调整曝光不足的图片，其具体操作步骤如下。

（1）启动 Photoshop，选择"文件"|"打开"命令，打开图像"曝光不足.jpg"，如图 4-40 所示。

（2）选择"图像"|"调整"|"曝光度"命令，弹出"曝光度"对话框，在该对话框中设置相应的参数，单击"确定"按钮，如图 4-41 所示。

微课 4-4

图 4-40　打开图像

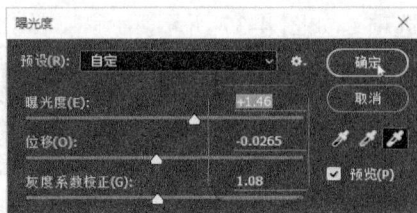

图 4-41　"曝光度"对话框

（3）调整图像曝光度，效果如图 4-42 所示。

图 4-42　调整图像曝光度

4.4.6　调整曝光过度的图片

在拍摄的过程中，有时会出现图片曝光过度的问题。下面讲述如何调整曝光过度的图片，其具体操作步骤如下。

（1）启动 Photoshop，选择"文件"|"打开"命令，打开图像"曝光过度.jpg"，如图 4-43 所示。

（2）选择"图像"|"调整"|"曝光度"命令，弹出"曝光度"对话框，在该对话框中设置相应的参数，单击"确定"按钮，如图 4-44 所示。

（3）调整图像曝光度，效果如图 4-45 所示。

图 4-43　打开图像

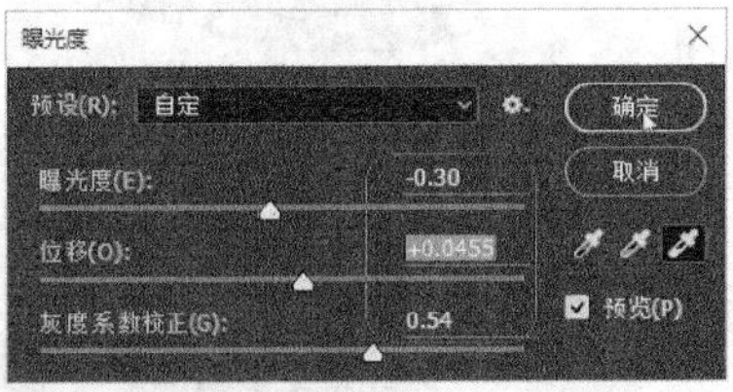

图 4-44　"曝光度"对话框

图 4-45　调整图像曝光度

4.4.7　调整模糊的图片让细节更明显

作为网店卖家，要尽量为买家提供最真实的商品图片。但由于相机、显示器等因素，拍摄出来的效果和实物肯定会有所差别。下面讲述如何调整模糊的图片让细节更明显，其具体操作步骤如下。

（1）启动 Photoshop，选择"文件"|"打开"命令，打开图像"模糊.jpg"，如图 4-46 所示。

（2）选择"图像"|"模式"|"Lab 颜色"命令，如图 4-47 所示。

（3）打开"图层"面板，在其中将背景层拖曳到"创建新图层"按钮上，复制背景图层，如图 4-48 所示。

图 4-46　打开图像

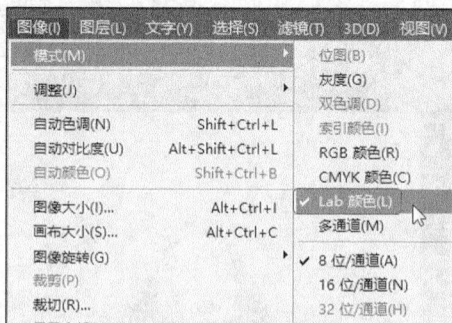

图 4-47　选择"Lab 颜色"命令

图 4-48　创建新图层

（4）选择"滤镜"|"锐化"|"USM 锐化"命令，弹出"USM 锐化"对话框，如图 4-49 所示。

（5）将"图层模式"设置为"柔光"、"不透明度"设置为"90%"，如图 4-50 所示。

图 4-49　"USM 锐化"对话框

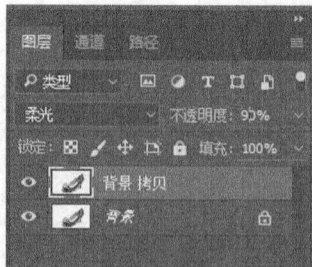

图 4-50　设置图层模式和不透明度

（6）如果还是不够清楚，可以复制相应的图层，直至调整到清楚为止，如图 4-51 所示。

图 4-51 调整清晰度

4.5 使用 Photoshop 美化商品图片

很多卖家在拍摄完商品图片后，不知道如何对图片进行处理和美化。Photoshop 可以帮助卖家方便地批量处理、美化商品图片。

4.5.1 为图片添加水印防止被他人盗用

在拍摄完大量的商品图片并进行处理后，通常要添加水印以防止图片被他人盗用，同时也要添加图层样式使图片更加美观。

为图片添加水印的具体操作步骤如下。

（1）启动 Photoshop，选择"文件"|"打开"命令，打开图像"添加水印.jpg"，如图 4-52 所示。

图 4-52 打开图像

（2）选择工具箱中的"横排文字工具"，在图片中输入文字"雨婷宝贝"，如图4-53所示。

图 4-53　输入文字

（3）选择"图层"|"图层样式"|"外发光"命令，弹出"图层样式"对话框，如图4-54所示。

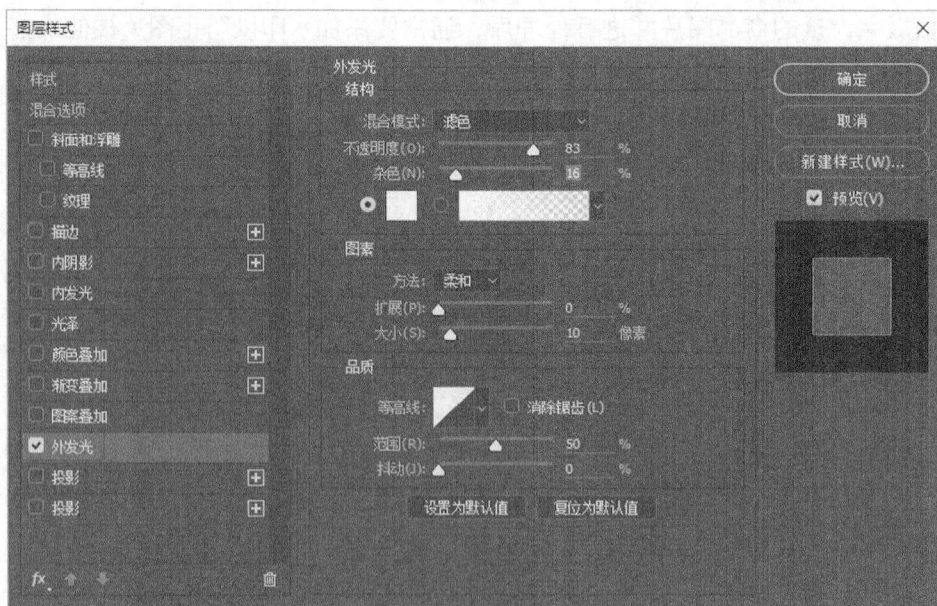

图 4-54　"图层样式"对话框

（4）在该对话框中设置相应的参数，单击"确定"按钮，设置"图层样式"，如图4-55所示。

图 4-55　设置"图层样式"

（5）打开"图层"面板，将"不透明度"设置为 30%，如图 4-56 所示。

图 4-56　设置"不透明度"

4.5.2　为图片添加相框提高商品档次

photoWORKS 是一款专为自动添加图片边框而开发的软件。该软件除了自带的众多边框式样外，还可以把边框模板改成自己的风格，并且在边框上添加签名、EXIF 信息等。该软件预设有 200 多个边框式样，大部分都非常漂亮，完全可以满足一般需要。

（1）安装 photoWORKS 软件后双击其图标，打开 photoWORKS 主界面，如图 4-57 所示。

（2）单击界面中的"载入文件"按钮，选择计算机中装有图片的文件夹，载入需要添加边框和文字的图片，如图 4-58 所示。

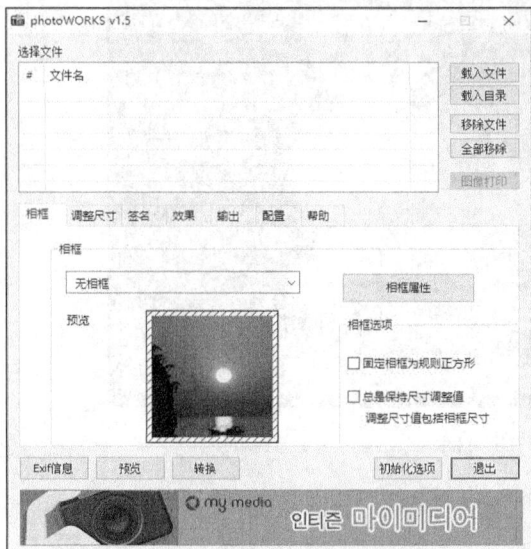

图 4-57　打开 photoWORKS 主界面

图 4-58　载入图片

（3）单击"相框属性"选择相框，勾选相应的"相框选项"，如图 4-59 所示。

（4）单击"预览"按钮，预览添加边框后的效果，如图 4-60 所示。

（5）完成加框后就可以"转换"了，如图 4-61 所示。

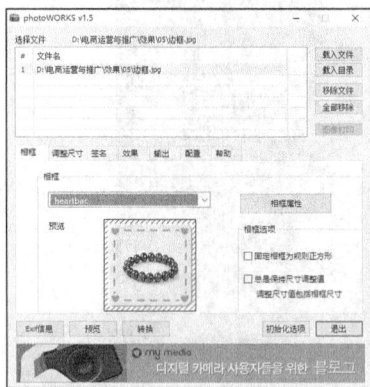

图 4-59　选择相框

图 4-60　预览效果

图 4-61　完成转换

4.5.3　把图片中的商品抠出来

抠图是图像设计中最常用的技术之一。在 Photoshop 中分别利用工具箱中的"魔棒"工具和"磁性套索"工具把图片中的商品抠出来，其具体操作步骤如下。

（1）在 Photoshop 中打开图像，在工具箱中选择"魔棒工具"，如图 4-62 所示。

（2）在"工具选项栏"中的"容差"文本框中输入合适的值，在图像中单击背景处，即选择了白色的背景，同时按住 Shift 键，单击没有被选中的地方，将背景选中，如图 4-63 所示。

图 4-62　打开图像

图 4-63　选中背景

（3）选择"选择"|"反向"命令，将图片中的商品选中，如图 4-64 所示。

（4）选择"选择"|"修改"|"羽化"命令，弹出"羽化选区"对话框，在对话框中输入"0.5"，如图 4-65 所示。单击"确定"按钮，即可羽化选区。

图 4-64　反选图像

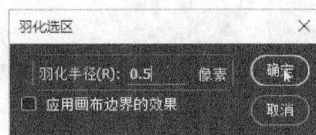

图 4-65　羽化选区

（5）选择"编辑"|"剪切"命令，剪切图像。新建透明文档，选择"编辑"|"粘贴"命令，将剪贴的图像粘贴到背景图像中，如图 4-66 所示。

（6）选择"文件"|"存储为"命令，弹出"另存为"对话框，"保存类型"选择 GIF 选项，如图 4-67 所示。单击"保存"按钮，即可保存文档。

图 4-66　粘贴图像

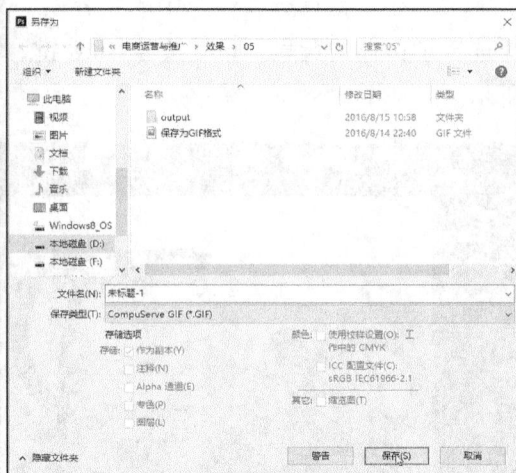

图 4-67　"另存为"对话框

4.5.4　把抠出来的图片合成

网店卖家经常需要把商品从其原本的背景中抠出来放到自己想要的背景中。把抠出来的图片合成的具体操作步骤如下。

（1）选择"文件"|"打开"命令，打开一幅图像。按"Ctrl+A"组合键，全选图像，选择"编辑"|"复制"命令，复制图像，如图 4-68 所示。

（2）打开一幅图像作为新背景，选择"编辑"|"粘贴"命令，将复制的图像粘贴到背景图像中，如图 4-69 所示。

图 4-68　复制图像

图 4-69　粘贴图像

（3）选择"编辑"|"自由变换"命令，将"图层 1"自由调整，双击即可完成图像的合成，效果如图 4-70 所示。

图 4-70　图像的合成效果

案例分析

在网上开店，商品图片很重要

在网上开店与开实体店不同，买家看得到却摸不到，对实物产生疑虑，因而商品图片的真实性很重要。现在不少淘宝小店使用的都是厂家的统一图片，款式一样，但质地也许有着天壤之别。王晨宇有个朋友曾经吃过这方面的亏。网上的图片很精美，但拿到实物之后，那质地简直不能恭维，朋友气愤地说："回家当抹布还嫌它不够吸水。"这句话深深地印在了王晨宇的脑子里，于是她的淘宝店遵循有货才有图的原则，即所有图片都来源于对实物的拍摄。

对于每件衣服，不仅要进行搭配拍出整体效果，还要拍出正面、侧面、反面以及扣子、内衬等细节图。王晨宇说，自己刚拿到 20 多个新款，光拍照就要用 5 个小时，后期处理图片也要用 5 个小时，还要花 2 个小时上传到网店中。

分析：

在淘宝网上，我们经常能看到很多服装类店铺用真人模特，这种方式能够更好地展示商品的线条和样式，甚至商品的质感，并能让买家看到商品的实际效果。挑选模特的时候要注意尽量选择适合衣服气质者，而不能随便找来一个人穿上所有上架的宝贝，否则会影响部分服装的整体效果。

课后习题

一、判断题

1．购买数码相机的时候，要注意对方是不是正规经销商、是不是正品行货、是否全

国联保、保修期是多久、配件是否齐全等。在日后的使用过程中，这些都是解除我们后顾之忧的保证。 （　　）

2．模特对于服装类商品就显得更为重要，一个精美的模特实拍，可以在短短几秒钟内吸引买家来关注。 （　　）

3．不同的服装，要搭配不同的配饰。摆放衣服时，既要有搭配物，又要摆得生动。 （　　）

4．饰品通常较小，拍摄时要近距摄影。因此，要从近距摄影的角度考虑，选购有微距功能的相机。 （　　）

二、思考题

1．选购数码相机时的注意事项有哪些？

2．服装商品的拍摄应注意哪些事项？

3．数码产品的拍摄技巧有哪些？

4．如何调整曝光不足的图片？

5．如何调整曝光过度的图片？

6．怎样把图片中的商品抠出来？

实训任务

实训任务一：在户外拍摄商品

1．在公园长凳上拍摄商品。

2．在商场里拍摄服装商品。

3．在花草丛中拍摄商品。

4．在酒吧街拍摄商品。

实训任务二：使用 Photoshop 处理商品图片

1．使用"自由变换"命令调整拍歪的商品图片。

2．使用"图像大小"命令调整商品图片的大小。

3．为商品图片添加水印。

第 5 章 网店装修

经营网店，商品固然非常重要，但是网店装修也绝不能忽视。网店装修和实体店装修一样，都能让买家从视觉上和心理上感受到卖家的用心，并且能够最大限度地提高店铺的形象，提高浏览量，增加顾客在网店的停留时间。大方美观的网店装修，能给顾客带来视觉上的美感，使顾客浏览网店时不易疲劳，从而细心地查看网店中的商品。好的商品在诱人的装饰品的衬托下，会更有利于促进成交。

5.1 设计店标

一个好的店标，除了能向人传达明确的信息外，还能在方寸之间表现出深刻的精神内涵和艺术感染力，从而给人以静谧、柔和、饱满、和谐的感觉。

5.1.1 设计店标的基本方法

店标是传达店铺信息的重要手段之一。设计店标不仅仅要设计图案，更重要的是要体现店铺的精神、商品的特征，甚至卖家的经营理念等。

> 📖 **开店技巧**
>
> 　　最好不要将店标设计得很复杂，简单、大方且能显示出店铺的风格就可以。设计店标时，可将图案和文字、英文字母搭配使用，也可只选择图案或者文字，同时颜色搭配要和谐、醒目但不刺眼。

网店的店标，按照其状态可以分为静态店标和动态店标。下面分别介绍它们的制作方法。

1. 制作静态店标

一般来说，静态店标由文字、图案构成，其中有些店标用纯文字表示，有些店标用图案表示，也有些店标中既包含文字也包含图案。

有商标的卖家，可以用数码相机将商标拍摄下来，然后通过 Photoshop 软件处理一下；或用扫描仪扫描下来，再通过图像处理软件来编辑。

有绘图基础的卖家，可以利用自己的绘图技能，先在稿纸上画好草图，然后用数码相机或扫描仪将草图输入计算机，最后使用图像处理软件进行完善。

2．制作动态店标

店标是一个网店的形象，如果将店标做成动态的，会更吸引人的注意力。当买家搜索并进入店铺的时候，一下子被闪闪的漂亮的店标所吸引，卖家店铺里面的商品也就不愁卖了。

> 📖 **开店技巧**
>
> 动态店标就是将多个图像和文字效果制作成 GIF 动画。制作这种动态店标，可以通过 GIF 制作工具来完成，如 ImageReady、Ulead GIF Animator 等软件。

5.1.2　设计网店的店标实例

下面讲述如何设计网店的店标，其具体操作步骤如下。

（1）启动 Photoshop，选择"文件"|"新建"命令，弹出"新建"对话框，如图 5-1 所示。

（2）将"宽度"设置为 500 像素、"高度"设置为 400 像素，单击"确定"按钮，新建空白文档，如图 5-2 所示。

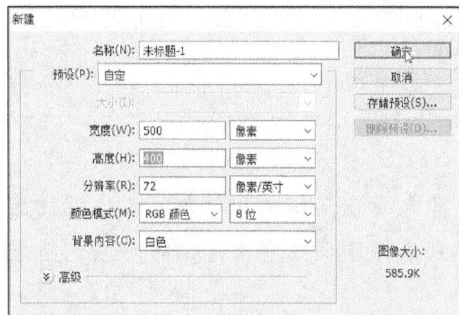

电商运营与推广：操作实战+案例分析+策略技巧（微课版 第2版）

图 5-1　"新建"对话框　　　　　　　　　图 5-2　新建空白文档

（3）选择工具箱中的"自定义形状工具"，在选项栏中选择"环形"形状，如图 5-3 所示。

（4）按住鼠标左键在画布中绘制环形，如图 5-4 所示。

（5）选择工具箱中的"横排文字工具"，在画布中输入文字"宝贝家"，在选项栏中设置相应的参数，如图 5-5 所示。

（6）选择"图层"|"图层样式"|"描边"命令，弹出"图层样式"对话框，设置描边，单击"确定"按钮，如图 5-6 所示。

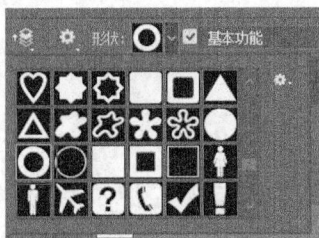

图 5-3 选择形状

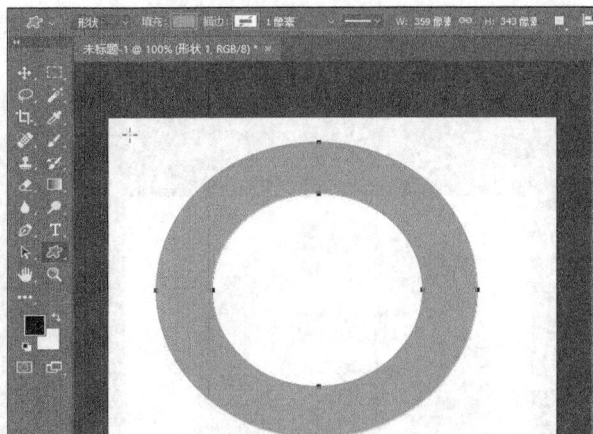

图 5-4 绘制环形

图 5-5 输入文字

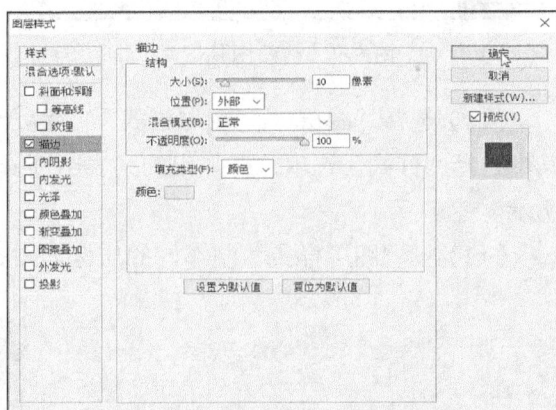

图 5-6 "图层样式"对话框

（7）设置描边效果，如图 5-7 所示。

（8）打开图像，按"Ctrl+A"组合键全选图像，然后按"Ctrl+C"组合键复制图像，如图 5-8 所示。

图 5-7 设置描边效果

图 5-8 复制图像

（9）返回到原始文档，按"Ctrl+V"组合键粘贴图像，如图 5-9 所示。

（10）选择工具箱中的"自定义形状工具"，在画布中绘制形状，如图 5-10 所示。

图 5-9　粘贴图像

图 5-10　绘制形状

（11）选择"图层"|"图层样式"|"混合选项"命令，弹出"图层样式"对话框，在其中选择"样式"选项，在弹出的列表中选择相应的样式，单击"确定"按钮，如图 5-11 所示。

（12）设置图层样式，制作好的店标如图 5-12 所示。

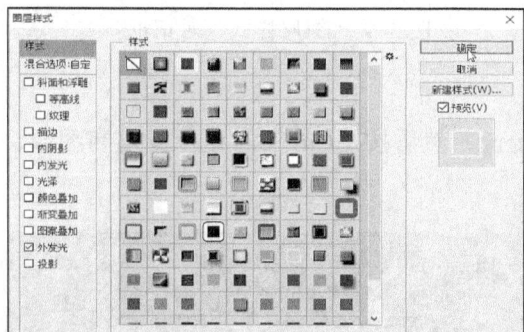

图 5-11　"图层样式"对话框

图 5-12　制作好的店标

5.1.3　将店标发布到店铺

设计好店标后，卖家就可以通过淘宝网的店铺管理工具将店标发布到店铺。下面讲述将店标发布到店铺的具体操作步骤。

（1）登录淘宝网，进入"千牛卖家中心"，单击"千牛卖家工作台"中"店铺管理"下面的"店铺基本设置"超链接，如图 5-13 所示。

微课 5-1

图 5-13　单击"店铺基本设置"超链接

（2）进入"店铺基本设置"页面，单击"上传图标"按钮，如图 5-14 所示。

图 5-14　单击"上传图标"按钮

（3）弹出"打开"对话框，选择相应的文件，单击"打开"按钮，如图 5-15 所示。

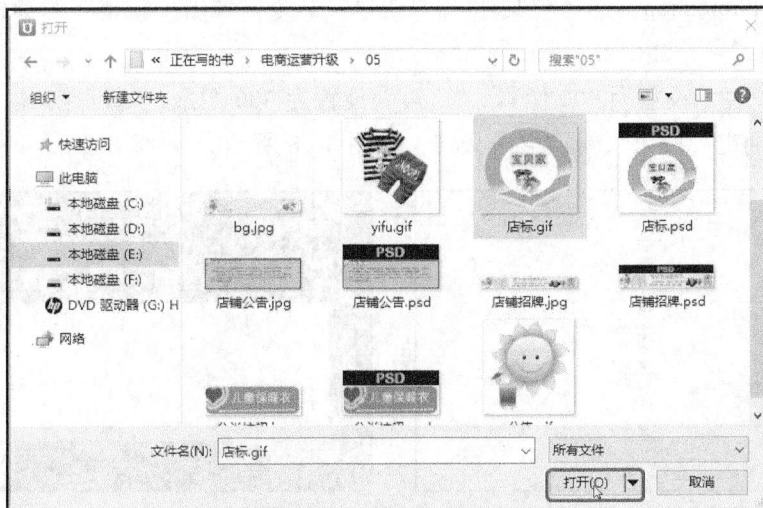

图 5-15　"打开"对话框

（4）上传完成后，单击页面下方的"保存"按钮，即可上传成功，如图 5-16 所示。

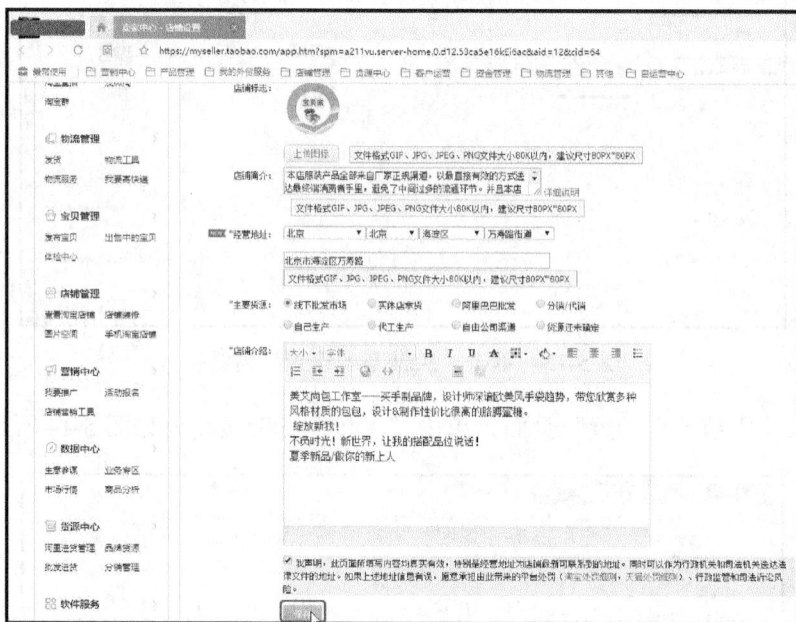

图 5-16　上传图标成功

5.2　设计美观的图片公告

要设计美观的图片公告，就要先使用 Photoshop 设计公告栏图片，然后将图片上传到互联网上。这时会产生一个对应的地址，卖家可以利用该地址将图片指定为公告栏内容，即可将图片插入公告栏内，其具体操作步骤如下。

（1）启动 Photoshop，选择"文件"|"新建"命令，弹出"新建"对话框，如图 5-17 所示。

（2）将"宽度"设置为 900 像素、"高度"设置为 300 像素，"背景内容"选择"白色"选项，单击"确定"按钮，新建空白文档，如图 5-18 所示。

图 5-17　"新建"对话框

图 5-18　新建文档

（3）在选项栏中单击背景颜色，将背景颜色设置为玫红色，按"Ctrl+Delete"组合键填充背景颜色，如图 5-19 所示。

图 5-19　填充背景颜色

（4）选择工具箱中的"圆角矩形工具"，按住鼠标左键在画布中绘制圆角矩形，如图 5-20 所示。

图 5-20　绘制圆角矩形

（5）打开图像，按"Ctrl+A"组合键全选图像，然后按"Ctrl+C"组合键复制图像，如图 5-21 所示。

（6）返回到原始文件，按"Ctrl+V"组合键粘贴图像，移动并调整图像的位置和大小，如图 5-22 所示。

图 5-21 复制图像

图 5-22 粘贴并调整图像

（7）选择工具箱中的"横排文字工具"，在画布中输入文字"店铺公告"，如图 5-23
所示。

（8）选择"图层"|"图层样式"|"描边"命令，弹出"图层样式"对话框，在对话框
中设置"大小"为3、"颜色"为白色，单击"确定"按钮，如图 5-24 所示。

图 5-23 输入文字

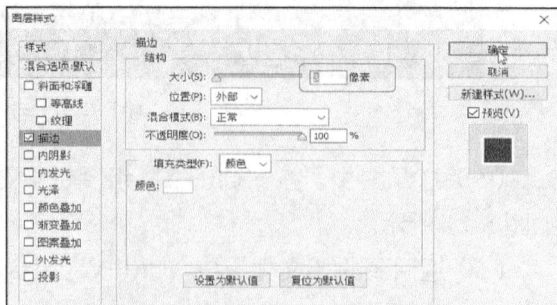

图 5-24 "图层样式"对话框

（9）完成图层样式的设置，如图 5-25 所示。

（10）选择工具箱中的"横排文字工具"，在画布中输入店铺公告文本，如图 5-26 所示。

图 5-25　设置图层样式

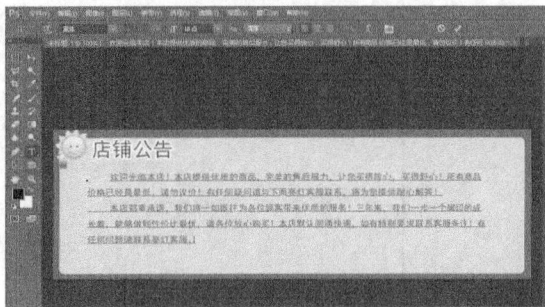

图 5-26　输入店铺公告文本

（11）登录淘宝网，进入"卖家中心"，单击"店铺管理"下面的"图片空间"超链接，如图 5-27 所示。

（12）进入"图片空间"页面，单击"上传"按钮，如图 5-28 所示。

图 5-27　单击"图片
空间"超链接

图 5-28　单击"上传"按钮

（13）打开"上传图片"页面，单击"点击上传"按钮，如图 5-29 所示。

（14）弹出"打开"对话框，选择设计好的店铺公告图片，单击"打开"按钮，如图 5-30 所示。

（15）上传成功后，单击"确定"按钮，如图 5-31 所示。

（16）单击图片下面的"复制链接"按钮，然后单击顶部的"店铺装修"超链接，如图 5-32 所示。

图 5-29 "上传图片"页面

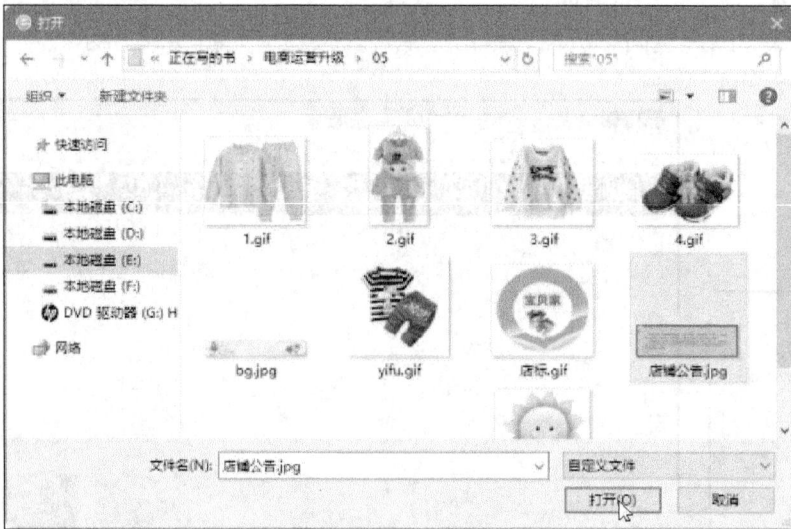

图 5-30 "打开"对话框

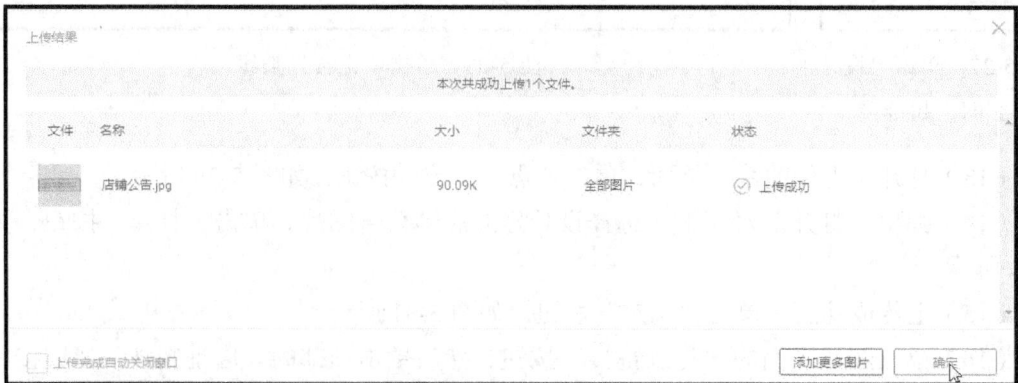

图 5-31 上传成功

图 5-32　单击"复制链接"按钮

（17）进入"店铺装修"页面，选择"PC 端"，单击首页后的"装修页面"按钮，如图 5-33 所示。

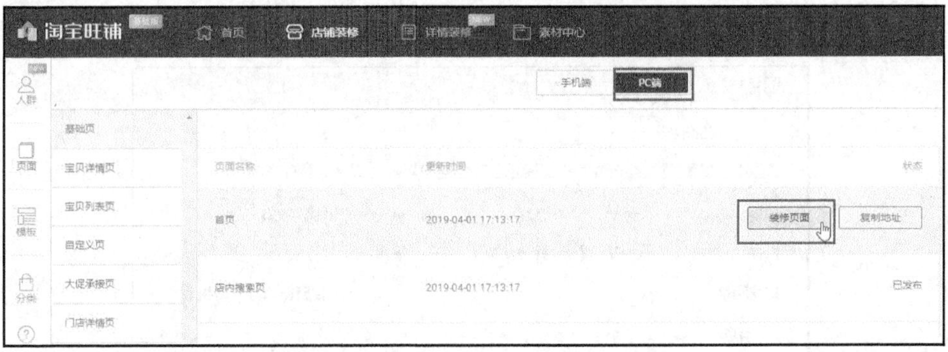

图 5-33　单击首页后的"装修页面"按钮

（18）进入首页装修页面，单击店铺公告右边的"编辑"按钮，如图 5-34 所示。

图 5-34　单击店铺公告右边的"编辑"按钮

（19）打开"自定义内容区"对话框，删除原来的文本，单击"■"（插入图片）按钮，如图 5-35 所示。

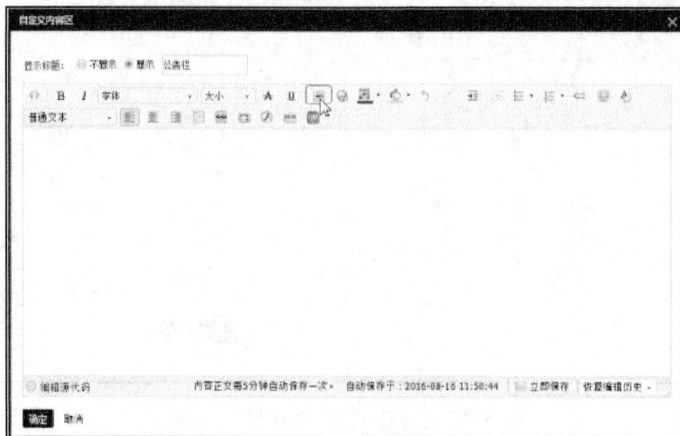

图 5-35　"自定义内容区"对话框

（20）打开"图片"对话框，粘贴步骤（16）复制的图片地址，单击"确定"按钮，如图 5-36 所示。

图 5-36　粘贴图片地址

（21）添加店铺公告图片，如图 5-37 所示。

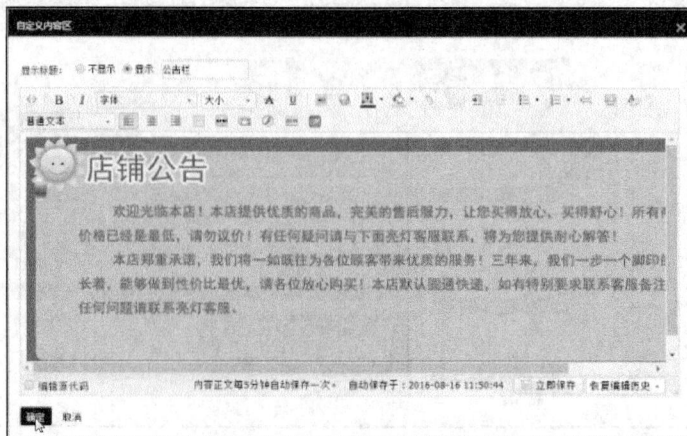

图 5-37　添加店铺公告图片

（22）单击"保存"按钮，即可成功添加店铺公告，如图 5-38 所示。单击右上角的"发布站点"按钮，即可成功上传店铺公告图片。

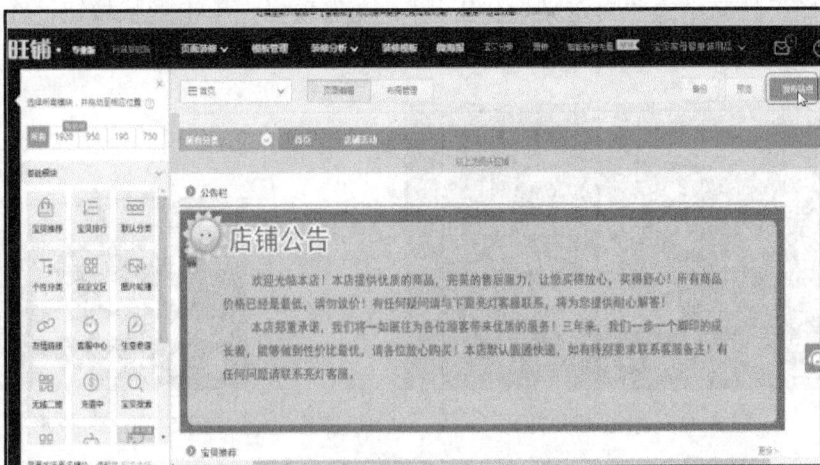

图 5-38　成功上传店铺公告图片

5.3　设计宝贝分类按钮

对于网店而言，将商品合理分类十分重要。如果卖家想让自己店铺的分类导航与众不同，就可将各项分类导航制作成按钮图片。

5.3.1　制作分类按钮图片

制作分类按钮图片的具体操作步骤如下。

（1）启动 Photoshop，选择"文件"|"新建"命令，弹出"新建"对话框，如图 5-39 所示。

（2）将"宽度"设置为 160 像素、"高度"设置为 50 像素，单击"确定"按钮，新建空白文档，如图 5-40 所示。

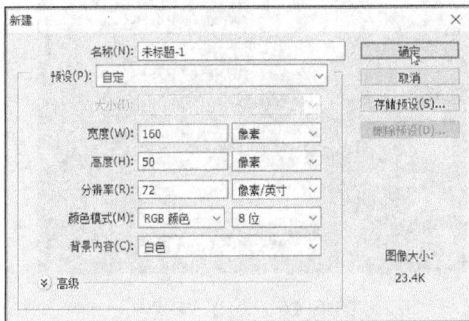

图 5-39　"新建"对话框

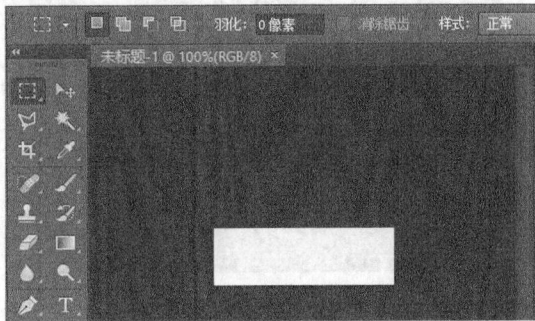

图 5-40　新建空白文档

（3）选择工具箱中的"圆角矩形工具"，在选项栏中将填充颜色设置为#f86a68，按住鼠标左键在画布中绘制圆角矩形，如图 5-41 所示。

（4）选择工具箱中的"自定义形状工具"，在选项栏中单击形状按钮，在弹出的形状列表中选择合适的形状，如图 5-42 所示。

图 5-41　绘制圆角矩形

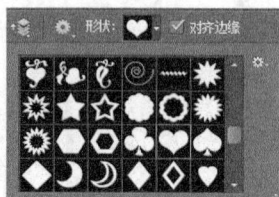

图 5-42　选择形状

（5）按住鼠标左键在画布中绘制心形，如图 5-43 所示。

（6）选择"图层"|"图层样式"|"外发光"命令，弹出"图层样式"对话框，在该对话框中设置参数，单击"确定"按钮，如图 5-44 所示。

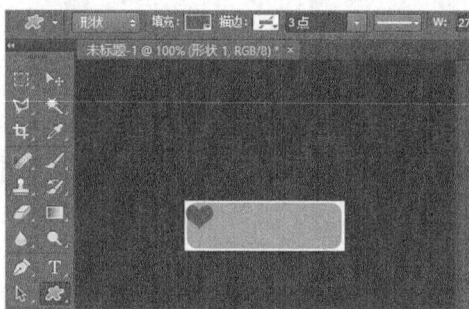

图 5-43　绘制心形

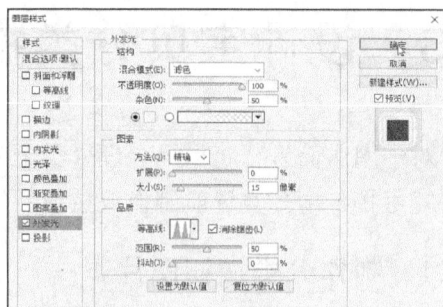

图 5-44　"图层样式"对话框

（7）设置图层样式效果，如图 5-45 所示。

（8）选择工具箱中的"直线工具"，将"设置形状描边类型"选项设置为"虚线"，如图 5-46 所示。

图 5-45　设置图层样式效果

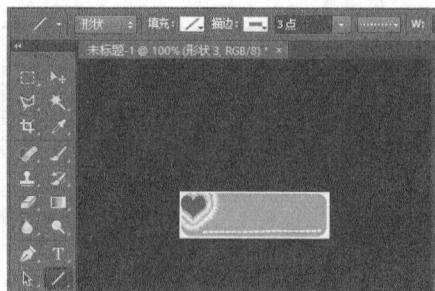

图 5-46　绘制虚线

（9）选择工具箱中的"横排文字工具"，在画布中输入"儿童保暖衣"，如图 5-47 所示。

图 5-47　输入文字

5.3.2　上传图片并设置店铺的分类

制作好宝贝的分类图片后，可以登录淘宝网店铺，根据商品的分类将分类图片指定到各个分类项目，并上传到该空间。下面讲述将分类图片上传到空间并设置店铺分类的具体操作步骤。

微课 5-2

（1）登录淘宝网后台，单击"店铺管理"下面的"宝贝分类管理"超链接，如图 5-48 所示。

（2）进入"宝贝分类管理"页面，在其中可以修改宝贝分类图片。如果没有建立宝贝分类，可以单击"添加手工分类"按钮，添加一个分类，如图 5-49 所示。

图 5-48　单击"宝贝分类管理"超链接

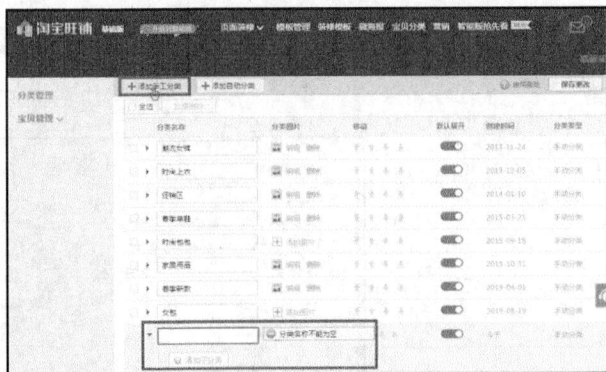

图 5-49　单击"添加手工分类"按钮

（3）输入分类名称，单击该分类标题右边的"添加图片"图标，弹出"添加图片"对话框，单击"插入图片空间图片"单选按钮，如图 5-50 所示。

（4）弹出"插入图片空间图片"对话框，单击左上角的"上传新图片"，如图 5-51 所示。

（5）单击底部的"添加图片"超链接，如图 5-52 所示。

（6）进入"淘宝旺铺素材中心"，单击"上传"按钮，如图 5-53 所示。

图 5-50　单击"插入图片空间图片"单选按钮

图 5-51　单击"上传新图片"

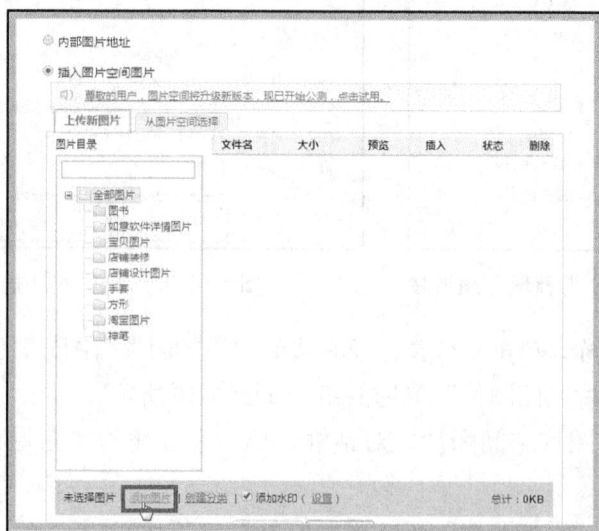

图 5-52　单击"添加图片"超链接

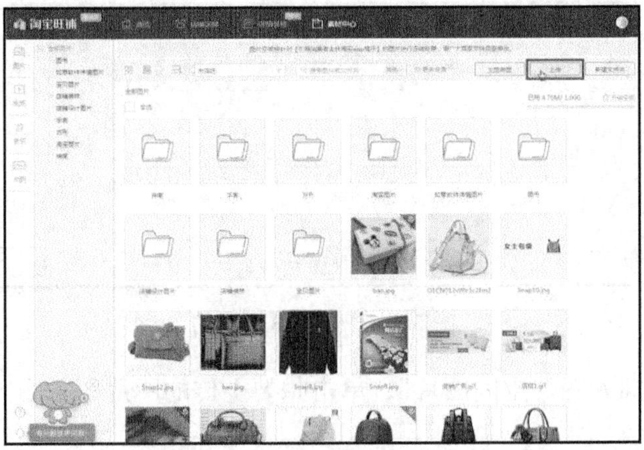

图 5-53　淘宝旺铺素材中心

（7）弹出"上传图片"对话框，单击"上传"超链接，如图 5-54 所示。

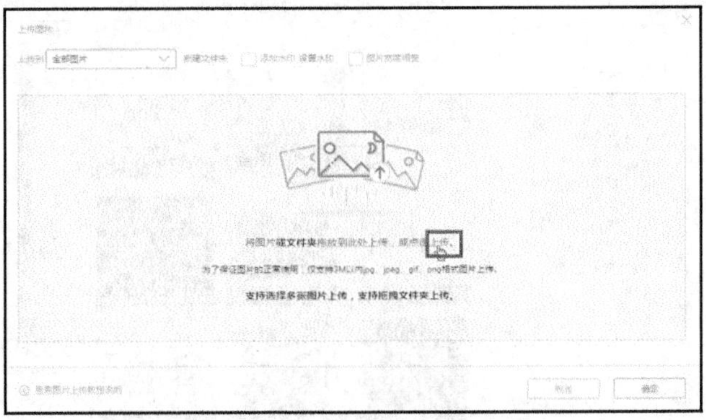

图 5-54　"上传图片"对话框

（8）弹出"打开"对话框，选择想要上传的图片，单击底部的"打开"按钮，如图 5-55所示。

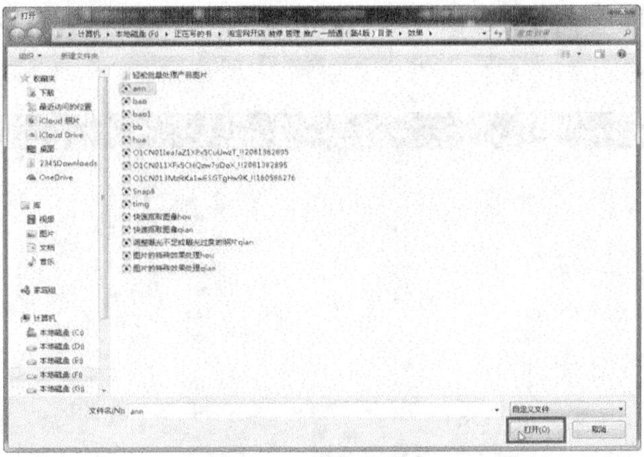

图 5-55　"打开"对话框

（9）提示上传图片成功，单击底部的"确定"按钮，如图 5-56 所示。

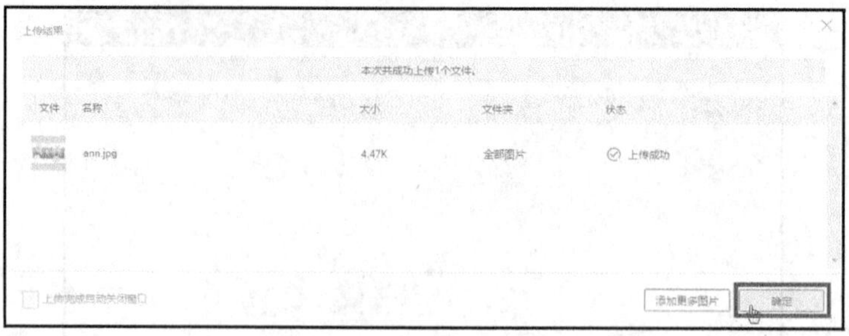

图 5-56   上传图片成功

（10）返回到"插入图片空间图片"，单击想要上传的图片，如图 5-57 所示。

图 5-57   插入图片空间图片

（11）图片上传成功，将鼠标指针放置在"编辑"按钮上，即可显示图片，如图 5-58 所示。

图 5-58   图片上传成功

添加宝贝分类设置图片后，一般不会立即在店铺中显示分类，大概几小时后才能开通并看到效果。

5.4 设计店铺招牌

店铺招牌（以下简称"店招"）是一个店铺的象征，好的店招能起到传达店铺的经营理念、突出店铺的经营风格、彰显店铺的形象等作用。

5.4.1 制作店招

制作店招的具体操作步骤如下。

（1）启动 Photoshop，选择"文件"|"打开"命令，弹出"打开"对话框，选择要打开的图像文件 bg.gif，单击"打开"按钮，如图 5-59 所示。

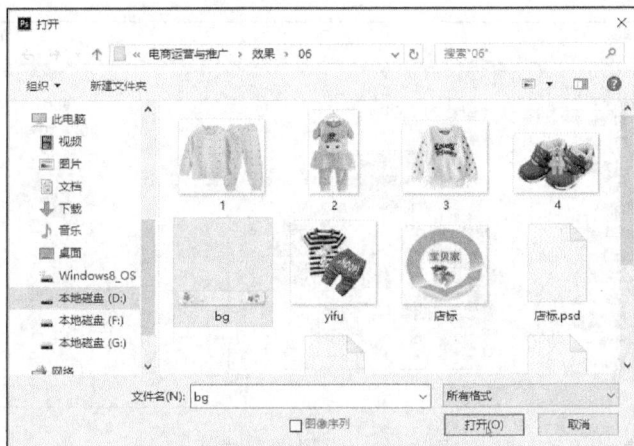

图 5-59 "打开"对话框

（2）打开背景图像文件，如图 5-60 所示。

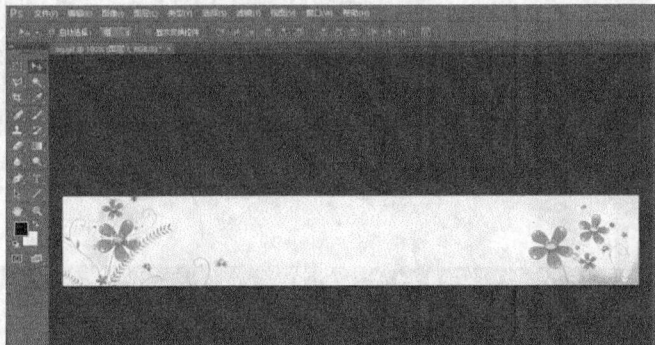

图 5-60 打开背景图像文件

（3）选择工具箱中的"横排文字工具"，在画布中输入"宝贝家母婴用品"，如图 5-61 所示。

图 5-61　输入文字

（4）选择"图层"|"图层样式"|"图案叠加"命令，弹出"图层样式"对话框，在该对话框中设置相应的参数，单击"确定"按钮，如图 5-62 所示。

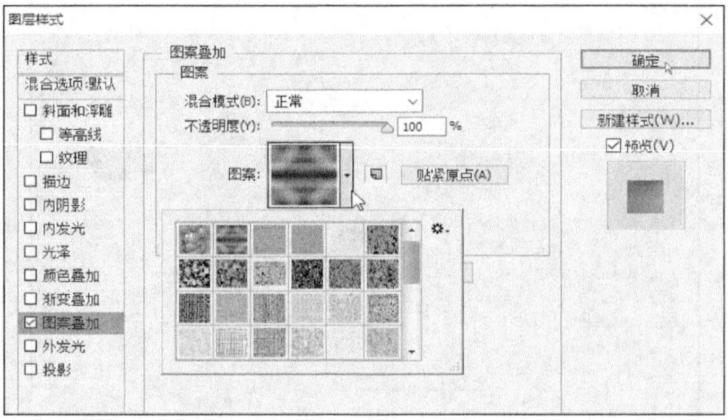

图 5-62　设置图层样式

（5）完成图层样式的设置，效果如图 5-63 所示。

图 5-63　设置图层样式效果

（6）选择"文件"|"置入"命令，打开"置入"对话框，选择图像文件，单击"置入"按钮，如图 5-64 所示。

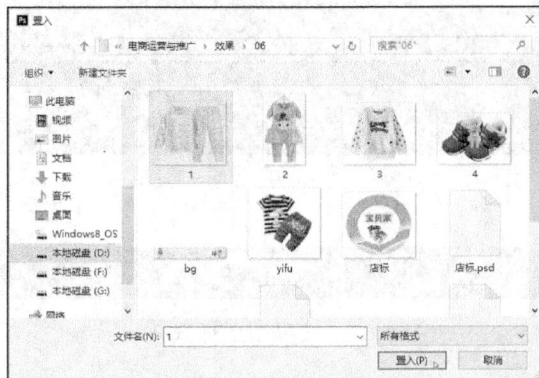

图 5-64　置入图像

（7）置入图像，如图 5-65 所示。

图 5-65　置入图像

（8）选择"图层"|"图层样式"|"外发光"命令，弹出"图层样式"对话框，在该对话框中设置相应的参数，单击"确定"按钮，如图 5-66 所示。

图 5-66　"图层样式"对话框

（9）查看设置图层样式效果，如图 5-67 所示。

图 5-67　设置图层样式效果

（10）同步骤（6）～步骤（9），置入其余图像，如图 5-68 所示。

图 5-68　置入其余图像

（11）选择工具箱中的"横排文字工具"，在画布中输入文字，如图 5-69 所示。

图 5-69　输入文字

5.4.2　将店招应用到店铺中

制作好店招后，就可通过管理店铺的方法，将店招图片上传到淘宝网，并应用到自己的店铺中，其具体操作步骤如下。

（1）登录"我的淘宝"，上传制作好的店招图片，如图 5-70 所示。

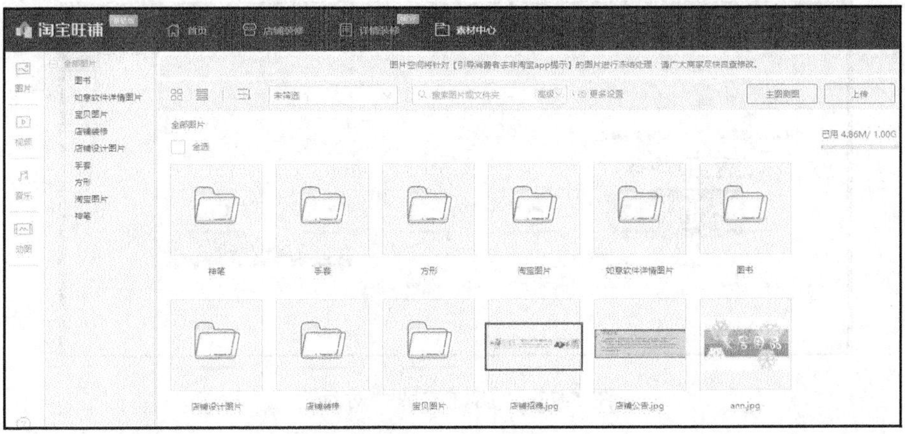

图 5-70　上传店招图片

（2）进入"店铺装修"页面，选择"PC 端"，单击首页后的"装修页面"按钮，如图 5-71 所示。

图 5-71　单击首页后的"装修页面"按钮

（3）进入首页装修页面，单击店招右边的"编辑"按钮，如图 5-72 所示。

图 5-72　单击店招右边的"编辑"按钮

（4）打开"店铺招牌"对话框，单击"选择文件"按钮，如图 5-73 所示。

图 5-73 "店铺招牌"对话框

（5）选择上传的店招图片，如图 5-74 所示。

图 5-74 选择图像文件

（6）选择好以后将图像文件添加到文本框中，单击"保存"按钮，如图 5-75 所示。

图 5-75 添加图像文件

（7）添加店招后的效果，如图 5-76 所示。

图 5-76　添加店招后的效果

📖 案例分析

网店装修师零成本赚大钱

　　网店装修师是伴随着网购日渐成风、网店日益增多而衍生出的一种新职业。网店装修卖的是创意模板，为网店卖家设计"不一样的门店"，彰显独特个性和风格，让网店脱颖而出。可以说，网店装修师已经成为时下不少年轻人特别是大学生就业的热门职业。

　　李云峰在一家网络公司做网页设计，干完"公活"后，有的客户不满意就会找他美化网页，当然这要另外收费。不久，他便辞职干起了给网页美容的行当。现在开网店的越来越多，竞争也十分激烈。如果店铺不能吸引顾客的目光，那么点击进入店铺的人很少，生意也就不好做。所以，一般的网店都要经过装修才能吸引顾客的目光。

　　李云峰的工作室可以为各类网店提供装修设计。他经营的项目包括：页面宝贝描述模板、分类、公告、店铺介绍模板、店标、签名、旺铺装修、相册空间、计数器、淘宝盒子等。

　　分析：

　　为淘宝卖家设计店铺时，既要考虑商品的消费群体，吸引住买家的注意力，又要符合网店卖家的喜好，这样才能激起顾客的购买欲望。有的顾客要求比较高，这就要根据商品

"量身定做"，即结合商品对网店进行设计和布局等。

当然也可以设计一些个性模板挂到网上，以供那些要求不太高的客户直接选购。这样一来，同一种设计就可以重复发售，只需根据客户的要求把文字改一下。比起量身定做，生产成品模板会节省很多时间和精力，价格自然比较低。

课后习题

一、判断题

1．设计店标不仅仅要设计图案，更重要的是要体现店铺的精神、商品的特征，甚至卖家的经营理念等。　　　　　　　　　　　　　　　　　　　　　　（　　）

2．店标的设计越复杂越好，不能太简单了。　　　　　　　　　　　　（　　）

3．合理的商品分类十分重要。如果卖家想让自己店铺的分类导航与众不同，就可将各项分类导航制作成按钮图片。　　　　　　　　　　　　　　　　　（　　）

4．一个好的店招能起到传达店铺的经营理念、突出店铺的经营风格、彰显店铺的形象等作用。　　　　　　　　　　　　　　　　　　　　　　　　　　　（　　）

二、思考题

1．什么是静态店标和动态店标？

2．怎样制作店标？

3．怎样上传发布店标？

4．怎样制作店铺公告？

5．怎样制作店铺分类图片？

6．怎样制作店铺招牌？

实训任务

实训任务一：设计店标

使用 Photoshop 设计一个女包店铺的店标，店铺名称是时尚女包。

实训任务二：设计并发布店铺招牌

1．设计一个女装店铺招牌，要求突出显示店铺名称和店铺促销信息。

2．上传并发布店铺招牌。

第6章 淘宝免费资源和淘宝 SEO

做淘宝网店推广时，不能放过任何一次机会，尤其是流量巨大的淘宝论坛。淘宝 SEO（Search Engine Optimization，SEO）即搜索引擎优化是一种通过研究淘宝排名规则，把自己的宝贝优化成符合淘宝排名规则的宝贝，从而提高宝贝的排名以获得流量。简单点说，淘宝 SEO 就是一种让宝贝的排名靠前的优化技术，也叫淘宝搜索排名技术。

6.1 了解客户

对于广大淘宝卖家来说，要想让自己的生意变好，就要充分了解客户，做到有针对性的经营。

6.1.1 了解客户会逛什么样的店铺

你了解客户会逛什么样的店铺吗？你了解客户的浏览习惯吗？俗话说："知己知彼，百战百胜。"开网店也一样，首先要了解客户，才能事半功倍。

1. 商品分类详细的店铺

不管卖什么商品，都要做到分类详细。大部分客户都不会在没有分类的店铺逐个浏览商品，以免浪费时间。有的买家进入店铺，如果发现商品没有分类，杂乱无章，立马就会关闭当前页面去别家了。有的客户

微课 6-1

会先看看分类里的"本月特价""特价促销"，即使当前并没有购买计划，看到合适的也会买下。图 6-1 所示为商品分类详细的店铺。

2. 商品图片精致的店铺

商品图片精致的店铺要求如下。

（1）商品的背景要清爽，不能随意就拍，使商品看起来没有档次。

（2）商品图片要清晰、明亮，图 6-2 所示为清晰明亮的图片。

（3）忌盗用图片，不同卖家的商品使用一模一样的图片，会给人不诚恳的感觉。因此，最好进行实物拍摄。

（4）图片不能太小。

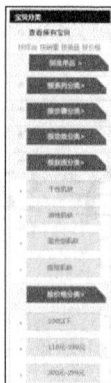

图 6-1　商品分类详细的店铺

图 6-2　清晰明亮的图片

3. 商品描述详细的店铺

在网上购物看不见实物，全凭图片和文字介绍，因而不看商品详细描述的客户非常少。注意文字介绍要详细，切忌颜色乱乱的及字体类型或大小变换过于频繁，做到清爽美观。图 6-3 所示为美观详细的商品描述。

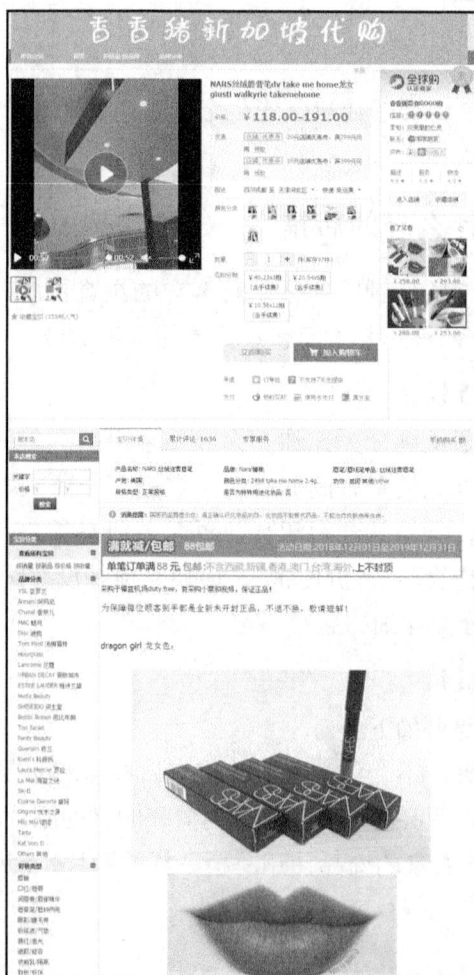

图 6-3　美观详细的商品描述

4. 千牛在线的店铺

通过搜索店铺发现，排名靠前的都是千牛在线的店铺。也就是说，想让客户浏览到自己店铺的商品，就必须保持千牛在线状态。很多客户浏览店铺时都会查找千牛在线的卖家。

一般客服会值班到 23:00—24:00，但是过了 24:00 如果有人搜索以及想要咨询，该怎么办呢？这时可设置千牛的自动回复，内容分为两个部分：第一，向客户推荐店铺的主推商品；第二，告诉客户这个时间段属于自助购物，并告诉客户下单后的发货时间，以及有疑问可在此留言。

6.1.2　了解客户的浏览习惯

淘宝网因为种类丰富的商品、安全便捷的支付与良好的购物气氛而吸引了众多客户的关注。80%以上的调研用户表示"会习惯性地到淘宝网逛逛"，有明确购买需求的用户比例不足一半。

微课 6-2

客户在淘宝网主要有 3 种浏览习惯，分别是"点击首页的广告/促销活动""先逛首页，点击感兴趣的内容或产品""进入淘宝网后直接搜索，在商品搜索结果中查看"。

在客户挑选宝贝的过程中，习惯使用的筛选条件包括正品保障、7 天退换等。可见，客户非常重视所选宝贝的质量。"折扣促销"也是客户习惯使用的筛选条件，以选择性价比较高或价格较便宜的商品。图 6-4 所示为客户常用的筛选条件。

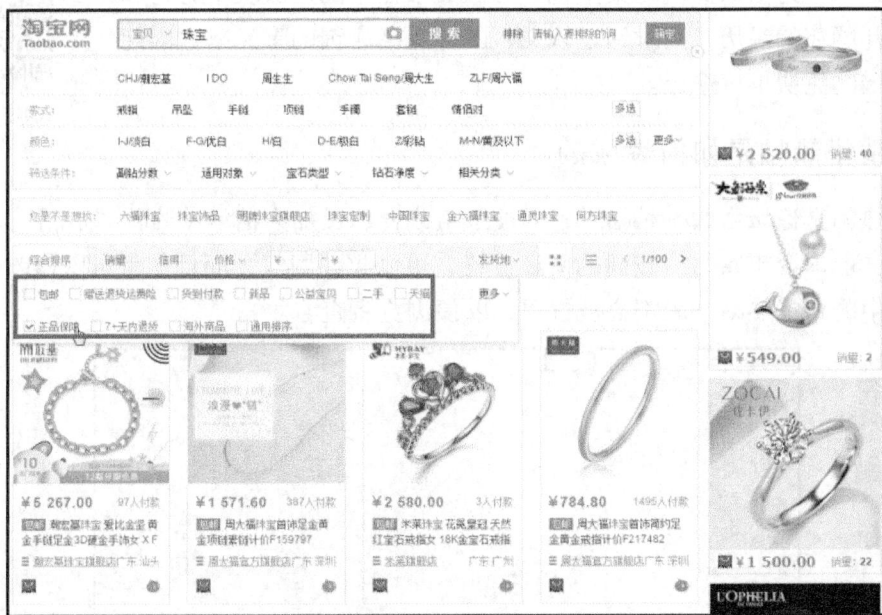

图 6-4　客户常用的筛选条件

客户习惯使用的宝贝排序习惯是"销量从高到低"和"人气从高到低"，这也是很多卖家选择"单品制胜"的理由。另外，客户还习惯使用的宝贝排序习惯是"价格从低到高"和"信用从高到低"，这类客户既要求有高性价比，又要求有销售量做支持。综合以上 4 个筛选条件，说明"销量""人气""价格""信用"是客户首要考虑的因素，如图 6-5 所示。

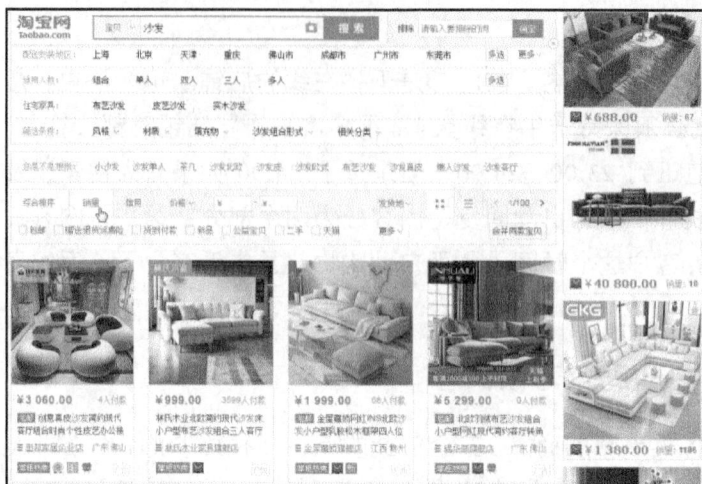

图 6-5　常见的宝贝排序使用习惯

6.2　做好论坛免费引流

淘宝论坛作为卖家交流的聚集地，可供卖家在不同的版块中讨论和分享自己开网店的经历，同时通过软文、图片提高店铺的曝光率，因此是一个不错的免费推广途径。

微课 6-3

6.2.1　精华热帖是如何炼成的

精华热帖是论坛中的一种帖子，即被版主或管理员加为精华（简称"加精"）的帖子。此类帖子一般内容丰富，有较高的阅读价值，可以收到回复，而且作者可以修改。图 6-6 所示论坛中的精华热帖一般都会被置顶，以便浏览者查看。

图 6-6　论坛中的精华热帖

很多卖家都不知道如何才能写出精华热帖，下面介绍写出精华热帖的经验和技巧。

（1）帖子要符合三项基本原则，即原创、好帖、不违反发帖规则，这是一切精华热帖的标准。其中"好帖"这一原则稍显主观，其他原则都比较客观。但是"好帖"也是有其相对客观标准的，这个标准就是大部分人的判断标准。管理员一般不会以自己的欣赏眼光作为标尺来评判帖子，而是会尽量用大众的眼光和尺度去判断和衡量帖子。因此，只要你的帖子超过大部分人的水平，被"加精"就是必然的事情了。

（2）帖子内容要尽可能翔实。所谓翔实，就是既详细又实用。笔者所发的精华热帖大部分都在 2 000 字以上，最高可达到 16 000 字，平均每个帖子在 3 000 字左右。

（3）帖子要图文并茂。一般情况下，图文并茂的帖子比纯文字说教的帖子对大家的帮助更大。教程类的帖子往往图文并茂，所以多数会被"加精"。图 6-7 所示为图文并茂的精华热帖。

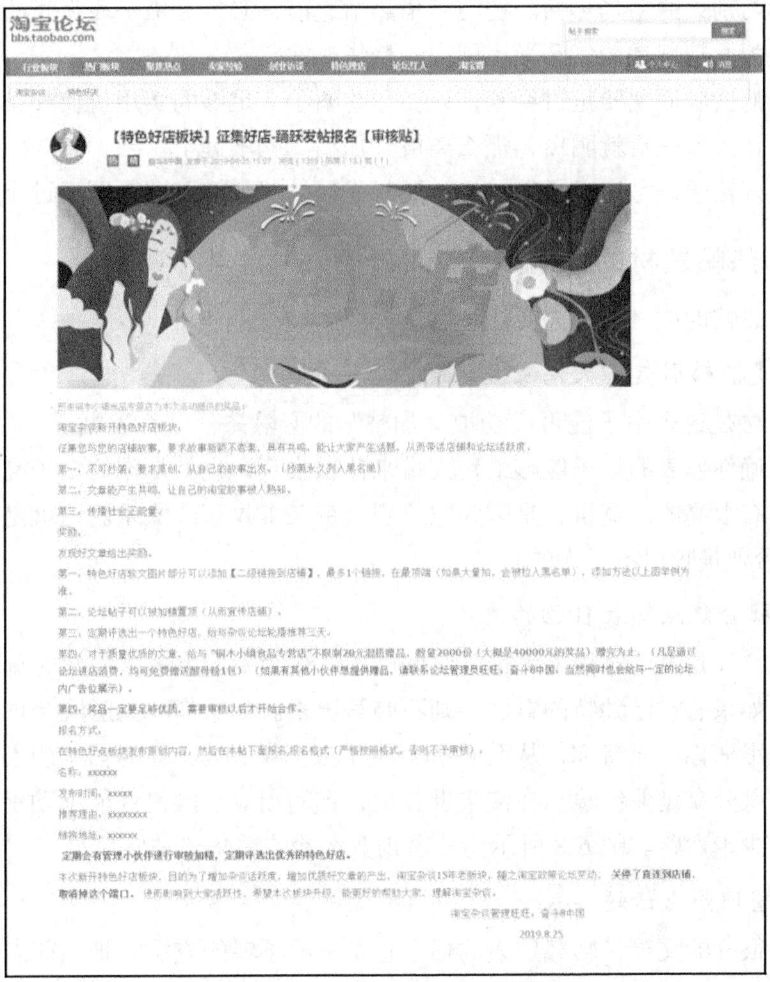

图 6-7　图文并茂的精华热帖

（4）帖子内容要尽可能符合版面的主旨。论坛的每个版面都有其自身定位，因而所发的帖子要尽量符合版面主旨。例如，把一个纯文学性的帖子发到经验畅谈版面，即使你的文笔再好，也不可能被"加精"。

（5）多总结各种问题的经验、教训和心得。在经营网店的过程中，卖家总会碰到各种各样的问题，而在处理这些问题时，也总会有心得体会，不管是成功的经验还是失败的教训。如果能够总结出来，对自己对别人都是一笔宝贵的财富。可以说，各种各样的总结帖也是精华热帖的主要来源之一。

（6）帖子的题目要好。帖子的题目，是帖子能否被"加精"的重要因素。因为一般人都是先看帖子的题目再阅览全文的，而一个好的题目需要引人入胜、一目了然。例如，"保证抢到首页广告位的诀窍"，这个标题让人一看就明白，而且还激发了人们的学习欲望，自然就能吸引人点击阅读。

（7）帖子的排版要尽可能美观。帖子的排版要尽可能做到字体大小适中、段落长短适中、颜色分配巧妙、表情运用巧妙。

（8）多学习别人的精华热帖。在写精华热帖之前，必须经历一段漫长的学习期，可以多到经验畅谈版面特别是精华区学习别人的精华热帖。

（9）经验畅谈版面主要是讲经验，只要你的帖子有足够的实用价值和指导意义，且文字表达清楚，让大家一看就明白，那么离被"加精"就不远了。

当然写出好帖子只是完成了第一步，要想成功被"加精"还需要经过申请。

6.2.2　精华热帖题材的选用技巧

选择精华热帖的题材时，需要注意以下技巧。

1.　必须是能够引起广大淘友关注的内容

帖子的题材是这个帖子能否成功被"加精"的必然条件。在发帖之前，首先要明确你发表的帖子能够给别人带来什么收获，也就是你的帖子亮点在哪里。有些帖子之所以有很高的浏览量，是因为它给别人带来了收获或快乐。这就是说帖子一定要有"干货"，否则是吸引不了人的。

2.　围绕社会焦点发表自己的看法

社会焦点往往是某一时段网民最关注的问题。作为专职卖家，应该时刻关注互联网上的焦点问题，如果有自己独特的看法，则不妨写出来。如果你的见解既合理又独特，就会吸引大批淘友跟随你、支持你，从而不断为你顶帖。到那时，你的帖子想不火也不行。

例如，可以分享创业经验。在淘宝世界里，你的创业经验也许能感动别人，甚至能让大部分创业者少走弯路。图 6-8 所示为分享创业经验的精华热帖实例。

3.　搜集整理热点话题

如果没有很好的文笔，转载别人的帖子也是一种不错的方法。把当前客户、卖家最关注的话题资料整理在一个主帖里，使别人从中可以找到自己想要的内容。这样的帖子能帮别人节省宝贵的时间，在方便了别人的同时，也方便了自己。

4.　根据自己的成功经验和专业知识来确定帖子的题材

帖子的题材必须是自己的经验或者亲身经历。很多新手卖家没有成功的经验，自然写不出好的经验帖子。但是新手卖家可以写出自己的感受和一些成功的小经验，以帮助其他

中小卖家。只有根据自己的亲身经历写出来的帖子才是真实有效的，也才最能够打动其他卖家。

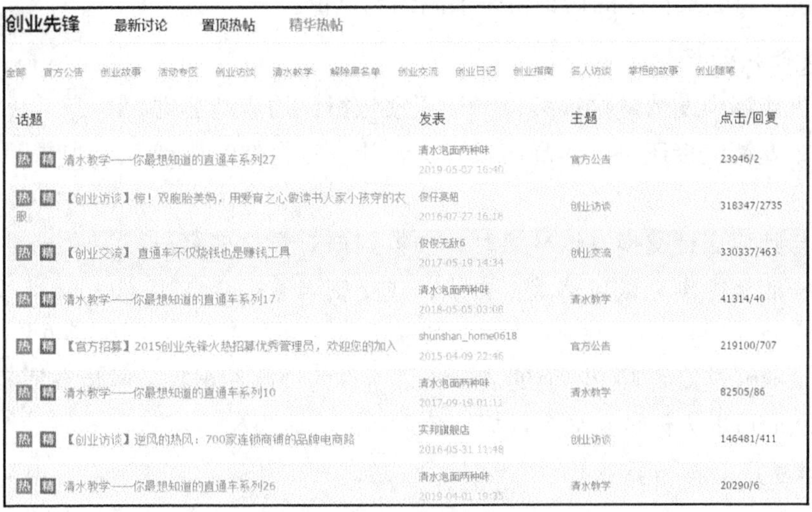

图 6-8　分享创业经验的精华热帖实例

5. 根据帖子的题材选择要发表在论坛的哪一个版块中

即使写出一篇很好的帖子，如果选不对论坛版块也将无济于事。因此，要根据自己帖子的题材选择发布在论坛的哪一个版块中。

6. 做植入式软广告

如果帖子写得很好，吸引了很多人浏览，却没有为店铺带来实际的流量，那也是徒劳的。但是，淘宝社区又严令禁止发广告帖，所以必须在帖子中植入一些软广告。

所谓植入式软广告，就是在帖子里以非常隐蔽的方式，暗示潜在客户主动光临你的店铺，同时让他们感觉不出来这是一个广告。

> 小提示　内容为在淘宝开店故事的帖子一般都属于植入式软广告，因为发帖者会在"无意中"透露自己店铺的经营情况。

6.3　常见的免费推广

网店要想增加人气，就需要通过推广打出名气。下面介绍一些免费推广的方法。

6.3.1　互相添加友情链接增加店铺流量

友情链接又称互换链接，是具有一定互补优势的网店之间简单合作的形式。卖家在自己的网店中放置对方网店的 Logo 或名称，并设置对方网店的超链接，使买家可以从合作网店中发现自己的网店，从而达到互相推广的目的。图 6-9 所示为友情链接。

友情链接是淘宝店铺的一个推广功能。很多卖家往往不太在意这个小小的友情链接，更别说很好地使用它了。殊不知合理地使用友情链接，将会给自己的店铺带来很高的浏览量。

友情链接
- 美丽元素坊(美容美发足浴等产品工具)
- 贝贝耳饰盛典"没穿耳洞MM专用耳钉，耳夹～～～满百包快
- 蒲罗旺斯的大头树
- 清扬童装[销售出口多余童装]
- panpan9527.com皇冠超好信用+保障计划+退换服务＝放心购物
- 悦容堂淘宝总店§彼时花火§一定陪你变美丽？！
- 皇冠舒友阁 顶级美容护肤中心（诚招合作）

图 6-9　友情链接

1. 友情链接的好处

（1）如果店铺中友情链接很多，会让买家觉得你的店铺非常专业。另外，友情链接还可以提高店铺档次，让人觉得你的店铺非常完善。

（2）在与其他店铺交换友情链接时，会得到与对方共享客户的机会。这样店铺的浏览量自然就上去了，成交量当然也会增加不少。

（3）如果能够链接到有 PR 值的店铺，那么你的商品在被收录或是在搜索排名中都会占有优势，从而可以为你带来很多目标客户。

2. 友情链接的使用技巧

（1）和朋友交换链接。如果你有在淘宝网开店的朋友，互相交换一下链接，可以增加店铺的人气。但值得注意的是，在交换链接时也要有目标，最好不要和卖同一类商品的店铺交换链接，否则如果对方的商品有优势，你的客户就会跑到对方的店铺去购物了。可以和相关的店铺交换链接，如你的店铺是销售化妆品的，就可以和销售女装、饰品的店铺进行友情链接。

（2）争取与比自己级别高的店铺交换链接。一般情况下，与比自己级别高的店铺交换链接相当有难度。但凡事都不是绝对的，尤其是一些新手卖家，要学会虚心请教。毕竟级别较高的店铺也都是从新店铺做起的，他们能够体会到新手卖家的困难，往往就会跟你的店铺交换链接。

（3）与同级别的店铺交换链接。可以和与自己店铺级别差不多的店铺相互交换链接，这样于人于己都有好处。

（4）与新手的店铺交换链接。一般情况下，新手卖家想和你交换链接往往有两种可能：一种是你的信誉高，交换链接后可以和你共享客户；另一种是发自内心地崇拜你的店铺，看到了你的店铺的优势。这对你的店铺来说不但不会有损失，反而会提高成交量。

（5）与合作伙伴店铺交换链接。卖家可以与合作伙伴店铺交换链接。

总之，卖家要学会合理安排店铺的友情链接。另外，店铺的信誉也非常重要，因此卖家一定要选择信誉和销售量高的店铺交换友情链接，否则就会带来负面影响。

6.3.2　相互收藏店铺增加人气

生意场上的竞争者对我们来说既是对手也是老师，有时候还是我们前进路上的指明灯，能让我们少走很多弯路，从而在淘宝网开店路上事半功倍。具体来说，可以找几家店铺作为关注对象。

从店铺店标下面的"收藏"栏里可以了解买家都收藏了哪些宝贝，这些宝贝很可能是

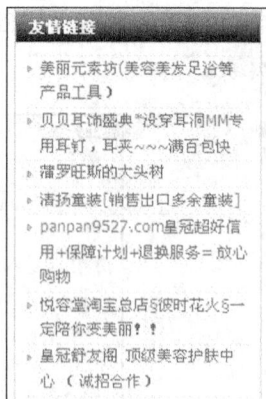

买家需要的。收藏别人店铺的具体操作步骤如下。

（1）进入淘宝网首页，在搜索栏中输入店铺类型搜索店铺，单击店标、店名或会员名，打开需要收藏的店铺。

（2）单击"收藏店铺"超链接，如图 6-10 所示。弹出"收藏选项设置"页面，显示"成功加入收藏夹"字样，如图 6-11 所示。

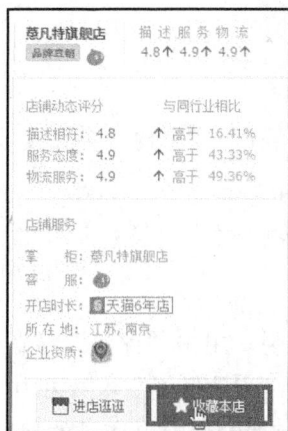

图 6-10 收藏的店铺

图 6-11 店铺收藏成功

小提示

淘宝店铺收藏量低的具体原因和解决方法如下。

① 店铺流量少导致收藏量低。

解决方买家：根本的原因是流量少，应重点解决流量问题。收费引流的方式有钻展、直通车、淘宝客、第三方活动等；免费引流的方式有自然搜索、微淘、淘小铺、淘口令等。

② 买家不知道在哪里收藏店铺。

解决方买家：要想让更多的人收藏自己的店铺，首先就要让别人知道在哪里收藏。可以在店铺首页和宝贝详情页醒目的位置提醒买家收藏店铺，这时你就需要一个醒目的收藏标志让店铺的收藏量高起来。

③ 没有任何引导买家收藏店铺的活动。

店铺活动也是店铺的一大卖点，能让买家觉得一个简单动作便可占到便宜，是店铺提高收藏量的好方法，如通过下单并收藏店铺送礼品、收藏店铺店庆享受 8 折优惠、收藏店铺包邮等活动做起来，让自己的潜在客户不断增加。

④ 网店客服没有提醒到位。

当然，有个强大的网店客服队伍配合店铺活动也会让店铺收藏变得简单："亲，您的单我看到了，您收藏一下店铺，我们会送礼品哦。"一句简单的提醒话语，也可能会让买家收藏店铺。

6.3.3 灵活运用信用评价也是推广的妙招

广告在淘宝网上可以说无处不在，就连给客户的"信用评价"也可以成为宣传店铺及商品的地方。

微课 6-5

网上商店会员在使用支付宝服务成功完成每一个交易订单后，双方均有权对对方的交易情况做出相关评价。卖家可以针对订单中每项卖出的宝贝对买家做出好评、中评、差评，这些评价统称为信用评价。

小提示

店铺评分的打分标准是什么？

店铺评分有四项打分标准：宝贝与描述是否相符、卖家的服务态度、卖家发货的速度、物流公司的服务。

四项打分标准分值：1分——非常不满；2分——不满意；3分——一般；4分——满意；5分——非常满意。

在"已卖出的宝贝"页面里，找到需要对买家进行评价的交易。单击"评价"按钮，即可在"评价"页面看到"好评""中评""差评"3 种评价。在"发表评论"文本框中可以输入评论，还可以加上一些店铺的宣传广告语，这样就能达到免费宣传自己店铺的目的。图 6-12 所示的卖家就在信用评价中添加了店铺的宣传广告。

除了可以通过评价做广告外，还可以在"我要解释"选项里做广告，如图 6-13 所示。

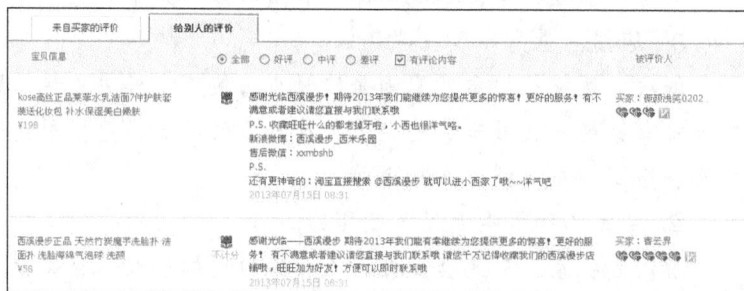

图 6-12 信用评价

图 6-13 评价解释

6.3.4 参加店铺优惠券，与淘宝网一同促销

店铺优惠券是卖家在开通营销套餐后，淘宝网额外为卖家开通的一个超强促销工具。卖家可以在不用充值现金的前提下，针对新客户或者不同等级会员发放不同面额的店铺优惠券。买家可以在购买宝贝时，使用获得的店铺优惠券抵扣现金。店铺优惠券是淘宝网推出的新功能，是虚拟电子现金券，与淘宝抵价券的用法相近。店铺优惠券是由某一卖家赠送给本店客户的，因而只能在本店使用。

店铺优惠券具有更大的灵活度和选择权，完全由卖家支配发放的面额、对象以及数量，专门用于本店的促销活动。图 6-14 所示为店铺优惠券。

图 6-14 店铺优惠券

2．会员生日

卖家在会员生日的时候及时送上祝福和店铺优惠券，会感动客户，并对店铺的印象加分。当然，卖家在为会员生日发优惠券时，应该统一对待，不分等级，否则会适得其反。

3．指定情况

可以针对店铺会员升级，新客户交易成功后成为普通会员，或者普通会员升级为高级会员，把优惠券作为一种会员福利，为客户送去关怀以促进回购；也可以配合上新或者促销活动，发送后以短信形式通知客户。

4．营销活动前

在店铺开展营销活动前，为客户发送优惠券并以短信形式告知其活动内容，这样往往也能达到很好的营销效果。

6.4 淘宝商品搜索排名规则

淘宝商品搜索排名规则主要包括店铺动态评分、规则遵守、店铺好评率/单品好评率、店铺装修、支付宝使用率、商品的相关性等因素，这些因素构成一个综合人气，淘宝排名默认综合排名。

1．店铺动态评分

淘宝店铺动态评分系统以半年为周期，淘宝网和天猫商城使用的是同一套卖家服务评级（Detail Seller Rating，DSR）系统，主要包括如实描述、服务态度、物流服务三部分。

交易成功后的 15 天内，客户可本着自愿的原则对卖家进行店铺评分，逾期未打分则视为放弃，系统不会产生默认评分，不会影响卖家的店铺评分。若客户在进行店铺评分时，只对其中一项或几项指标做出评分就确认提交，则视为完成店铺评分，无法予以修改和补充，剩余未评的指标视为放弃，不会产生默认评分。

现在淘宝搜索规则中对服务的要求越来越高，位于前几个页面的卖家的如实描述、服务态度、物流服务都在平均水平之上。如图 6-15 所示，搜索前几家店铺的动态评分都高于行业的平均水平。

淘宝网将客户的购物体验放在第一位。DSR 作为衡量店铺服务水平的最重要指标，在自然搜索中的权重不断提高，好的店铺动态评分可以让店铺排名更靠前，从而带来更多流量，大大提高店铺销量。

2．规则遵守

如果店铺或者商品被扣分过于严重，这样的店铺就进不了前几页的排名。可以在"卖家中心"下的"违规提醒"查看违规商品情况，如图 6-16 所示。

电商运营与推广：操作实战+案例分析+策略技巧（微课版 第2版）

图 6-15　店铺动态评分

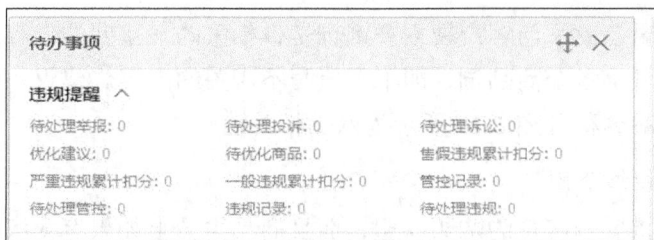

图 6-16　违规提醒

3. 店铺好评率/单品好评率

淘宝网的绝大多数客户都会看店铺或单品的好评率，了解是否有中评或差评。中评或差评过多，或者单品的评分低，均会影响单品的搜索展现。图 6-17 所示为好评率。

图 6-17　好评率

4. 店铺装修

客户在装修美观的店铺停留的时间往往更长，从而使店铺排名更靠前。这是因为，现在的排名以客户体验为主。经过多次搜索排名发现，未装修的店铺几乎进入不了前几名。排名靠前的店铺基本上都购买了旺铺，并且装修得美观大方。图 6-18 所示为装修美观的店铺。

5. 支付宝使用率

支付宝使用率太低会导致被淘宝网封店，还会导致你的店铺中的宝贝在淘宝搜索中排名靠后。

笔者有一件宝贝，一口价是 395 元，曾经一段时间的销售一直在搜索栏中排在首页，后来因同城交易一般都是客户拍下，送货上门再收款，造成了支付宝使用率降低，结果商品虽然销量很大，排名却越来越靠后。

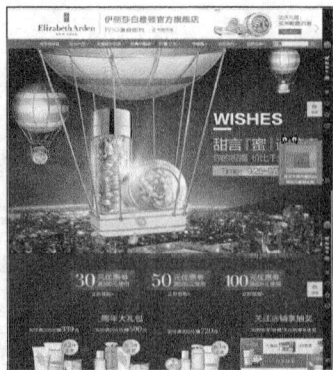

图 6-18　装修美观的店铺

6. 商品的相关性

相关性是商品排序中最重要的因素，商品信息和客户输入的关键词匹配是排名靠前的基础。相关性好，排名才有可能靠前；相关性不好，则排名一定不会靠前。标题与商品的相关性越强，则商品被搜索到的可能就越大。

商品标题是衡量该商品与客户搜索关键词是否相关的最重要的内容之一，标题的填写应尽量规范，不要堆砌多个商品词，即不要填写不相关的内容。建议一个商品标题中只包含一两个相关的商品名称。图 6-19 所示为商品相关性。

7. 商品主图和细节图

商品主图会直接影响客户的购买欲望，而且商品主图上如果有太多的其他信息，也会直接影响搜索排名。商品主图要清晰，背景以白色为好，以商品为主导。

商品的功能和用途都可以在细节图中展示出来。卖家要将商品的正面、反面、侧面、顶部、底部都拍摄出来，为客户提供更好的无忧购物体验。图 6-20 所示为商品细节图。

图 6-19　商品相关性

图 6-20　商品细节图

8. 价格

商品的价格也会对搜索排名产生影响，淘宝网很少会把一个定价高或低得离谱的商品放在搜索的前两页，而定价合理的商品总是被放在首页且比较受欢迎。图 6-21 所示为价格影响商品的排名。

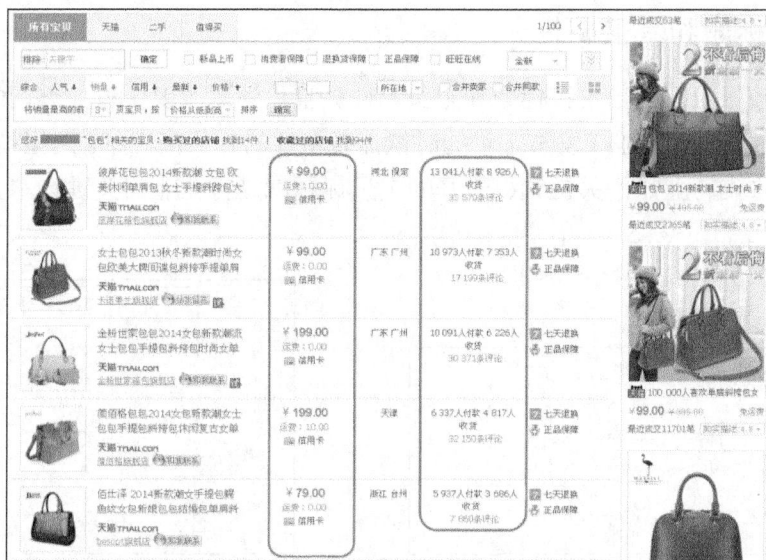

图 6-21　价格影响商品的排名

9. 商品描述

商品描述是影响客户做出购买决策的重要因素。一个优秀的商品描述可以激起客户的购买欲望，使其对商品产生信任，从而毫不犹豫地购买商品；同时一个优秀的商品描述也可以使客户了解到更多的商品特征，进而带动其他关联商品的销量。

所以，有商品描述的商品在搜索中排名靠前。搜索引擎往往更青睐于文字，因而商品描述中的文字越多，所包含的关键词越多，则其排名就越靠前。

10. 库存量

商品上架之后一定要经常检查其库存，因为库存比较少的商品排名靠前的可能性比较低。

11. 开通淘宝直通车

开通淘宝直通车，能够达到立竿见影的效果。

12. 千牛在线时间长

在搜索的前几页中基本很难看到千牛不在线的卖家，而千牛在线以及千牛的响应时间都是影响搜索排名的重要因素。

6.5　宝贝标题 SEO

淘宝 SEO（Search Engine Optimization）即搜索引擎优化，就是通过优化宝贝标题、类目等获取较好的排名。卖家要注意宝贝的标题描述是否和淘宝搜索关键词相关，因此宝贝标题的撰写是一个系统化的工程。

6.5.1 宝贝标题和宝贝属性

自然搜索流量主要来自宝贝标题和宝贝属性，宝贝标题主要由行业热门的关键词加上宝贝的类目属性词构成，即在发布宝贝的时候需要填写的宝贝属性词。这里提醒新手卖家，不要一味地去堆砌行业热门关键词，最好的宝贝标题就是行业热门关键词本身，如图 6-22 和图 6-23 所示。

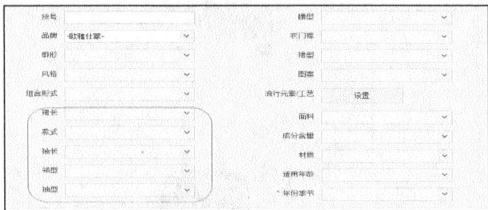

图 6-22 商品信息

图 6-23 商品信息与标题密切相关

这样 30 个字（60 个字符）内的标题不只和宝贝的类目属性关系密切，最重要的是通过标题搜索引来的流量大部分都是有效的。

宝贝标题的关键词一部分来自行业热门关键词，另一部分来自类目属性词。如果你的宝贝类目没有选好，而且属性词也没有做好，那么就会直接影响到宝贝的标题，进而影响到自然搜索流量。完美的标题源于完美的类目属性，完美的类目属性彰显完美的标题。

6.5.2 选取关键词的技巧

要想做好淘宝推广，关键词的选取很重要。特别是在淘宝标题的优化方面，如何精选关键词已成为很多卖家必须思考的问题。选取关键词有哪些技巧呢？

（1）认真思索并记下与店铺或商品有关的所有关键词。要换位思考，尽量站在买方的角度考虑：假如是你，你会怎么去搜索？可能你对这个商品比较了解，所以知道怎么搜索，那么对这个行业不了解的人，他们是怎么搜索的呢？

（2）多问问周围人的意见，如家人、朋友、同学，什么样的词适合描述你的商品。

（3）设置热门关键词，如一些电视剧流行的饰品、明星代言的商品以及最近热门的关键字等。如果有可能，就要合理利用这些关键词为自己的商品争取更多的流量。

（4）参照其他网店的做法。查看一些同类店铺，了解他们的商品名称是怎么写的。这样，你就很有可能会得到意外的关键词。

（5）如果在商品名称中使用了错别字，也会加大客户搜索的难度，如将"生肖"打成"生俏"，这样无形中就将自己的商品给淘汰了。

（6）建议在同类商品里把自己能想到的词语都用上。

电商运营与推广：操作实战+案例分析+策略技巧（微课版 第2版）

（7）阐明商品的基本特征。例如，开女装店的卖家把商品名称设置成"魅力女装 漂亮完美连衣裙"，这里只有一个关键词"连衣裙"。这时可以添加一些商品的基本特征，如颜色、图案、质地、袖长等。

（8）标明商品卖点。即使含有"连衣裙"这样的关键词，卖连衣裙的也有很多店铺都排在你的店铺前，而淘宝的默认排名又是"按人气排名"，那么你的"连衣裙"关键词怎么才能排在前面呢？这时就需要将卖点标出来。可以选择将品牌作为卖点，如"韩都衣舍"。这样别人搜索"韩都衣舍连衣裙"的范围就缩小了，排名也就靠前了，如图 6-24 所示。

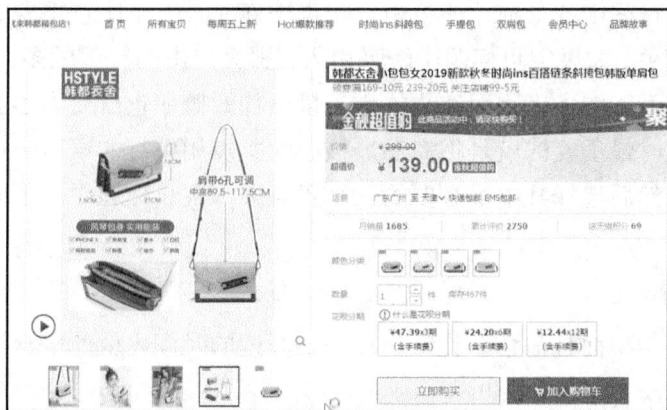

图 6-24 将品牌作为卖点

（9）标明商品优势。在商品名称中添加"特价""包邮""让利""促销"等字样，会激发客户进入店铺的兴趣。

6.5.3 商品标题的结构和组合方式

宝贝标题应尽量符合客户的各种搜索习惯，因此把客户可能会搜索的词综合起来最好。

一个完整的宝贝标题应该包括以下 3 个部分。

第 1 部分是"商品名称"，这部分要让客户一眼就能看出是什么宝贝。

第 2 部分由一些"感官词"组成，感官词在很大程度上可以激发客户打开你的宝贝链接的兴趣。

第 3 部分由"优化词"组成，使用与产品相关的优化词可加大你的宝贝被搜索到的概率。

例如，"【热销万件】2016 冬季新款女士长款鸭绒外套 正品羽绒服"，这个标题会让客户对产品产生信赖感。"鸭绒外套""女装""羽绒服"这 3 个词是"优化词"，能够让你的潜在客户更容易找到宝贝。

在宝贝标题中，"感官词"和"优化词"是提高搜索量和点击量的重要组成部分，但也不是一定要出现的。唯独"商品名称"是雷打不动的，必须描述出你的宝贝的名称。

当然，宝贝标题也不是随便使用什么文字就可以的，必须严格遵守淘宝的规则，否则很容易遭到处罚。例如，宝贝标题需要和商品本身一致，不能干扰到搜索。宝贝标题中出现的所有文字描述都要客观真实，不得使用虚假的宣传信息。

宝贝标题不管如何变化，"商品名称"这一项必须有。因为买家在搜索时首先会使用到的就是"商品名称"这个关键词，在这个基础上再增加其他的关键词，这样可以使商品在搜索时得到更多的入选机会。至于选择什么样的组合最好，还要靠我们去分析市场、商品竞争激烈程度和目标消费群体的搜索习惯，以找到并确定最合适的组合方式。

6.5.4　在标题中突出卖点的技巧

在经营网店的过程中，如何才能吸引客户点击商品是一个比较重要的问题。这与宝贝标题的编写密切相关，如果宝贝标题比较吸引人，那么点击的次数就多，而点击的次数多，客户浏览的页面也就比较多，因而客户的购买量增加的概率也就变大了。

编写宝贝标题时最重要的就是把商品最核心的卖点用精练的语言表达出来。卖家可以列出四五个卖点，然后选择其中最重要的三个卖点融入宝贝标题中。下面是在宝贝标题中突出卖点的一些技巧。

1．标题应清晰准确

宝贝标题应该准确而且清晰，让客户在一扫而过的时间内就能轻松读懂。

2．标题的充分利用

淘宝网规定宝贝标题最长不能超过 60 个字符，也就是 30 个汉字。在组合理想的情况下，包含的关键字越多，被搜索到的概率就越大。

3．价格信号

价格是客户关注的重要内容之一，也是最能直接刺激客户做出购买行为的因素。所以，如果你的宝贝具备一定的价格优势，或是正在进行优惠促销活动，如"特价""清仓特卖""仅售××元""包邮""买一赠一"等，则完全可以在标题中用简短有力的词注明。

4．进货渠道

如果店铺的商品是厂家直供或从国外直接购进的，也可在标题中注明，以突出商品的独特性。

5．售后服务

在网上购物不能看到实物，对于某些宝贝许多客户会有所顾虑。因此，许多卖家都提供了颇具特色的售后服务，如"无条件换货""全国联保"等，这些都可以在标题中注明。

6．店铺高信誉度记录

如果店铺的信誉度较高，达到了皇冠级、金冠级等，就可以在宝贝标题中注明，以增强买家与卖家的交易信心。

7．单品超高的成交记录

如果店铺中某件商品的销量在一段时间内较高，就可以在标题中使用"月销上千""明星推荐"等文字。善用这些能够调动人情绪的词语，对店铺的生意很有帮助。这样会令客户在有购买意向时，极大地降低对该商品的后顾之忧。

8. 适当分割以便阅读

如果 30 个字的标题中间没有停顿，就会让人感到糊涂。例如，"全场包邮 2016 秋冬新款冬裙羊绒毛呢加厚短裙半身裙包臀裙子"，这么多字中间没有一个标点符号，虽然有利于加大被搜索到的概率，但是也会让客户看得很辛苦，甚至厌烦。所以，少量而必要的断句是必需的。最好使用空格符号或半角分割标题，如"全场包邮！2019 秋冬新款冬裙/羊绒毛呢/加厚短裙/半身裙/包臀裙子"。

6.6　优化宝贝详情页

一个店铺的宝贝详情页，除了能告知客户该商品的基本情况外，还能通过一些细节展示和文字描述来打消客户的购买疑虑、售后顾虑，从而促成购买。可以说，宝贝详情页直接影响着店铺商品的转化率。

6.6.1　撰写宝贝详情页的步骤

在网上购物，影响客户是否购买的一个重要因素就是宝贝描述，而撰写宝贝描述也是令很多卖家大伤脑筋的事情。撰写宝贝描述的具体步骤如下。

1. 设计一个精美的宝贝描述模板

最好有一个精美的宝贝描述模板，宝贝描述模板可以自己设计，也可以在淘宝网购买，还可以从网上免费下载。精美的宝贝描述模板除了让客户知道卖家在用心经营店铺外，还可以对商品起到衬托作用，从而促进商品的销售。图 6-25 所示为网上销售的宝贝描述模板。

图 6-25　网上销售的宝贝描述模板

2. 用吸引人的开头，快速激发客户的兴趣

宝贝描述的开头能起到吸引客户注意力的作用，进而激发他们的兴趣，给他们一种非得继续看下去的感觉。

不管撰写什么样的宝贝描述，都必须首先了解潜在客户的需求。例如，了解他们在想什么，找到他们感兴趣的东西，想想怎样把自己的商品和他们的兴趣联系在一起。

3. 拍摄好商品图片

在发布宝贝描述前要拍摄、处理好商品图片，商品图片的好坏直接关系着交易的成败。一幅好的商品图片能向客户传递很多信息，如商品的类别、款式、颜色、材质等。在此基础上，还要求图片拍得清晰、主题突出以及颜色还原准确，同时还可以在上面添加货号、美化装饰品、店铺防盗水印等。图 6-26 所示为处理好的商品图片。

图 6-26　处理好的商品图片

4. 突出卖点，给客户一个购买的理由

找到并附加一些产品的卖点，加以放大。很多商品的细节与卖点都是需要挖掘的，卖家可以找到并附加一些卖点加以放大。可以说，每个卖点都是增加对客户说服力的砝码。宝贝描述能够吸引客户的卖点越多，就越容易促进成交。图 6-27 所示为突出商品卖点的图片。

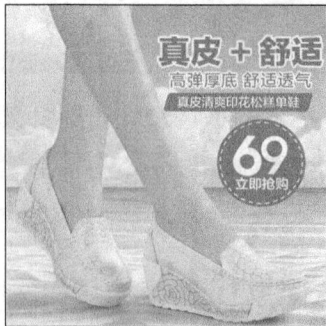

图 6-27　突出商品卖点的图片

5. 为客户购买提供推动力，促使其尽快采取行动

当客户已经产生了兴趣，但还在犹豫不决的时候，卖家还需要为其提供推动力。需要

注意的是，不要让潜在客户有任何对你说"考虑考虑"的机会。可以在宝贝描述中设置赠品，并且告诉客户赠送赠品的活动随时都有可能结束，促使其尽快采取行动。

6. 建立信任，打消客户疑虑

将客户的一些好评附加在宝贝描述里，可增加说服力。第三方的好评会让客户觉得可信度更高，从而愿意购买你的商品。图 6-28 所示为把信用评价添加在宝贝描述中的图片。

图 6-28　把信用评价添加在宝贝描述中的图片

6.6.2　写好宝贝描述，有效提高销售转化率

宝贝描述是客户决定是否购买的最后一站，所以宝贝描述的质量直接决定着宝贝的转化率。那么如何写好宝贝描述，确实是摆在淘宝卖家面前的一个难题。

微课 6-6

在写宝贝描述时，应注意以下几个方面。

（1）向供货商索要详细的商品信息，包括商品图片不能反映的材料、产地、售后服务、生产厂家、商品性能等信息。宝贝具有优势和特色的信息一定要详细地描述出来，这本身也是商品的卖点。

（2）为了更加直观，宝贝描述应该将文字+图像+表格 3 种形式结合起来，这样会增加客户购买的可能性。

（3）商品的基本属性描述，如品牌、包装、规格、型号、质量、尺寸大小、产地等。这些描述会让客户觉得受到关怀，从情感上抓住客户的心。宝贝描述针对客户应以攻心为主，让客户在看完宝贝描述后，对宝贝描述中的图片和文字产生共鸣。图 6-29 所示为商品的基本属性描述。

（4）可以去同行的皇冠店转转，看看他们的宝贝描述是怎么写的，借鉴并加以学习。

（5）在宝贝描述中也可以添加相关推荐商品，如本店热销商品、特价商品等。这样即使客户对当前所浏览的商品不满意，在看到卖家推荐的其他商品后，也会产生购买欲望。另外，客户即使已经决定购买正在浏览的商品，在浏览到其他搭配商品时，也会做出购买的决策。所以，应让客户更多地接触店铺中的商品，加大商品的宣传力度。图 6-30 所示为在宝贝描述中添加其他相关推荐商品。

图 6-29　商品的基本属性描述

图 6-30　在宝贝描述中添加其他相关推荐商品

（6）留意生活，挖掘与宝贝相关的故事。严格来说，这点不属于宝贝描述信息的范畴，但是一个与宝贝相关的感人故事往往更容易打动客户。

（7）展示相关证书以证明商品质量。如果经营的是功能性商品，就需要展示能够证明商品技术实力的资料。提供能够证明广告真实性的文件，或者如实展示客户关心的商品制作过程，这些都是提高商品可信度的有效方法。如果电视、报纸等新闻媒体曾有所报道，那么收集这些资料展示给客户也是一种很好的方法。图 6-31 所示为商品的相关证书和证明资料。

（8）在宝贝描述中要注意说明售后服务并规避纠纷。图 6-32 所示的宝贝描述里添加了售后服务和退换货的一些注意事项，既能打消客户的疑虑，又能使以后发生纠纷时有理有据。

图 6-31　商品的相关证书和证明资料

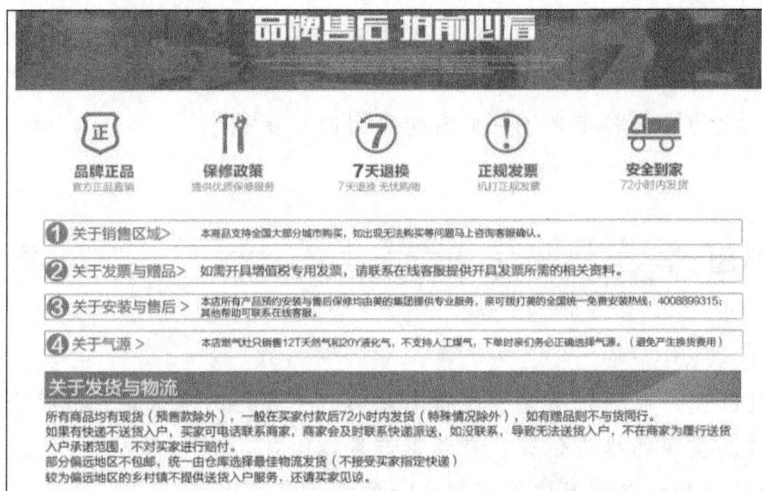

图 6-32　在宝贝描述里添加售后服务

案例分析

写出精华热帖引爆店铺流量

2005 年 4 月 8 日，兜里装着一万多元的房长君和姐姐一起从成都来到杭州四季青服装批发市场。当时四季青里一个名叫王杰华的打包工帮他们租下了位于三桥的月租金为 180 元的农民房，然后他们花 30 元买了一辆二手自行车。他们在杭州开始创业时想法很单纯：把杭州的库存服装运到成都荷花池市场出售。可是，实际操作起来却有不小的困难。因为资金少，只能小批量进货；量小，可挑选的款式有限；再加上从杭州发货到成都需要 5 天时间，路上又积压了大量的资金，货到之后还不一定能找到合适的买主……在这种情况下，他们就考虑四季青这边有充足的货源，而需要货物的商户实地采购的成本很高，如果自己能帮他们找货，肯定会有市场。要将供需双方连接起来，通过互联网传递信息自然是最快捷的。

理清思路后，四季青市场后面的网吧就成了房长君每天的必去之处。他通过网络发布自己掌握的服装库存信息，在全国范围内寻找买家。刚开始，他和所有初涉网络交易的人一样，都采用"守株待兔"的方法，希望生意自己找上门来，但是很快就失望了。幸运的是，脑子灵活的他很快就找到了"主动出击"的机会——论坛。"刚开始，我在论坛上发表了一些风花雪月的文章，竟然都有人回复。我想如果发布相关的生意信息，岂不是能帮自己做做广告？"想到就能做到，一篇《杭州库存服装给你惊人的利润》的帖子使他声名鹊起，让他不仅在短短的时间内就做出很好的销售业绩，更让他在库存服装市场中有了信誉。"甚至有些温州等地的经销商会直接汇 10 万元到我的账户，让我帮他们找货。"很快，在四季青服装市场，房长君成了名副其实的"库存大王"。

分析：

其实房长君之所以能在网上打开销路主要源于两个方面：一方面是把漂亮的模特展示图发布到网上，另一方面是参与阿里巴巴的竞价排名。"女上装、连衣裙、裤子、衬衫等服装关键词，我长期都是'标王'。"他说，"只要在阿里巴巴上输入这些关键词，第一个能找到的就是我。"这个奇妙的宣传效应让很多不明就里的客户把房长君的本心服装当成了实力雄厚的大企业，也为房长君带来了一些意想不到的收获。

课后习题

一、判断题

1．淘宝 SEO 是一种通过研究淘宝排名规则，把自己的宝贝优化成符合淘宝排名规则的宝贝，从而提高宝贝的排名位置，来获得流量。 （　　）

2．精华热帖的题材必须是能够引起广大淘友关注的内容。 （　　）

3．网上商店会员在使用支付宝服务成功完成每一个交易订单后，只有客户有权对对方的交易情况做出相关评价。 （　　）

4．商品标题的填写应尽量规范，并尽可能多地堆砌多个商品词。 （　　）

二、思考题

1．精华热帖是如何炼成的？

2．精华热帖题材的选用技巧有哪些？

3．什么时间设置店铺优惠券才合适？

4．淘宝商品搜索排名规则有哪些？

5．怎样在标题中突出卖点？

6．撰写宝贝详情页的步骤有哪些？

实训任务

实训任务一：利用淘宝论坛引流

登录淘宝论坛，查看论坛中的精华帖，并分析精华帖标题的特点。

实训任务二：设计店铺宝贝详情页

1．从网上购买一个宝贝详情页模板。

2．写好详细的商品信息，包括商品图片不能反映的材料、产地、售后服务、生产厂家、商品性能等信息。

3．在宝贝描述中添加相关推荐商品，如本店热销商品、特价商品。

4．在宝贝描述中要注意说明售后服务并规避纠纷。

第 7 章 淘宝宣传推广工具

网店推广是指通过各种宣传方式让更多人进入卖家的网店，认识卖家的商品并产生购买欲望。网店推广可以是详尽的商品展示，也可以是网络广告的强势攻击，还可以是老客户的口碑宣传，更可以是线下传统媒体的宣传。总之，不管采用哪种方式，目的只有一个，就是让卖家的店铺、商品，走到客户面前，促使客户做出购买行为。

7.1 报名"淘金币营销"

淘宝网为了让更多的客户经常光顾淘宝店铺，根据客户喜欢抽奖、碰运气的心理，推出了淘金币活动。淘金币是为淘宝卖家量身打造的免费店铺营销工具，卖家可以通过淘金币账户赚金币，给客户发淘金币，打造店铺专属自运营体系，提高客户黏性与成交转化率。

下面讲述报名淘金币活动的具体操作步骤。

（1）进入"千牛卖家中心"，单击左侧"营销中心"下面的"我要推广"超链接，打开"我要推广"页面，单击"淘金币"按钮，如图 7-1 所示。

图 7-1 单击"淘金币"按钮

① 可以获得免费的淘金币展位：淘金币专门开设了"淘金币抵钱"频道，设置"淘金币抵钱"就有机会进入频道展示。

② 可以提高店铺流量：全网一亿两千万位客户持有总额超过 900 亿的淘金币，设置全店支持"淘金币抵钱"就能吸引淘金币客户进店消费，提高店铺成交率。

小提示

③ 加强和买家的互动：每天有 2 000 万位客户通过各种渠道赚取淘金币，哪里发淘金币哪里就有客户，卖家通过发淘金币可以持续吸引客户进店互动。例如，通过收藏店铺送金币提高收藏量、消费送金币提高成交率等。

④ 直通车特殊展示：如果卖家的店铺加入了直通车推广，在直通车展位就会有淘金币特殊标识。

（2）进入"淘金币卖家服务中心"，单击右侧的"报名活动"按钮，如图 7-2 所示。

图 7-2 单击"报名活动"按钮

（3）进入"淘金币活动报名"页面，根据自己的经营项目选择报名活动，如图 7-3 所示。

图 7-3 "淘金币活动报名"页面

7.2 报名淘宝"天天特卖"

"天天特卖"是淘宝网扶持小卖家成长的营销平台，通过淘宝网提供平台、优质卖家提供折扣单品、买家限时抢购的互动模式实现三方受惠。这样一来，小卖家就可获得高流量展示的机会，推广自己的店铺，增强其营销能力。

对处于起步阶段以及初步发展阶段的卖家而言，有一个可以避免与大卖家相竞争的专属促销平台，会使店铺里促销、优质和性价比高的商品得到更多展现在客户面前的机会。

报名淘宝"天天特卖"的具体操作步骤如下。

（1）进入淘宝网"天天特卖"首页，单击右侧的"卖家报名"按钮，如图7-4所示。

图 7-4　单击"卖家报名"按钮

（2）进入"卖家营销中心"页面，选择相应的活动，单击右侧的"去报名"按钮，如图 7-5 所示。

图 7-5　选择相应的活动

（3）查看活动详情，如图 7-6 所示。

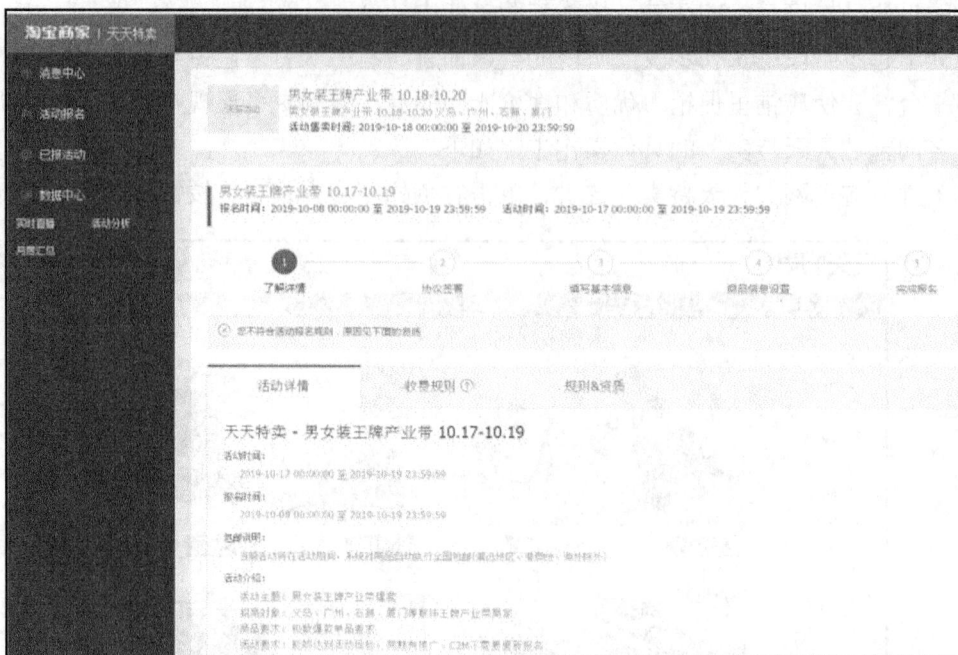

图 7-6　查看活动详情

（4）查看收费规则，如图 7-7 所示。

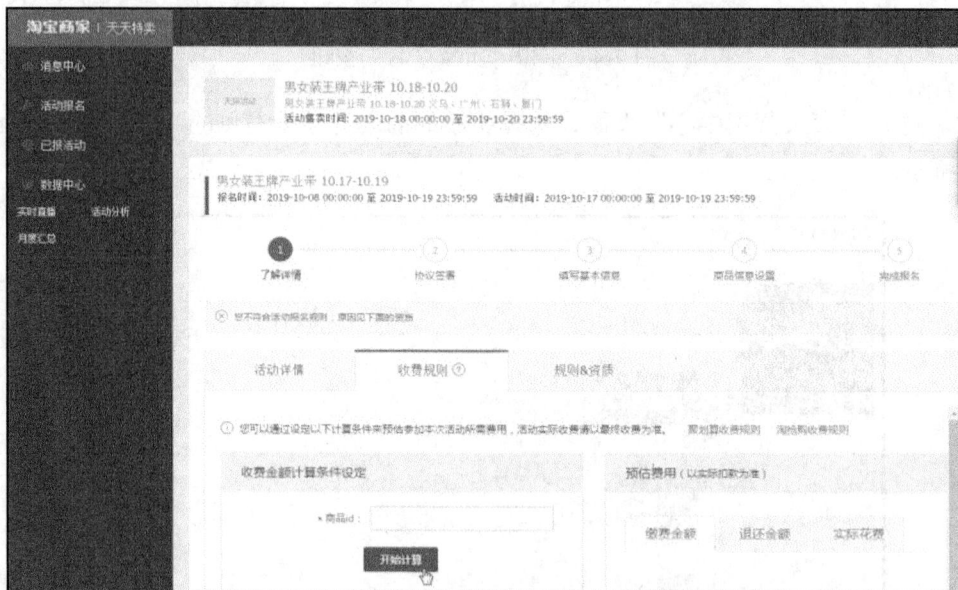

图 7-7　查看收费规则

（5）查看规则&资质，如图 7-8 所示。单击底部的"下一步"按钮，报名后耐心等待，淘宝网会告知审核结果。

图 7-8 查看规则&资质

小提示

如何提高通过"天天特卖"报名的概率？

① 卖家报名时需确认的事项。报名的宝贝和店铺符合"天天特卖"平台招商的基本规则。

② 精选报名宝贝。"疯狂促销""应季精品""服务保障"这几项是"天天特卖"平台更欢迎的宝贝类型。

③ 了解报名商品的价格定位。如何填写宝贝的折扣价格才有竞争力？需要注意的是，提高原价再打折或者报名折扣价格跟店铺内的促销价格一样，绝对上不了活动！

④ 优化报名宝贝页面。宝贝页面糟糕透顶，细节描述一塌糊涂，这样的宝贝能有高转化率吗？只有对商品做出清晰的描述，才能在流量进入的情况下留住更多客户，也才能为报名带来更大的机会。

⑤ 报名宝贝涉及品牌。如果卖家报名的宝贝在标题上标注了"专柜正品"，但是无法提供相关证明，那么这种情况100%不能通过审核。如果你的宝贝涉及品牌，就要提供一切能够证明货品来源于正规渠道的文件，如授权书、进货凭证等。授权需要体现的内容包括：品牌拥有者、店铺ID、店铺地址、授权有效期限等。

⑥ 报名时宝贝图片的选取。报名的宝贝图片必须是白底图，并且清

晰美观，如果涉及明星、著名卡通等图像必须取得授权。选取清晰的模特图片，能够更好地展示你的商品。

⑦ 报名宝贝名称的填写。填写宝贝名称的时候，系统要求不能超过13个汉字，且能直接体现出宝贝信息。标题的关键字要尽量精简明确，且能够体现报名宝贝的属性。

⑧ 审核通过后的工作。审核通过后，系统会在活动前1～3个工作日内发出消息通知卖家。这时候就需要保证旺旺在线，且能及时收到系统通知，告知店铺内客服人员，收到通知后尽快做好相关工作，包括店铺内客服的培训、页面关联营销等。

7.3 报名"免费试用中心"

"免费试用中心"立足于为经营自有品牌的卖家打造产品推介，提供最新、最热、最火、最热卖的商品展示，进行精准、高效的口碑营销传播，是原创试用报告汇集的媒体平台。

微课 7-2

卖家报名"免费试用中心"的具体操作步骤如下。

（1）打开浏览器，输入阿里试用网址，进入阿里试用首页，选择右侧的"商家报名"，如图7-9所示。

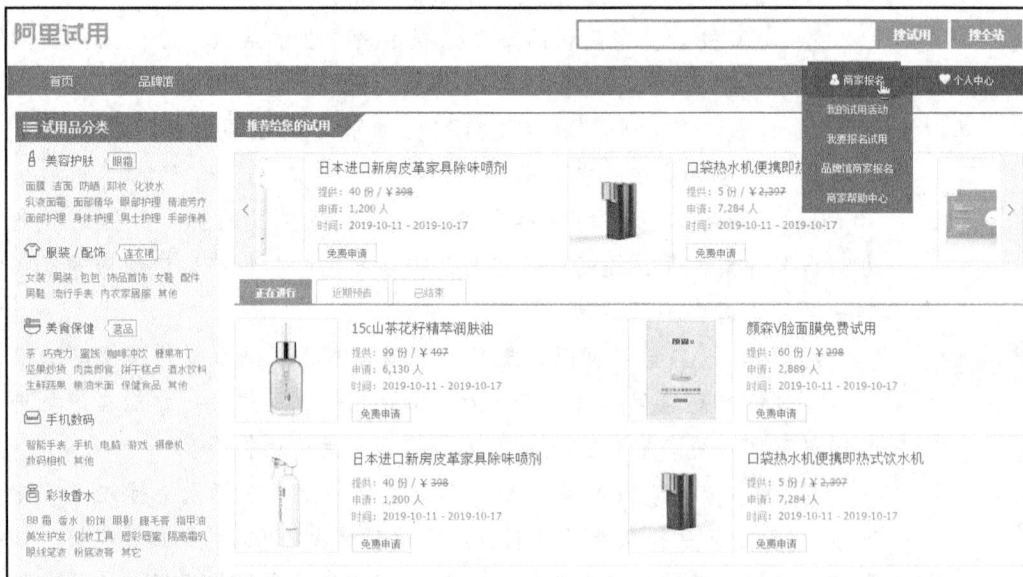

图7-9 选择"商家报名"

（2）进入"商家报名"页面，单击底部的"报名免费试用"按钮，如图7-10所示。

（3）选择参加活动的日期，单击"我要报名"按钮，如图7-11所示。

图 7-10　单击"报名免费试用"按钮

图 7-11　选择日期

为什么我报名"免费试用中心"会不通过？

所有报名试用活动的商品若审核不通过，卖家都会收到系统提示的不通过的理由，此时应认真查看报名要求并核查自己的报名信息是否符合要求。

常见的报名"免费试用中心"不通过的原因（包括但不限于）具体如下。

① 价格严重虚高，实际价值不符合试用报名规则。

② 报名商品的图片不符合要求（图片失真、大小不符、非白底等）。

③ 同一个卖家一次报名多款商品或就一款商品重复报名。

④ 报名商品在同类商品卖家中竞争力不足。

（4）根据提示，一步步操作即可。

试用期间可极大地提高店铺的曝光率和成交量，同时还能使卖家得到宝贵的商品试用反馈。在赢得巨大流量和好评的同时，也帮助店铺在淘宝网树立起强大的品牌形象。

（1）试用推广赢好评。"试用推广"就是网店卖家免费把商品发放给客户试用，借此影响客户的购买决策。所谓"吃人嘴软"，卖家就是用商品来赢得客户的好评。再把这些买家好评运用到店铺"宝贝详情"页面中让其他客户看，增加其他客户对商品的好感，进而促成成交。

（2）借试用营销提高店铺曝光率，扩大店铺知名度。网店借试用营销，在试用推广平台发布免费试用活动，能快速吸引大量客户的关注，从而获得更多的淘宝流量，如收藏越多、销量越大、评价越高、购买转化率越高，在淘宝网进行关键字搜索时，该类商品排名就越靠前。

（3）借试用营销收集店铺宝贝图片。在网店进行试用营销的过程中，得到试用资格的试客拿到试用品之后，会提交一份图文结合的精美试用报告。卖家收集这些试用报告中关于店铺宝贝的图片（细节图或者真人秀图等）并展示于自己的店铺中，不仅能帮助店铺节省拍摄成本，也能作为店铺的一个销售见证，还能给客户提供合理的搭配建议，促进客户成交。

（4）借试用营销完善店铺详情页。正如上文所述，试客提交的试用报告中会有对店铺商品的详细体验过程，有图片、有描述。因此店铺借试用营销得到的试用报告，经过整理运用到"店铺详情"页面中，有助于提高店铺 DSR，有利于店铺搜索排名的上升，从而为店铺引入更多的流量。

（5）每个试用品每日都可获取数万流量，申请人数达几千人，并且有独立的"产品信息"页面，即使试用结束也会长期保留，会直接链接卖家店铺及"宝贝详情"页面。

（6）借试用营销让客户帮忙宣传店铺。在店铺发布试用活动之后，试客得到试用品，就会帮助店铺把商品及体验感受分享到其个人微博、博客、蘑菇街等平台，以客户的身份帮助店铺宣传商品，让店铺获得更多客户的关注与信赖，给店铺带来一批试客粉丝跟随购买，从而提高店铺的销量。

（7）在试用推广过程中多与买家交流，了解客户对店铺服务及商品的满意度。试用推广就是为卖家与客户提供一个面对面互动交流的平台。在客户试用商品的过程中，卖家要多与客户交流，了解客户对店铺不满意的地方并加以改善，完善店铺商品及服务，提高店铺信誉度。同时，这样还可让其他客户放心购买店铺的商品，提高店铺的成交率。

（8）借试用营销，卖家每日通过"试用中心"直接或间接达成的交易量大大超过平时，新上线的试用折扣价将更加促进商品成交。

7.4 参加"聚划算"活动

微课 7-3

大家都知道，网店的销量是建立在流量基础上的，若光临店铺的"上帝"都没几个，那么成交的又会有多少！所以无论是大卖家还是刚起步的小卖家，都要绞

尽脑汁地思索用各种办法来提高店铺流量。"聚划算"获取流量的成本极低,这为"聚划算"的成功奠定了基础。越来越多访问淘宝网的人开始被"聚划算"吸引。

依托广大的卖家和客户,"聚划算"一经推出就受到很多人的关注。淘宝网的卖家把它当作推广网店、打造人气宝贝的好方法,网购客户则花很少的钱就能淘到自己中意的宝贝,"聚划算"实现了淘宝网店卖家和客户的双赢。

参加"聚划算"活动的具体操作步骤如下。

(1)登录淘宝网,进入"千牛卖家中心",单击"营销中心"下面的"我要推广"超链接,如图 7-12 所示。

(2)打开"我要推广"页面,单击"常用入口"下面的"聚划算"超链接,如图 7-13 所示。

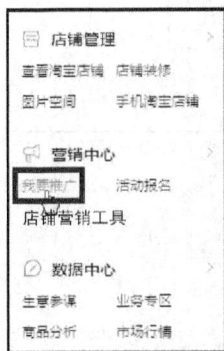

图 7-12 单击"我要推广"超链接

图 7-13 单击"聚划算"超链接

(3)进入"聚划算"页面,单击"我要报名"按钮,如图 7-14 所示。

(4)进入"聚划算"报名页面,根据自己符合的条件报名,如图 7-15 所示。

报名商品没有通过"聚划算"审核的常见原因如下。

(1)报名参加"聚划算"的商品原价虚高,全店同类商品的正常售价与报名商品的原价差距大。图 7-16 所示的同款商品大多数店铺标价为 50 元,但是这个店铺标价为 133 元,原价明显虚高。

图 7-14　单击"我要报名"按钮

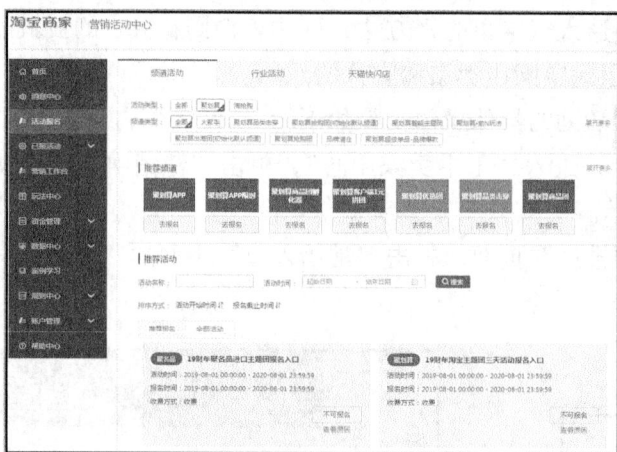

图 7-15　报名页面

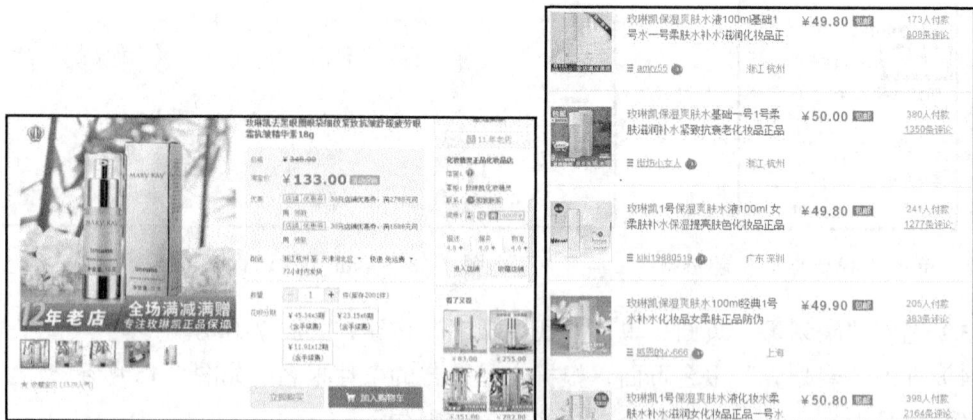

图 7-16　与同款商品相比原价虚高

（2）商品销售记录中有销售价格低于或接近"聚划算"价格的记录，性价比不高；曾经参加过超低价促销，且成交笔数较多；价格差异明显，记录混乱，要重新报价后再报名，或者选择其他未出现过类似问题的商品进行报名。

在"聚划算"的后台可以看到所有商品的最低成交记录，以及每个店铺的所有成交信息，包括每款商品、每笔成交记录等。

（3）选款不恰当，这一般是指过季商品、非当季热销单品、非主推单品、受管制的商品、具有特殊功效却没有功能报告的商品，以及颇受争议的商品等。

（4）报名商品的客户评价不好或近期成交量过低；销售时间段过于集中，同一个账号买过多件商品，销售记录不足或者不真实。图 7-17 所示为没有成交记录的商品。

图 7-17　没有成交记录的商品

（5）报名商品必须保证是全新的商品，并且不能是违禁品、保健品、无证食品、二手闲置物品、清仓货、茶叶或其他淘宝违规商品。

（6）凡食品类商品，报名参加活动页面必须具有卫生许可证。报名时应出示食品生产日期和保质期，禁止保质期不足 3 个月的商品报名。

7.5　加入"供销平台"

"供销平台"是淘宝网专门为卖家提供代销、批发的服务平台，能帮助卖家快速找到分销商或成为供应商。这种直线式的供销平台是平等开放的，进入门槛也不高，不仅可以降低商品交易中的各种运费成本和保险成本，而且还可以帮助卖家更快速地获得相关的商品信息，从而掌握行业信息、占据市场份额。

加入"供销平台"的具体操作步骤如下。

（1）登录"供销平台"，单击"我要入驻供销平台"按钮，如图 7-18 所示。

（2）进入"招商标准"页面，阅读相关条件，单击"供应商入驻"按钮，如图 7-19

所示。

    一份优秀的招募书必须有店铺名称、品牌、自身优势、供销商申请条件、供销商激励政策、折扣措施、支持政策、售后服务、商品优势、联系方式，当这些条件都具备后再进行招募书的美化工作，选择同一色系，排版规整，字体统一并有意识地突出重点，适当插入图片，做到图文并茂。图 7-20 所示为一位供应商的招募书。

图 7-18　供销平台

图 7-19　"招商标准"页面

图 7-20　一位供应商的招募书

这位供应商的招募书内容很多，首先，侧重于强调品牌介绍、品牌优势和主营产品；其次，说明申请成为供销商的条件；最后，介绍返利支持，以提高供销商的积极性。这份招募书风格独特、制作精美、提纲挈领，体现了企业的实力和对供销的关注度。

小提示

供应商加入"供销平台"后有以下好处。

① 打造属于自己的网络供销体系，提升企业形象，创立网络品牌。

② 快速招商，建立自己的供销渠道，整合上、下游资源，开展批发代销业务。

③ 培养、管理和扶持供销商，完善供销渠道。

④ 兼顾供销和直销，让批发零售更轻松。

⑤ 帮助卖家招募更多供销商。

⑥ 互通多个子站，铺货、订单数据同步，网络连锁、网络供销更容易，库存、下单、打印发货都可以实现自动化，从而大大简化流程。

7.6 使用宝贝"满就送"

微课 7-4

"满就送"可以帮助卖家节省很多时间和精力，如系统会自动帮助计算买家所购商品达到多少金额，符合赠送条件的会自动体现，减现金的会自动扣减，包邮的也会自动减掉邮费，最省力的就是不用修改运费价格。

卖家有效利用"满就送"可以多级展示活动信息。开通"满就送（减）"的具体操作步骤如下。

（1）登录"千牛卖家中心"，选择"营销中心"下面的"我要推广"，在打开的页面中单击"满就送（减）"，如图7-21所示。

图 7-21 单击"满就送（减）"

（2）进入图7-22所示的详情页面，单击"立即购买"超链接。

图 7-22 单击"立即购买"超链接

（3）进入图 7-23 所示的页面，单击"同意并付款"按钮。

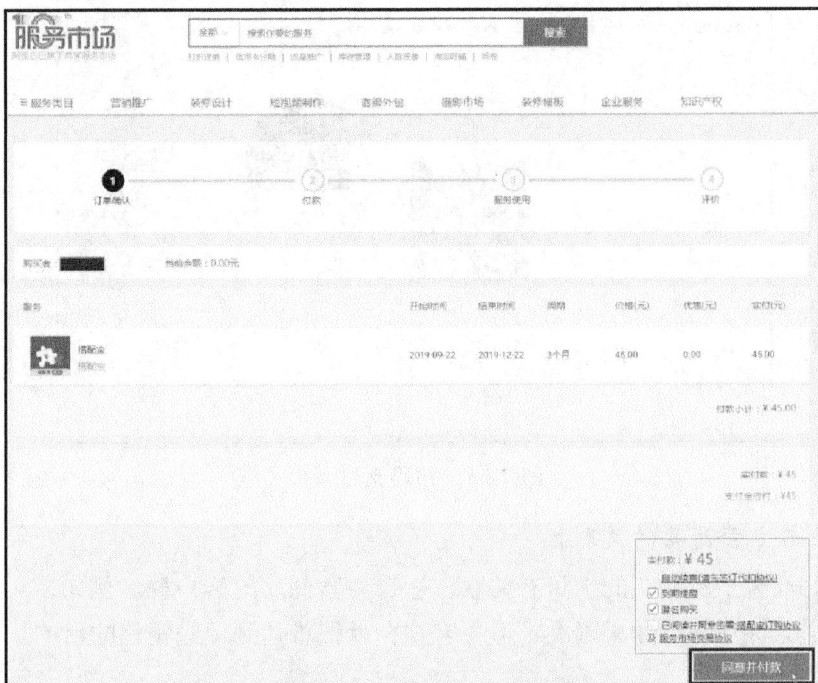

图 7-23　单击"同意并付款"按钮

（4）弹出图 7-24 所示的付款页面，单击"确认并支付"按钮。

（5）进入扫码支付页面，如图 7-25 所示。

（6）支付成功后，即订购成功。

为了达到很好的销售效果，合理选择赠品非常重要。赠品的选择可从以下几个方面来考虑。

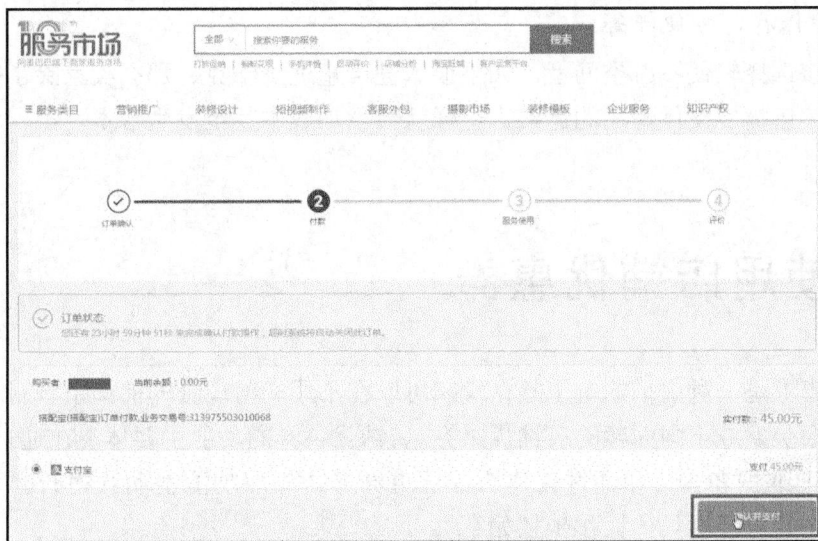

图 7-24　单击"确认并支付"按钮

图 7-25　扫码支付页面

1．赠品与主营商品的关联性

赠品最好与客户所购买的宝贝有关联，适合主营商品的客户群。例如，买计算机送鼠标、买鼠标送鼠标垫等。如果赠品不适合客户，就很难达到促进销售的目的。

2．美观或实用

赠品虽然是免费的，但还是应该具有"美观"或"实用"的功能，不然客户拿到后没有什么用处，也就等于白送了。

3．进价便宜

要将赠品的成本价格控制好，就需要从正价宝贝的利润方面进行考虑。只有赠品的进价比正价宝贝的纯利润低，卖家才不会亏本。当然，赠品的价格越高越有吸引力，卖家要根据自己店铺的情况量力而行。

4．利于保存，方便邮寄

赠品应该选择轻便不占空间者，如果很重甚至超过 1 千克，那么卖家除了需要担负赠品的成本外，还需要支付赠品的运费，这样就会增加成本甚至发生亏本。

7.7　使用店铺优惠券

店铺优惠券是一种虚拟的电子券，卖家可以在不用充值现金的前提下针对新客户或者不同等级的会员发放不同面额的店铺优惠券。店铺优惠券的功能主要体现在通过"满就送"、会员关系管理维护老客户和通过创建店铺优惠券客户领取功能主动营销新客户这两大方面。创建店铺优惠券的具体操作步骤如下。

（1）登录淘宝网，进入"千牛卖家工作台"，单击左侧"营销中心"下面的"店铺营销工具",如图 7-26 所示。

（2）进入"千牛卖家工作台"页面，单击"优惠促销"下面的"优惠券"按钮，如图
7-27 所示。

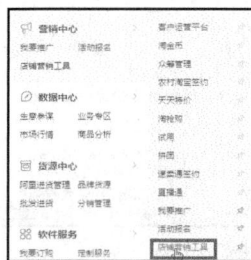

图 7-26　单击"店铺营销工具"　　　　　　　　图 7-27　单击"优惠券"按钮

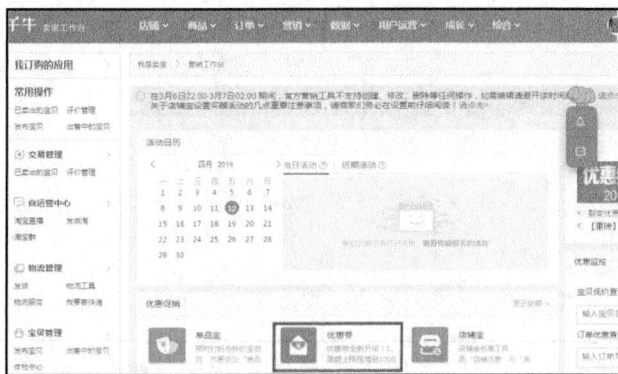

（3）打开图 7-28 所示的页面，提示"您未订购优惠券服务"，单击"去订购"按钮。

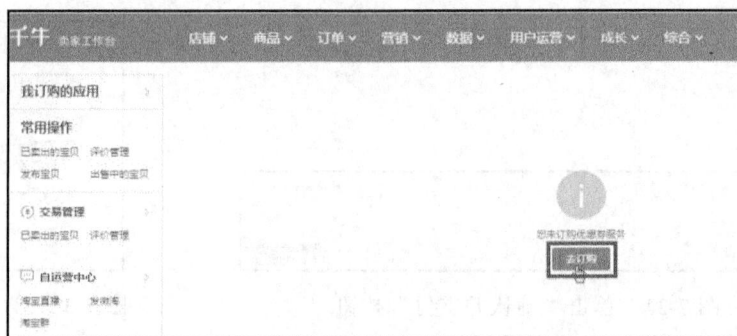

图 7-28　单击"去订购"按钮

（4）选择"服务版本"和"周期"，单击"立即购买"按钮，如图 7-29 所示。

图 7-29　单击"立即购买"按钮

（5）单击"同意并付款"按钮，如图 7-30 所示。

服务		开始时间	结束时间	周期	价格(元)	优惠(元)	实付(元)
优惠券 店铺/商品优惠券		2019-04-12	2019-07-12	3个月	45.00	0.00	45.00

付款小计：￥45.00

实付款：￥45

支付宝应付：￥45

实付款：￥45
自动续费(请先签订代扣协议)
到期提醒
☑ 匿名购买
☑ 已阅读并同意签署 优惠券订购协议
及 服务市场交易协议

同意并付款

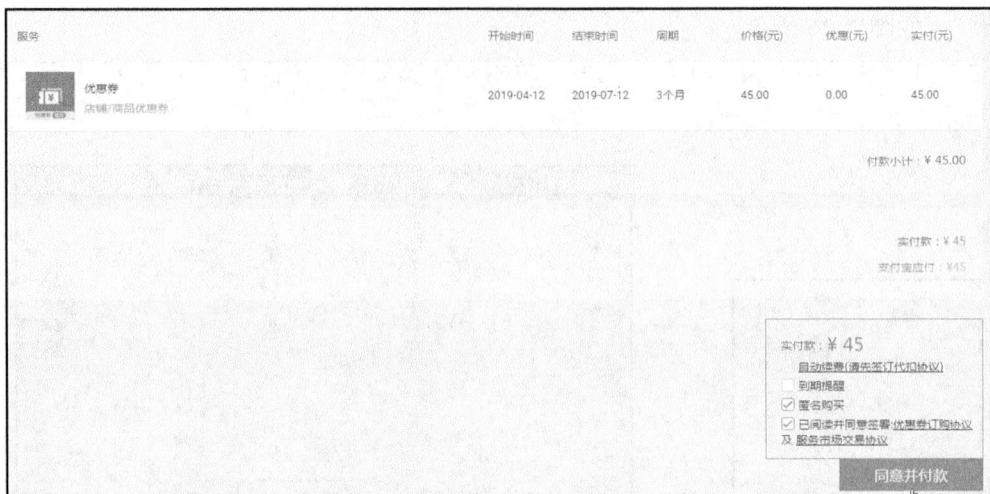

图 7-30　单击"同意并付款"按钮

（6）进入付款页面，选择支付宝，单击"确认并支付"按钮，如图 7-31 所示。

（7）提示订购成功，如图 7-32 所示。

图 7-31　单击"确认并支付"按钮

订购成功

返回我的服务

图 7-32　订购成功

（8）返回到"服务市场"页面，单击"最近购买"按钮，选择"优惠券"，如图 7-33 所示。

图 7-33　选择"优惠券"

（9）打开"优惠券"页面，选择"店铺优惠券"，如图 7-34 所示。

图 7-34　选择"店铺优惠券"

（10）打开"创建优惠券"页面，设置"推广渠道""基本信息"和"面额信息"，单击底部的"确认创建"按钮，即可创建成功，如图 7-35 和图 7-36 所示。

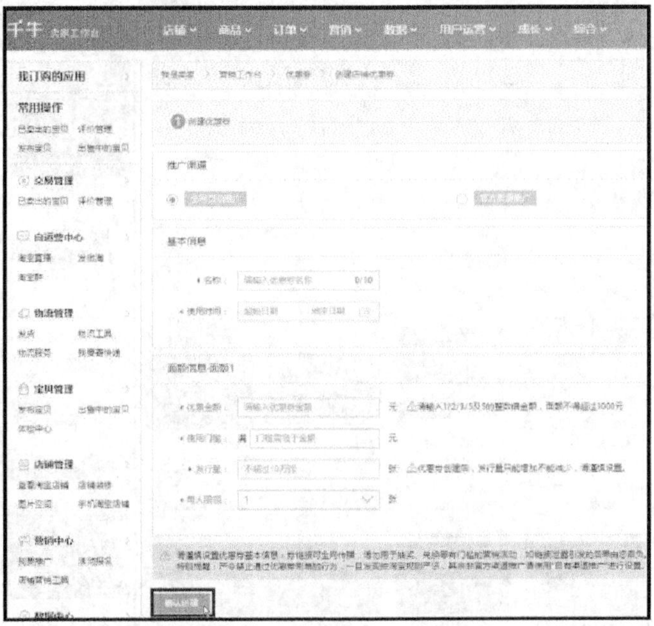

图 7-35　创建店铺优惠券

图 7-36　优惠券创建成功

7.8 直通车推广打造爆款

淘宝直通车推广利用点击让买家进入店铺，产生一次甚至多次的店铺内跳转流量。这种以点带面的关联效应，可以降低整体推广的成本和提高店铺的关联营销效果。下面介绍直通车推广的具体方法。

7.8.1 直通车广告展示位置

淘宝直通车是由阿里巴巴集团下的雅虎中国和淘宝网通过整合资源，推出的一种全新的搜索竞价模式。直通车竞价结果可以在淘宝网以全新的图片+文字的形式展示。每件商品可以设置 200 个关键词，卖家可针对每个竞价词自由定价，还可看到在淘宝右侧的展示位，如图 7-37 所示。

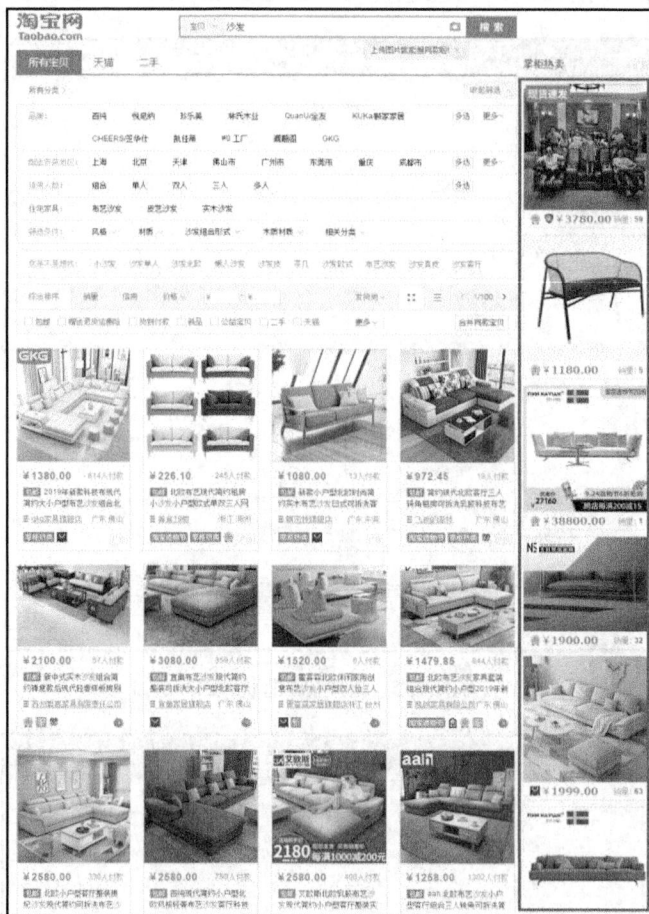

图 7-37 右侧展示位

7.8.2 直通车的计费方式

淘宝直通车的推广原理是根据宝贝设置的关键词进行排名展示，按点击扣费。

（1）如果想推广某一个宝贝，首先要为该宝贝设置相应的关键词及标题。

（2）当客户在淘宝网通过输入关键词搜索宝贝或按照宝贝分类进行搜索时，就会展现卖家推广中的宝贝。

（3）如果客户通过关键词或宝贝分类搜索后，在直通车推广位点击卖家的宝贝，系统就会根据卖家设置的关键词或类目的出价来扣费。

7.8.3 加入淘宝直通车

直通车能给淘宝店铺带来人气，一个点击可能会带来几个成交，这种整体连锁反应是直通车推广的最大优势。

加入淘宝直通车的具体操作步骤如下。

（1）登录淘宝后台，单击"营销中心"下面的"我要推广"，如图 7-38 所示。进入淘宝营销中心页面，单击"淘宝/天猫直通车"图标，如图 7-39 所示。

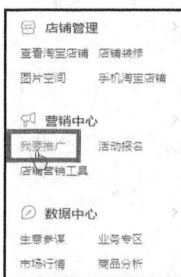

图 7-38　单击"我要推广"

图 7-39　单击"淘宝/天猫直通车"图标

（2）进入淘宝直通车首页，在页面右边可以看到"账户余额"，单击"立即充值"按钮，如图 7-40 所示。

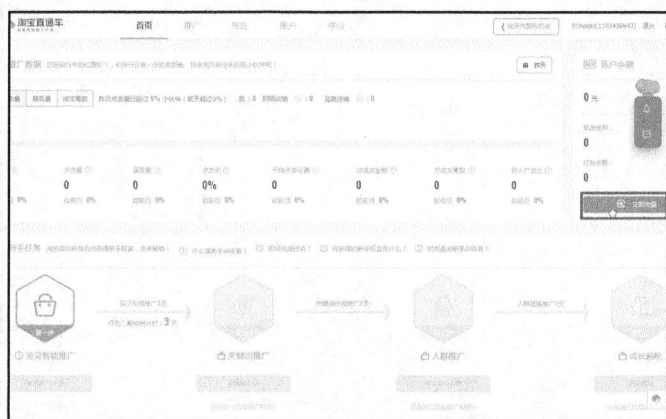

图 7-40　单击"立即充值"按钮

（3）淘宝直通车第一次开户需要预存 500 元以上的费用，这 500 元以上的费用都将用于接下来的推广。打开直通车充值页面，选择好充值金额后，单击底部的"立即充值"按钮，如图 7-41 所示。

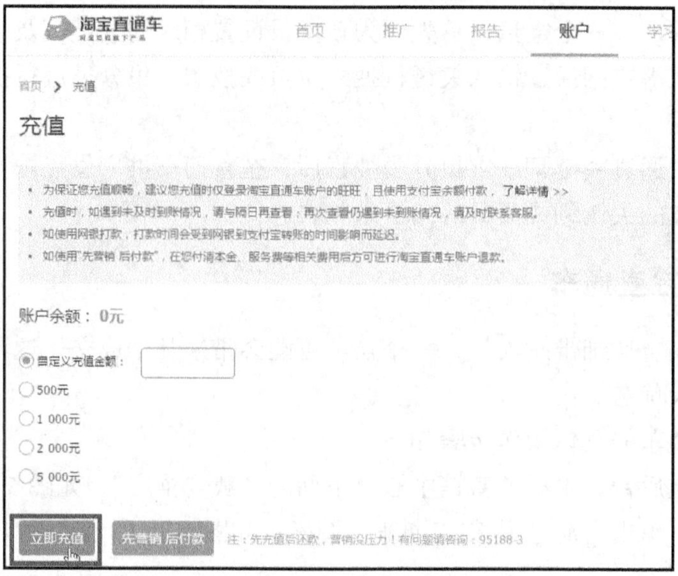

图 7-41 单击"立即充值"按钮

7.8.4 新建推广计划

"推广计划"是淘宝直通车根据用户的推广需求专门研发的"多个推广计划"的功能，可以把相同推广策略的一组宝贝加入同一个推广计划进行管理。

新建推广计划的具体操作步骤如下。

（1）进入淘宝直通车后台，选择顶部的"推广"选项，如图 7-42 所示。

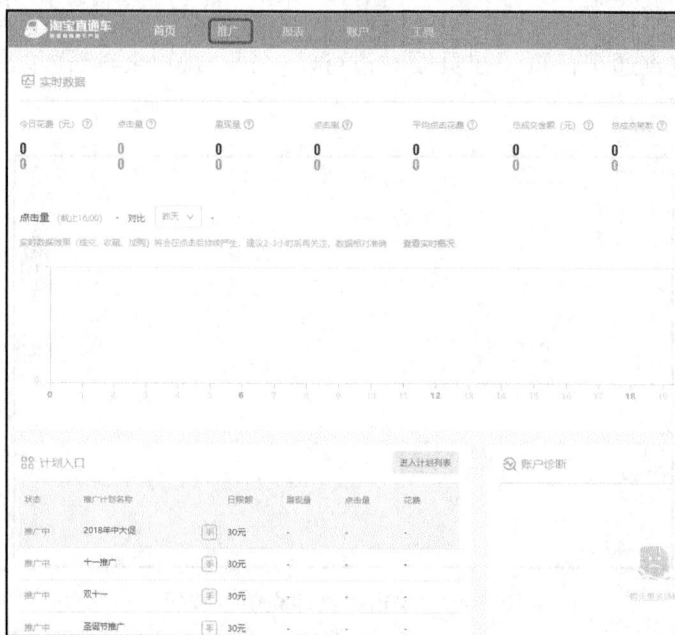

图 7-42 选择"推广"选项

（2）进入全部推广计划页面，单击"十一推广"超链接，如图 7-43 所示。

电商运营与推广：操作实战+案例分析+策略技巧（微课版 第2版）

图 7-43　单击"十一推广"超链接

（3）选择其中的一个计划后，进入计划设置页面，单击"新建宝贝推广"按钮，如图7-44所示。

图 7-44　计划设置页面

（4）进入"营销场景"选择页面，选择营销场景和推广方式后，单击"下一步，进入推广设置"按钮，如图 7-45 所示。

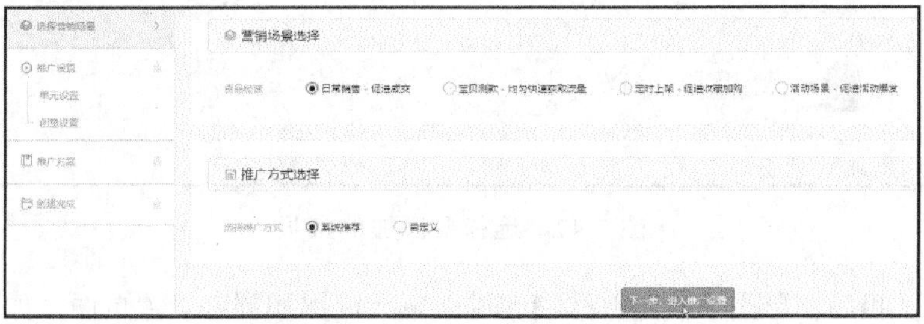

图 7-45　"营销场景"选择页面

（5）进入单元设置页面，单击"添加宝贝"按钮，如图 7-46 所示。

图 7-46　单击"添加宝贝"按钮

（6）进入宝贝选择页面，选择要添加的宝贝，如图 7-47 所示。

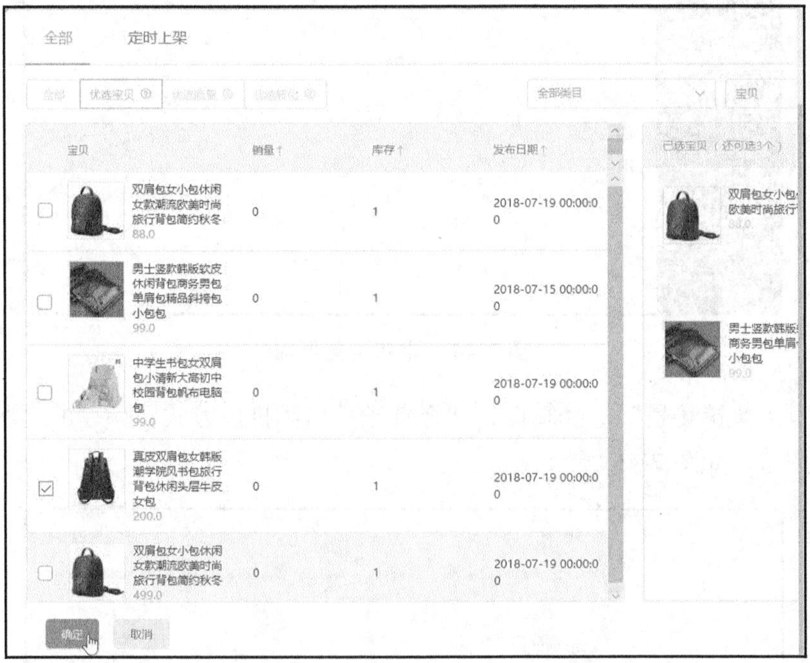

图 7-47　选择要添加的宝贝

（7）选择宝贝后，单击"确定"按钮，进入单元设置和创意设置页面，如图 7-48 所示。

（8）进入推广方案设置页面，设置完毕，单击"完成推广"按钮，如图 7-49 所示。

（9）进入创建完成页面，如图 7-50 所示。

图 7-48 单元设置和创意设置页面

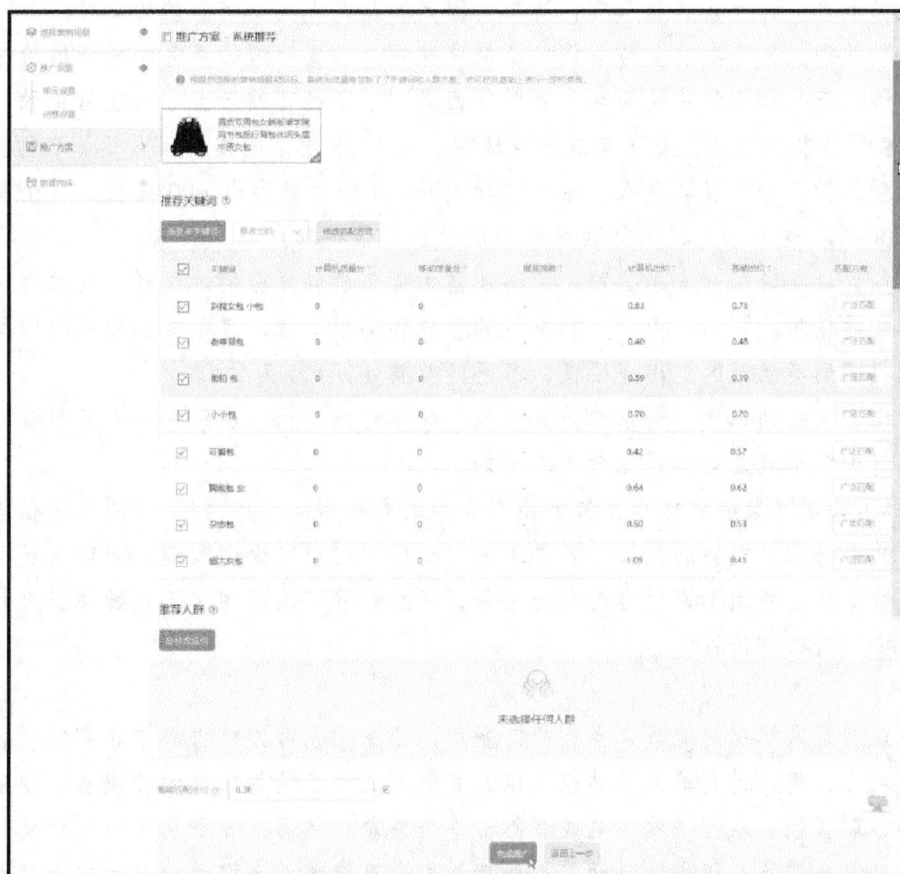

图 7-49 推广方案设置页面

图 7-50　创建完成

案例分析

境外代购成就创业梦

徐西晨刚读大二，就在淘宝网注册开店卖衣服了。"刚开始生意不好，头 3 个月才卖出 3 件衣服"，徐西晨总结生意不好的原因时发现，最重要的是货源问题。网店经营初期，徐西晨像其他人一样什么衣服都卖，既没有固定的款式，也没有具体的定位。

有段时间淘宝网让卖家参与促销，不需要花钱，只要有好的商品和较低的价格，就可以报名参加。正是那次疯狂购活动，帮助徐西晨创下了经营网店至今的销售纪录。当时有 1 万名卖家报名参加活动，最终包括徐西晨在内的 12 名卖家胜出，获得参加名额。徐西晨与厂家商量，批了一个服装款式，结果活动期间，3 分钟就卖出 600 多件，一个星期就销售了 40 000 件。这次活动，为徐西晨的小店吸引了很多客户。

后来徐西晨在韩国开设了公司，韩国朋友主要负责韩国服装的选择，而徐西晨主要负责国内市场的销售。据悉，由于金融危机的影响和韩币贬值，目前该公司在韩国每月的成本支出比我国同类店铺的支出还要低，每月能节省 4 万～5 万元。

在淘宝卖家的圈子里，大家都热衷于相互分享经验。徐西晨跟一个经营男装网店的师兄很熟，韩国公司就是这位师兄牵线搭桥的。

"你知道韩国服装有多热吗？韩剧中李多海的衣服到处都在卖！"徐西晨正在筹备另一个计划。随着韩国电视剧的热播，韩剧中的男女服饰在中国大受欢迎。而徐西晨了解到，韩国大多数服装企业由于宏观经济环境不好，面临销售订单难题。于是她想引进此类韩国产品，在中国进行宣传推广。

分析：

为了应对越来越高的流量成本和推广费用，不少卖家都把精力集中在淘宝网各式各样活动的报名上，想通过简单的活动报名以及营销方式为店铺带来巨大的流量，顺带进行简单粗暴的关联营销，从而一战成名或者打造一个爆款。然而，并不是所有的活动都适合中小卖家参加，也并不是所有的活动都会给店铺引来高流量、高订单。对于中小卖家来说，前期可以报名"试用中心"和"天天特卖"。总之，有选择地报名活动，才能事半功倍。

电商运营与推广：操作实战+案例分析+策略技巧（微课版 第2版）

课后习题

一、判断题

1．淘金币是为淘宝卖家量身打造的免费店铺营销工具，卖家可以通过淘金币账户赚金币，给买家发淘金币，打造店铺专属自运营体系，提高买家黏性与成交转化率。

（　　）

2．网店借试用营销，在试用推广平台发布免费试用活动，能快速地吸引到大量消费者的关注，可以获得更多的淘宝流量。（　　）

3．参加"聚划算"活动，定价越低越好。（　　）

4．在"满就送"活动中，赠品的价格越高越有吸引力，所以赠品价格越高越好。（　　）

二、思考题

1．如何报名"淘金币营销"？

2．如何报名"天天特卖"活动？

3．如何提高"天天特卖"报名通过的概率？

4．如何报名"免费试用中心"？

5．开通"满就送（减）"的具体操作步骤是怎样的？

6．开通淘宝直通车的具体操作步骤是怎样的？

实训任务

实训任务一：参加"满就送（减）"活动

1．登录"千牛卖家中心"，单击"营销中心"下面的"我要推广"，在打开的页面中单击"满就送（减）"，订购"满就送（减）"活动。

2．确定好赠品的选择条件。

实训任务二：开通淘宝直通车活动

1．进入淘宝直通车首页，在页面右边可以看到"账户余额"，单击"立即充值"按钮。

2．建立直通车推广计划，并添加推广的宝贝。

第8章 大数据分析利器——"生意参谋"

在淘宝店铺的运营中，数据分析永远扮演着不可忽视的角色。新手卖家都不太了解数据分析，只知道一味地去引流、打造爆款等，却不知道如何从数据中获取更精准的单品引流效果、打造爆款的趋势与效果。做好数据分析，不仅有助于调整店铺经营现状，更有助于做营销活动、打造爆款。而如今做数据分析，最常见的工具就是"生意参谋"了。

8.1　生意参谋平台概述

随着互联网的发展，传统的商业格局被打破，电商在不断地发展壮大，让商界变得异彩纷呈。在这个大背景下，传统电商也逐渐步入大数据时代，一些数据分析工具便应运而生。生意参谋作为一个数据分析工具，为卖家做决策提供了坚实的数据支撑。

生意参谋是阿里巴巴打造的首个卖家统一数据平台，面向全体卖家提供一站式、个性化、可定制的商务决策体验。该平台集成海量数据及店铺经营思路，不仅具有为卖家提供流量、商品、交易等店铺经营全链路的数据披露、分析、解读、预测等功能，还具有指导卖家进行数据化运营的功能。图 8-1 所示为生意参谋平台，包括首页、实时、作战室、流量、品类、交易、内容、服务、营销、物流、财务、市场、竞争、业务专区、取数、学院等功能。

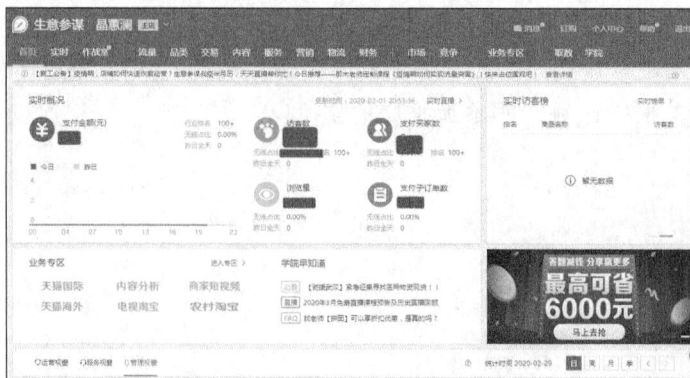

图 8-1　生意参谋平台

8.2 实时直播抢占生意先机

卖家可以利用生意参谋提供的实时直播功能随时观测实时数据。实时直播中的数据为店铺的运营发展提供了很大帮助。一方面，实时直播可以跟踪宝贝的推广引流效果、观测实时数据，发现问题，有助于卖家及时调整优化策略；另一方面，实时直播可以实时查看宝贝具体的营销效果，如果转化率和点击率情况不好，有助于卖家及时调整推广力度。下面介绍生意参谋实时直播的实时概况、实时来源、实时榜单、实时访客分析等功能。

8.2.1 实时概况总览所有终端的数据

实时概况就是为店铺提供实时数据，主要包括访客数、浏览量、支付金额、支付子订单数、支付金额行业排名、访客数行业排名等。图 8-2 所示为实时概况。

图 8-2　实时概况

8.2.2 通过实时来源分布来分析流量来源

在生意参谋中，卖家可查看到的实时来源数据包括 PC 端来源分布、无线端来源分布。另外，卖家不仅可以查看到所有终端的数据，还可以切换到 PC 端以及无线端查看对应的数据。图 8-3 所示为实时来源分布。

生意参谋提供的流量来源的数据分析，可以帮助卖家了解各个流量来源的详细报告。这对店铺的运营极为有利，卖家可以从各个细节进行突破。它能让卖家知道哪些方面的流量来源多，哪些方面的流量来源少，进而反思在流量来源少的方面是否做得不足，同时对流量来源较大的还可以进行优化。

流量就是店铺或商品页被访问的次数，所有终端的流量等于 PC 端流量和无线端流量之和。

流量来源就是访客是通过哪些渠道进入店铺的。

流量分析就是分析访客的跳失率、人均浏览量、平均停留时间等数据。

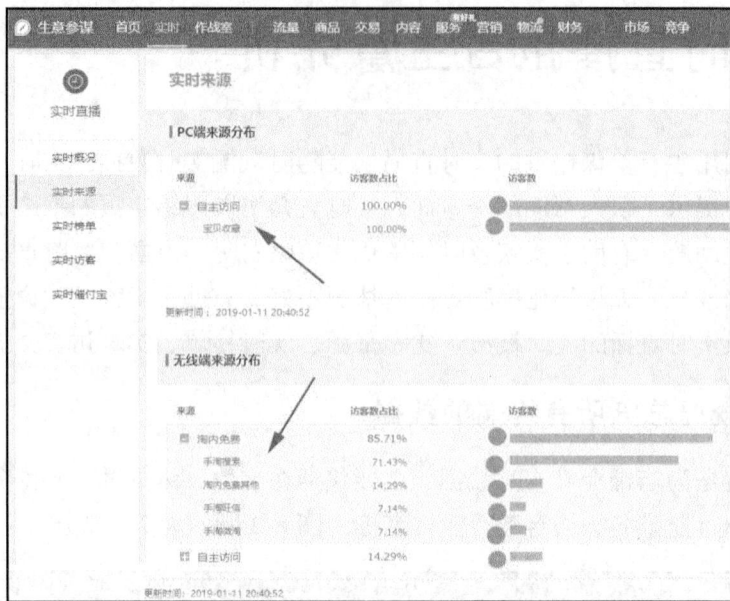

图 8-3　实时来源分布

卖家根据支付买家数与访客数的比值，可以得出各个不同地域的转化率，从而对流量大且转化率较高的地区可以加大力度进行推广。

8.2.3　实时榜单分析热门宝贝

在实时榜单中，卖家可以看到店铺热门宝贝 TOP50 的浏览量、访客数、支付金额、支付买家数、支付转化率这五个维度的数据。图 8-4 所示为实时榜单。

图 8-4　实时榜单

无论怎样，平台提供的流量款都很可靠，数据都很重要。流量款就是能够带来流量的款，用来引进新客户。对于流量款，卖家一定要注意其流量、转化及库存的变化，做好解决一切可能发生的问题的准备。

8.2.4　通过实时访客来分析买家信息及访问习惯

实时访客功能主要提供店铺的实时访客信息及浏览情况，包括访问时间、入店来源、被访页面、访客位置、访客编号等，如图 8-5 所示。通过实时访客数据，卖家可找到针对买家的信息和分析买家的浏览习惯。

图 8-5 实时访客

8.3 用好流量纵横，生意突飞猛进

流量纵横提供全店的流量概况、流量地图、访客来访时段等特征分析，以及店铺装修趋势和页面点击分布的分析。它可以使卖家快速盘清流量的来龙去脉，在识别访客特征的同时，了解访客在店铺页面上的点击行为，从而评估店铺的引流、装修等状况，以便更好地进行流量管理和转化。下面具体介绍生意参谋的流量概况、访客分析的功能。

8.3.1 生意参谋的流量概况

流量看板是帮助卖家了解店铺整体的流量规模以及流量的变化趋势的模板。

如图 8-6 所示，单击"流量"下的"流量看板"进入流量看板页面，可通过流量总览知道店铺的浏览量、访客数及其变化；通过跳失率、人均浏览量、平均停留时长，了解访客质量的高低。

微课 8-2

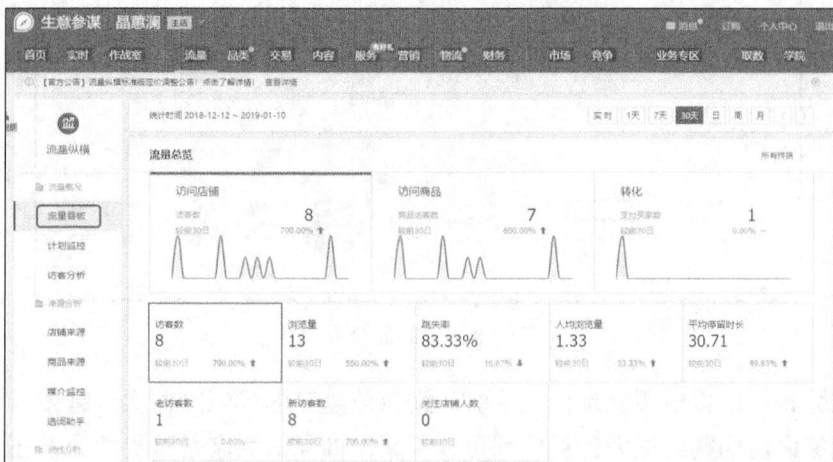

图 8-6 流量概况

8.3.2 访客分析

访客分析提供基于访客时段和特征的分布情况，使卖家了解店铺访客的分布及其特征，从而更好地采取针对性营销。

如图 8-7 所示的时段分布，通过选择日期、终端，查看对应统计周期内，各类终端下的访客和下单买家数，帮助卖家更好地掌握店铺访客来访的时间规律，进而验证广告投放、调整引流时段策略。

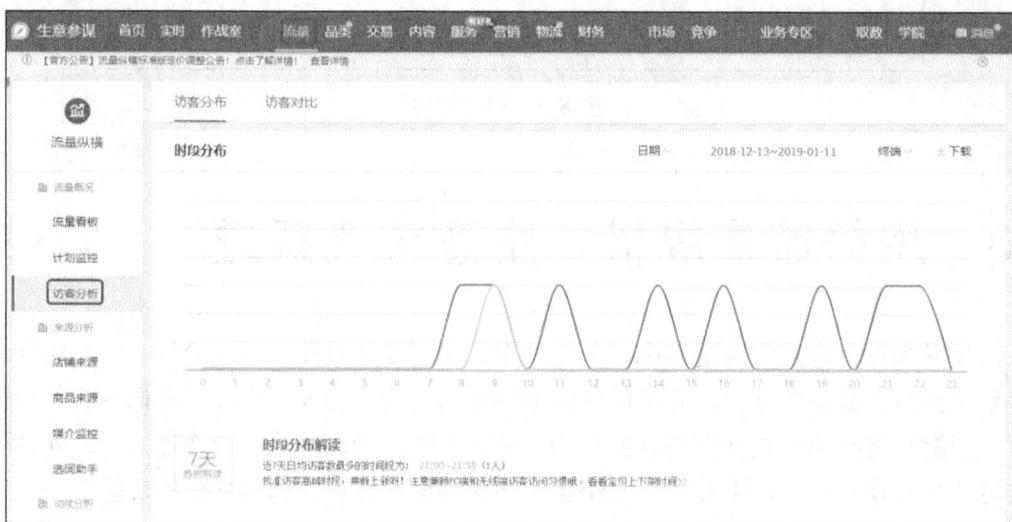

图 8-7　时段分布

如图 8-8 所示的特征分布，通过选择日期和终端，查看对应统计周期内，各类终端下访客的淘气值分布、消费层级、性别、店铺新老访客分布，以验证或辅助调整广告定向投放策略。

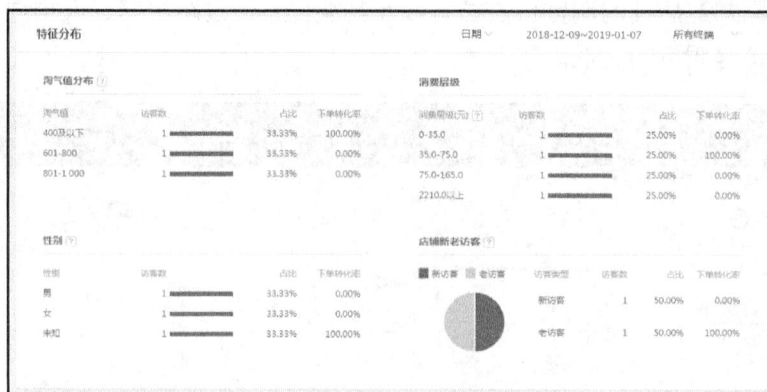

图 8-8　特征分布

淘气值分布可以看出买家是什么等级，淘气值越高的代表网购次数越多；消费层级是计算店铺买家之前的购买能力；从性别可以判断出商品的买家是以男性为主还是以女性为主；查看店铺新老访客，老访客越多越好，会大大提高店铺的转化率。

电商运营与推广：操作实战+案例分析+策略技巧（微课版 第2版）

如图 8-9 所示的行为分布，第一个是来源关键词，通过这个来源关键词基本可以判断店铺的核心词，选择 30 天平均日期会更加准确。选择之后，得到的来源关键词是店铺引流最重要的关键词。第二个是浏览量分布，需要增加关联及客服引导，这样有助于提高店铺的转化率。

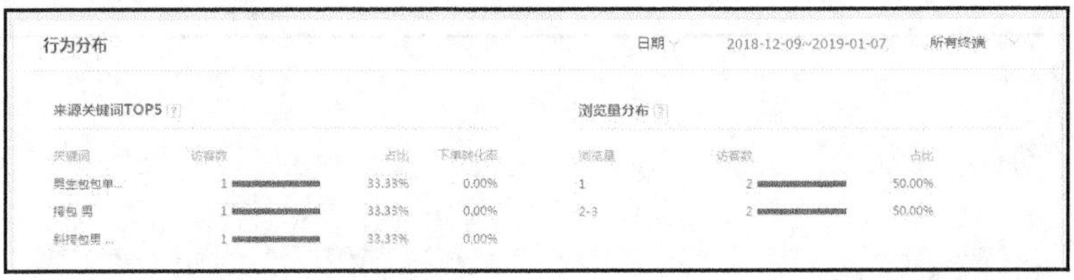

图 8-9　行为分布

8.4　交易分析让卖家全面掌握网店交易状况

交易分析主要提供交易概况、交易构成等功能，使卖家从整体到不同维度细分店铺交易情况，及时掌握店铺交易问题，并提供资金回流行动点。

8.4.1　从交易概况分析店铺的整体交易情况

图 8-10 所示的交易概况，反映了从整体到不同维度店铺的整体交易情况。该交易概况能帮助卖家更清晰地了解店铺转化率，并提供店铺趋势图及同行对比趋势图，从而了解店铺及同行趋势。

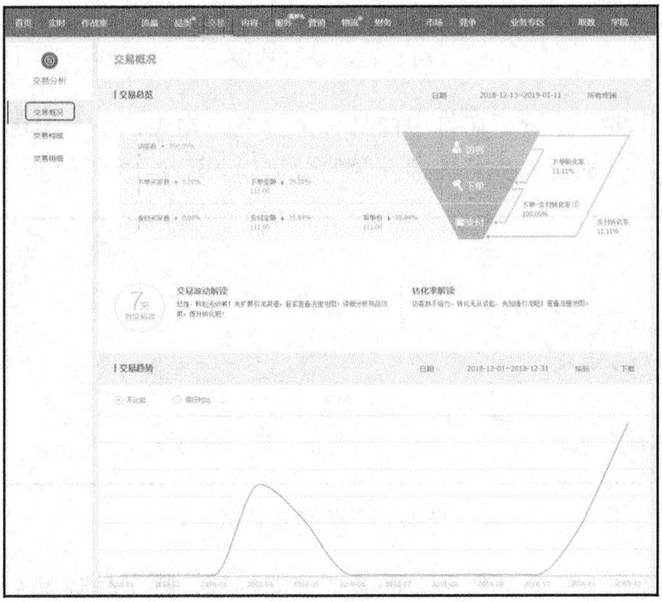

图 8-10　交易概况

8.4.2 从交易构成分析店铺交易情况

交易构成是从不同角度细分店铺交易的构成情况，包括终端构成、类目构成、价格带构成、品牌构成，并提供资金回流行动点。

终端构成：主要用于直观分析店铺 PC 端、无线端的交易情况，如图 8-11 所示。

图 8-11　终端构成

类目构成：主要是从类目的角度出发，分析店铺类目的交易情况，如图 8-12 所示。

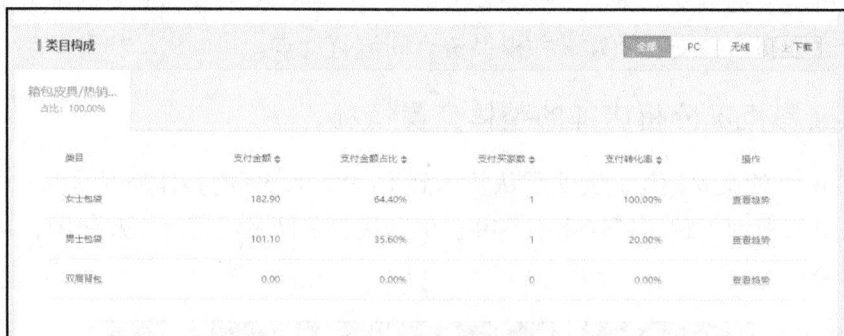

图 8-12　类目构成

价格带构成：主要用于分析店铺中商品各个价格的构成，哪个价格段更受买家欢迎，转化率如何，从商品价格出发分析店铺交易的数据，如图 8-13 所示。

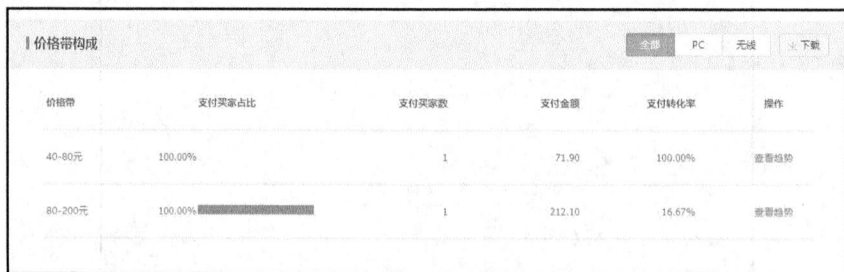

图 8-13　价格带构成

品牌构成：主要用于分析店铺各个品牌成交的构成，哪个品牌更受买家欢迎，从商品品牌出发分析店铺交易的数据，如图 8-14 所示。

电商运营与推广：操作实战+案例分析+策略技巧（微课版　第2版）

图 8-14　品牌构成

案例分析

淘宝自创品牌，成就大生意

梁一凡是一名大四的学生，在淘宝商城开店不到两年，其经营的品牌男装旗舰店就已冲到三皇冠，好评率达 99.01%，日均销售男装 400 余件，年营业额 800 余万元。

目前，网上大多数男装卖家都分为两类：一类是从各类批发市场淘来的无品牌服装，以低价和版型走量；另一类则是做品牌服装的代理加盟，靠差价或品牌商返点盈利。而梁一凡做的是另一种模式——自创品牌。

梁一凡注册了男装品牌，邀请服装设计师对服装版型、纹样等进行设计，交由代工厂商生产后，利用网络渠道销售。这种模式的优势是商品独特，成本低。在设计上，他们不是采取原创的形式，而是先收集淘宝最热卖的几十款男装版型，再以招标的形式发包给设计师，请他们通过微调进行设计；在生产上，他们通过直接向制衣厂家发订单的形式批量拿货。

和大品牌相比，他们拥有更好的灵活性。他们每周会开展至少两次的专题促销，通过打折及限时抢购的方式吸引人气。

"我们目前的年营业额是 800 万元左右，利润率在 30% 以上。"梁一凡说。如此高的利润是如何达到的？梁一凡说，这种经营模式的成本其实很低。对于很多品牌来说，研发和展示相当费钱，而他们却将这方面的成本压得很低。

在研发阶段，梁一凡主要通过招标的形式一次性付费给设计师。目前他们的设计师都是一些服装专业的学生，20 个版型以内的订单，每单不会超过 3 000 元。除此之外，在后期展示时，他们还通过聘请兼职模特降低成本。他们聘请的兼职模特都是在校学生，拍摄一天的工资不会超过 200 元。

另外，交由厂家代工生产成本也很低，这部分成本只占总成本的 20% 左右。虽然梁一凡没有透露每件衣服的具体成本，但我们走访数家制衣厂后发现，如果建立长期合作关系，每件衣服的成本非常低。以一件纯棉印花 T 恤为例，厂家普遍表示，按照工序的简繁，每件的价格在 10~30 元不等。

梁一凡分享了他们选择网络爆款的 "5+3+1" 模式。"所谓'5+3+1'，即先推广 5 个款式的服装，然后根据最后的消费数据，选取 3 个相对比较好的款式，再根据市场反应，选择最火的一款进行再设计并重点加推"。

分析：

梁一凡提醒广大创业者，经常参加淘宝自带的直通车、聚划算等推广活动，既可以使店铺的货品冲量，又可以迅速提高店铺的搜索排名，是一种最快捷的免费推广方式。

课后习题

一、判断题

1．做好数据分析不仅可以对店铺经营现状进行调整，还可以在做营销活动、打造爆款时起到很大的作用。　　　　　　　　　　　　　　　　　　　　　（　　　）

2．生意参谋作为一个数据分析工具，为店家做决策提供了坚实的数据支撑。（　　　）

3．访客分析提供了基于访客时段、地域和特征的分布情况，了解店铺访客的分布及其特征，可以更好地进行针对性营销。　　　　　　　　　　　　　　　　（　　　）

4．交易分析主要是提供交易概况、交易构成、交易明细等功能。　　（　　　）

二、思考题

1．如何利用实时概况总览所有终端的数据？

2．如何利用实时来源分析地域和流量来源？

3．如何利用实时榜单分析热门宝贝？

4．如何利用实时访客分析买家信息及访问习惯？

5．怎样用好流量分析？

6．怎样利用交易分析全面掌握网店的交易状况？

实训任务

实训任务一：生意参谋实时直播功能使用

1．下载安装生意参谋软件。

2．打开生意参谋软件，分析店铺实时概况、地域和流量来源、实时榜单。

实训任务二：生意参谋流量分析功能使用

1．单击"流量"下的"流量看板"，进入流量看板页面，从流量总的规模知道店铺的浏览量、访客数及其变化；从跳失率、人均浏览量、平均停留时长，了解入店访客质量的高低。

2．访客分析，通过选择日期、终端，查看对应统计周期内，各类终端下的访客和下单买家数，帮助卖家更好地掌握店铺访客来访的时间规律，进而验证广告投放、调整引流时段策略。

电商运营与推广：操作实战+案例分析+策略技巧（微课版 第2版）

第 9 章　网店物流

现在淘宝网的商品价格越来越透明，如果能从运输环节运用技巧则可以为卖家节省不少费用。否则，卖家辛辛苦苦从商品成本上节省下来的利润就都交给物流公司了。对于网店卖家来说，物流是很重要的一个环节。有很多卖家说"成也物流，败也物流"，这句话虽有些片面，但也是有一定道理的。

9.1　选择优秀的快递公司

经营网店，每个月都有很大一笔开销花费在邮寄方面，虽说羊毛出在羊身上，但如果两家网店的商品质量相同，售价一样，我相信买家一定会选择邮费更低的那家快递公司，可见降低运费会使商品更具竞争力。生意好的卖家，一个月的运费保守估计也需要两三千元，相当于一家实体店铺门面的月租了，因此选择合适的送货方式非常重要。

9.1.1　选择合适的送货方式

网上交易发送货物需要通过物流来完成，物流大体可分为邮政运输、普通快递和物流托运三种。

1. 邮政运输

几乎每个网店卖家都有通过邮政发货的经历。有的卖家认为邮局平邮价格一点也不便宜，而有的卖家则认为邮局平邮非常便宜，而且货物的安全指数也高。事实上，到邮局发货有很多小窍门，如果卖家掌握了，那么就可以省下不少钱，否则比快递还贵。

小提示

邮政运输的基本特点：
① 邮费单价由邮局统一规定，价格比较低廉。
② 邮寄速度比较慢。
③ 对邮寄物品的属性要求比较严格。
④ 安全保障性能比较强，服务规范。

---

2. 普通快递

网店卖家一定都与快递公司打过交道，而且普通快递这种运输方式是大多数网店卖家常用的。市场上主要的快递公司有顺丰速运、宅急送、圆通速递、申通快递、全一快递、中通快递等。那么，怎样选择快递公司呢？卖家需要注意以下几个方面。

（1）安全度：无论用什么运输方式，都要考虑安全方面的问题。因为不管是买方还是卖方，都希望通过一种很安全的运输方式把货物送达目的地。如果安全性不能保障的话，那么随之而来的将是一连串的问题。所以，一定要选择与一个安全性较高的快递公司合作。

（2）诚信度：选择诚信度高的快递公司，能够让商品更有安全保障，能够让买卖双方都放心。选择快递公司的时候，可以先在网上看看网友对该快递公司的评价。

（3）价格：对于卖家来说，找到一家合适的快递公司并不容易。价格如果比较便宜的话，可以节省一笔不小的开支，特别是新开店的卖家。但是也不能一味地追求价格低廉，对快递公司的选择至少要建立在安全和诚信的基础上，如果连这两点都无法保障的话，那么仅仅价格便宜也是起不了作用的。

所以大家一定要多试用几家快递公司，多打几次交道，才能看出来到底哪家快递公司的服务更好，价格更便宜。这样才能让店铺的利润更为可观。

小提示

普通快递的基本特点：

① 资费由快递公司自行制定，且可以议价。综合比较，价钱适中。

② 邮寄速度很快，且物品能直接被送到收件人手中，很方便。

③ 安全保障性能参差不齐，服务态度等也有很大差别。

---

3. 物流托运

如果卖家要发出的货物数量比较多，体积比较大，使用平邮或快递会非常贵，这时卖家不妨借助客车运输货物。买家如果离卖家不远，卖家可以借助短途客车托运货物。这种运输方式一般会要求寄送方先付运费。卖家一定要及时通知收货方收货，并且在货物上写清联系方式和收货人姓名。在托运前卖家必须严格按照合同中有关条款、国际货协和议定书中的条款包装并标记货物。距离远的大件物品使用铁路托运。

（1）汽车托运。运费可以到付，也可以现付。货物到了之后可能还会向收货方收卸货费。一般来说，汽车托运不需要保价。当然，有条件的话最好选择保价，保价费一般是货物价值的 4‰。收货人的联系方式最好能写两个：一个是手机，另一个是固定电话，以确保能接到电话通知。

（2）铁路托运。铁路托运一般价格低廉，速度也较快，但是只能到达火车站。火车站都有价格表。如果包装得好，一般不会打开检查，现在还会贴上"小心轻放"的标签。收件人需要凭传真件和身份证提货，运费要现付，不太方便。

（3）物流公司。物流公司如佳吉、华宇等，发货方式和其他托运方式不太一样。其他托运方式一般是点对点的；而物流公司不同，可以转运到一个城市中的几个地点，寄方可选择收件方方便取货的地点。这种送货方式速度慢，中转次数多，因此要求卖方将货物包装好，否则容易造成破损。

9.1.2 国内常见的快递公司

快递公司是指目前国内市场上除了邮政之外的其他快递公司，它们运用自己的网络提供快递服务。国内的快递公司主要有申通快递、圆通速递、中通快递、顺丰速运、韵达快递、天天快递、宅急送、大田物流等，全国有数千家快递公司在开展业务。

1. 申通快递

申通快递创建于 1993 年，是国内最早经营快递业务的品牌之一。经过 20 多年的发展，申通快递在全国范围内形成了完善、流畅的自营速递网络，基本覆盖了全国地市级以上城市和发达地区县级以上城市，尤其是在江苏、浙江、上海地区，基本实现了派送无盲区。截至 2019 年 5 月，公司拥有独立网点及分公司超过 2 800 家，从业人员超过 30 万人，每年新增就业岗位近 1 万个。图 9-1 所示为申通快递的官方网站。

图 9-1　申通快递的官方网站

2. 圆通速递

圆通速递有限公司成立于 2000 年 5 月 28 日，它立足国内，面向国际，致力于开拓和发展国际、国内快递和物流市场。公司主营包裹快递业务，形成了包括同城当天件、区域当天件、跨省时效件和航空次晨达、航空次日下午达以及到付、代收货款、签单返还等多种增值服务产品。公司的服务涵盖仓储、配送及特种运输等一系列的专业速递服务，并为买家量身定制速递方案，提供个性化、一站式的服务。图 9-2 所示为圆通速递的官方网站。

图 9-2　圆通速递的官方网站

3. 中通快递

中通快递服务有限公司创建于 2002 年 5 月 8 日，是一家集物流与快递于一体、综合实力排名位于国内物流快递企业前列的大型集团公司。

截至 2019 年 3 月 31 日，中通快递有全网服务网点 30 100 个，转运中心 86 个，直接网络合作伙伴 4 500 家，干线运输车辆约 5 500 辆（其中约 2 800 辆为高运力甩挂车），干线路有 2 100 条，网络通达 98%以上的区县，乡镇覆盖率超过 89%。图 9-3 所示为中通快递的官方网站。

图 9-3　中通快递的官方网站

4. 顺丰速运

顺丰速运于 1993 年 3 月 27 日在广东顺德成立。顺丰速运是国内领先的快递物流综合服务商。经过多年发展，已具备综合物流解决方案的能力，为卖家提供仓储管理、销售预测、大数据分析、金融管理等一揽子解决方案。

顺丰速运还是一家具有网络规模优势的智能物流运营商。经过多年的潜心经营和前瞻性战略布局，可覆盖国内外的综合物流服务网络。顺丰速运采用直营的经营模式，由总部对各分支机构实施统一经营、统一管理，保障了网络的整体运营质量。图 9-4 所示为顺丰速运的官方网站。

图 9-4　顺丰速运的官方网站

5．韵达快递

韵达快递是具有中国特色的物流及快递品牌，它结合中国国情，运用科技化和标准化的模式运营网络，也是一家具有国资背景的民营快递。韵达快递致力于不断向卖家提供富有创新和满足卖家不同需求的解决方案。

韵达快递依靠科技的投资和推进，优化内部管理和卖家服务，以提高卖家满意度；建立了多方位、多层次的运送保障体系，提供比较适合卖家需要的产品。图 9-5 所示为韵达快递的官方网站。

图 9-5　韵达快递的官方网站

6．天天快递

天天快递创建于 1994 年 10 月，是国内著名的快递企业，公司品牌被誉为"中国驰名商标"。经过 20 余年的发展，天天快递在全国范围内形成了完善、高效的快递网络。图 9-6 所示为天天快递的官方网站。

图 9-6　天天快递的官方网站

9.2　商品的包装

买家拿到商品时最先看到的是包装，所以要想给买家留下非常好的印象，首先就要包装好商品。美观大方、细致入微的包装不但能够保证商品的安全，而且能够赢得买家的信任和口碑。

9.2.1　包装商品的方法

下面介绍一些常见商品的包装方法。

1. 礼品饰品类

礼品饰品类商品一定要用包装盒、包装袋或纸箱来包装。卖家可以到当地的包装盒、包装袋批发市场挑选，也可以在网上批发。使用纸箱包装时一定要有填充物，这样才能把礼品固定在纸箱里。可以附上一些写有祝福语的小卡片，也可以写一些关于此礼品或饰品的说明和传说，让一件小小的商品显得更有故事和内涵。图 9-7 所示为使用包装盒包装的图片。

2. 衣服、床上用品等纺织品类

如果是衣服等纺织品，就可以用布袋装，并且最好采用白色棉布或其他干净、整洁的布。淘宝网有专卖布袋的店铺，大小不一，价格也不一。如果家里有废弃的布料，也可以自己制作布袋。包装时，一定要在布袋里加一层塑料袋，因为布袋容易进水和损坏，从而弄脏商品。当然也可以使用快递专用的加厚塑料袋，在网上就能买到，价格不贵，普通大小的一个在 3～7 角，其特点是防水、防辐射，经济实惠，方便安全，用来邮寄纺织品确实是个不错的选择，如图 9-8 所示。

图 9-7　使用包装盒包装的图片

图 9-8　加厚塑料袋

3. 电子产品类

电子产品是很精密的商品，因此包装也很讲究，常采用纸箱、托盘包装。在货物比较轻的情况下可以用纸箱，但纸箱的质量一定要好。包装时一定要用气泡膜包裹结实，再在外面多套几层纸箱或包装盒，多放填充物。提醒买家在收到商品后，应当面检查确定完好

再签收。因为数码产品的价格一般比较高，如果出现差错会比较麻烦。图 9-9 所示为电子类商品采用的纸箱包装。

4. 易碎品

易碎品的包装一直令卖家头疼，特别是易碎品的运输包装。这类商品包括瓷器、玻璃饰品、CD、茶具、字画、工艺笔等。通常要求易碎品外包装应具有一定的抗压强度和抗戳穿强度，可以保护易碎品在正常的运输条件下完好无损。

对于这类产品，包装时要多用些报纸、泡沫塑料或者泡绵、泡沫网，这些东西重量轻，而且可以缓冲撞击。另外，易碎怕压的物品四周应用填充物充分地填充。这些填充物比较容易收集，如包水果的小塑料袋，平时购物带回来的方便袋，还有买电器时的泡沫等。尽量多用聚乙烯的材料，少用纸壳、纸团，因为纸要重一些，而塑料制品膨胀效果好且自身轻。

在包装外可以贴上易碎物品标签，箱子四周应写上易碎物品勿压、勿摔，提醒快递公司在装卸货的过程中，小心轻放避免损坏。图 9-10 所示为易碎物品标签。

图 9-9　电子类商品采用的纸箱包装　　　　图 9-10　易碎物品标签

5. 书刊类

书刊类商品的具体包装过程如下。

（1）将书刊用塑料袋套好，以免理货或者包装的时候弄脏，也能起到防潮的作用。

（2）用报纸中夹带的铜版纸做第二层包装，以避免书籍在运输过程中被损坏。

（3）外层用牛皮纸、胶带进行包装，如图 9-11 所示。

（4）如果选择用印刷品方式邮寄，用胶带封好边与角后，要在包装上留出贴邮票、盖章的空间；如果选择包裹邮寄方式则要将外表面用胶带全部封好，不留一丝缝隙。

图 9-11　牛皮纸包装

6. 数码产品

这类产品在邮寄时需要多层"严密保护"，包装时一定要用气泡膜包裹结实，再在外面多套几层纸箱或包装盒，多放填充物，如图 9-12 所示。提醒买家在收到商品后，应当面检查确定完好再签收。因为数码产品的价格一般都比较高，如果出现差错会比较麻烦。

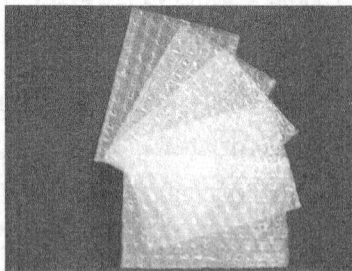

图 9-12　气泡膜

7. 食品

易碎食品、罐装食物宜用纸盒或纸箱包装，让买家看着放心，吃着也放心。在邮寄食品之前一定要确认买家的具体位置、联系方式，了解商品到达所需的时间。因为食品有保质期，而且还与温度和包装等因素有关，为防止运送时间过长导致食品变质，所以运送食品最好使用快递。

8. 香水等液体类产品

香水、化妆品一般都是霜状、乳状、水质的，多为玻璃瓶包装，因为玻璃的稳定性比塑料好，可以使化妆品不易变质。所以除了包装结实，确保不易破碎外，防止渗漏也是很重要的。最好先找一些棉花把瓶口处包严，用胶带缠紧。然后用气泡膜将瓶子的全身包起来，防止洒漏。最后包一层塑料袋，即使漏出来也会被棉花吸收并有塑料袋保护，不会污染其他包裹。

9. 钢琴、陶瓷、工艺品

钢琴、陶瓷、工艺品等偏重或贵重的物品应采用木箱包装。美国、加拿大、澳大利亚、新西兰等国，对未经过加工的原木包装有严格的规定，要求必须在原出口国进行熏蒸，并出示受承认的熏蒸证，进口国方可接受货物进口。否则，将被罚款或将货物退回原出口国。

按照上述方法，针对不同的商品，采用不同的包装方法，既能保证商品在运输途中的安全，也能尽量减少在商品包装方面的支出。

9.2.2　用商品包装收买人心

所有的买家都希望收到完好无缺的商品，那么卖家该如何利用商品包装来收买买家的心呢？下面提出几点建议。

1. 发送店铺名片

在发货的时候，可以在内包装里塞上几张店铺的名片，名片上要印有自己的网店名、掌柜名、电话以及 QQ 等联系方式。如果买家觉得商品不错的话，一般都会留下名片以便下回购买，或者将名片发给其他需要此类商品的好友，这样一来卖家也就多了许多隐性顾客。

2. 赠送小礼品

买家一般都希望能得到一些小赠品，即使这些东西对他们来说没有多大作用，但是收到的时候会觉得很高兴，就像我们收到礼物会有惊喜的感觉一样。卖家可以采购一些小物件作为小赠品，如头饰或小发卡等，价格越便宜越好，但是质量不能太差。一个质量好的赠品可以起到画龙点睛的作用，但是如果买家收到的是一个粗制滥造的赠品，那么他们对店铺的好印象就会大打折扣。

3. 问候贺卡

现代社会通信发达，人们的沟通方式已经从过去的信件、电话扩展到短信、电子邮件、视频等。很多人已经好多年没有收到过信件了。如果在邮寄商品的同时，能附送一张温馨的贺卡，必定会唤起很多人的回忆，提高他们的好感度。

4. 不要擅自带价格标签

不要自作主张，把商品的价格标签放入包装箱内。因为有些买家购买商品是用作礼物的，这些买家希望网店能直接发货给朋友，而且一般不愿意让朋友知道礼物的价格是多少以及是从哪里买的。

5. 干净整洁

无论用什么包装商品，都应使包装干干净净的。破破烂烂的包装会让人以为里面的东西被压坏了，甚至会怀疑商品的质量存在问题。所以包装一定要干净整洁，在不超重的前提下尽量用硬壳包装。

6. 热卖商品介绍

并不是每个买家都会耐心地看卖家店铺的所有商品，所以在发货时，卖家可以附上一份店铺商品的介绍。这就需要将店铺最热销的商品或新上架的商品，整理成一个小小的推荐表。

9.3 如何打消买家对物流的疑虑

实体店购物和网络购物在环节上最大的区别，就是网络购物多了一个物流环节，而这个环节也是最容易出现风险的环节。选择一家好的物流公司对新手卖家店铺的经营很重要，而如何选择物流公司成为皇冠路上不可逾越的一步。整个物流环节非常复杂，除了包装问题，买家在很多方面也都有顾虑。下面就介绍一下如何打消买家对物流的顾虑。

（1）首先选择一家令买家和卖家都放心的物流公司，既可以选择卖家所在地口碑和服务最好的物流公司，也可以直接使用淘宝网推荐的物流公司。

目前国内各物流公司的服务质量参差不齐，在全国范围内很难说出到底哪家快递公司更好。选择一家物流公司最简单也最有保障的方法有两个：一是以快递公司为出发点去寻找，也就是在当地选择口碑最好的一家来进行合作，可以通过身边的朋友、淘宝论坛得到物流公司的口碑信息；二是以快递员为出发点去寻找，也就是通过对比快递员的服务质量来寻找合适的物流公司。

（2）选择好合适的物流公司后，接下来要做的就是把与物流有关的信息告知买家。与物流有关的信息比较琐碎，告知买家的渠道相对来说则比较窄，为了能让每一个买家都接收到这些信息，建议把物流信息放入商品描述页面。如图 9-13 所示，将物流信息传达给买家，明确买家最关心的一些问题，如发货时间、快递公司、签收注意事项等，就可以很好地打消买家对物流的疑虑。

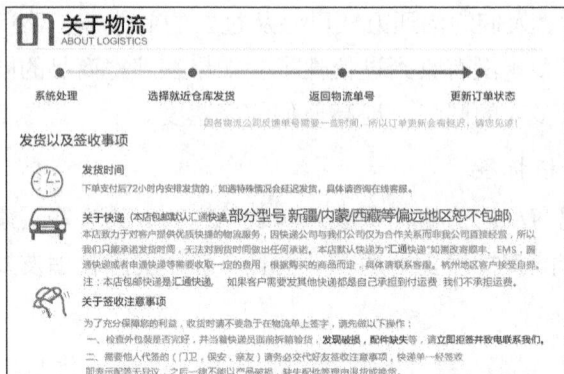

图 9-13　将物流信息传达给买家

9.4　与快递公司砍价的小窍门

对于广大网上开店的卖家而言，价格可以说是影响商品竞争力的主要因素。与实体店不同的是，网上所出售商品的价格不仅仅是指商品本身的售价，还有运输商品所需要的费用，包括包装、运输、保价等方面的费用。新开店的小卖家一个月下来可能只有几单生意，快递价格当然很难降下来。下面介绍一些减少快递费用的妙招，希望能对新手卖家有所帮助。

（1）多找几个快递公司，价比三家。不同的快递公司到相同的地方收费不一样，建议多索取几家快递公司的报价单，发货之前相互比较一下，选择价格最低的快递公司。

（2）要直接找快递业务员砍价，不要找接电话的客服人员砍价。

（3）可以跟快递业务员说你每个月都有很多快递要发，这样会让快递业务员以为有大量订单，于是就会把价格降低。

（4）跟快递业务员说有很多快递公司价格比他们低，最好是列举出具体有哪些公司，让快递业务员降低到与其他公司相同的价格。

（5）利用网络在网上下订单可以降低快递费用。

9.5　注意避免发生物流纠纷

物流是维系淘宝卖家和买家的一个重要枢纽，也是最容易产生纠纷的一个环节。要想避免纠纷并很好地处理纠纷应注意以下两个方面的问题。

9.5.1　买家签收注意事项

目前淘宝的新手买家很多，有很多买家都没有签收验货的习惯，结果在收货后产生很多纠纷。为了避免纠纷，卖家应提醒买家在签收时注意如下事项。

（1）确定自己提供的收货地址本人能够亲自签收货物，注意单位地址与家庭住址要区分开。

（2）确认自己提供的收货地址是否会有保安、门卫、前台签收。

（3）快递将送达前，做好本人能签收的准备，签收人、委托签收人最好能现场验货。

（4）代别人签收快递：签收时，首先要注意货物外包装是否有破损/重复包装痕迹，然后再核对内部货物。在对签收快递包裹有怀疑，且送件快递员不愿意配合时，可拒收货物。

（5）本人签收快递：签收时同样要先注意外包装的完整情况，签名前可以要求验货，发现货物有问题可直接拒收。

（6）所有快递公司的免费派送次数是两次正常派送，对于送一次就拒绝派送的快递公司完全可以进行投诉。

9.5.2　物流纠纷的解决办法

物流纠纷大家都会遇到，那么当物流出现问题后，怎样才能得到一个双方都满意的解决办法呢？在买家反馈交易疑惑时，应该及时给予回应，主动友好协商，了解买家反馈的具体问题，并有效解决。

（1）注意心态问题。经常发货，出现问题在所难免，要有这个心理准备。很多卖家不能以平和的心态来对待问题，买家跟卖家是平等的，同样卖家跟物流公司也是平等的，总觉得物流公司矮人一等，用这样的态度来解决问题怎么会有好结果呢？

（2）注意买家方面。买家一般都会问几天能收到货，现在的快递基本上全国范围内是2～4天到货，偏远一点的要4～5天到货，同城的是今天发明天到。可以这样回答买家：一般是3～5个工作日收到货物。因为快递周末派件都不是很积极，要给自己留有最大的余地，不要把自己逼得连出一点意外的时间都没有，毕竟快递晚点的可能性是很大的，把时间说长点，一是给买家一个心理准备，二是晚到的话自己也不至于太被动，三是如果提前到的话买家会很高兴。

（3）注意物流方面。跟物流方面谈好出现问题后怎么解决，遵循平等合作的原则。晚到的情况怎么解决，磕碰碎裂的情况怎么解决，态度不好怎么解决，最好能达成书面协议，这样一旦出现问题就可按协议处理。

你也可让快递业务员帮忙，因为快递业务员比较熟悉快递公司的具体运作，而且他们比较容易知道内情，从而方便追回货物。

（4）建议向买家提供两种以上解决方案（退款或重寄等），这样可以有效改善买家的感受和提高解决问题的效率。

（5）若与买家协商一致进行退货时，应该注意以下事项。

① 联系买家，告知在退货时，在包裹上注明买家 ID 及商品实际退货原因。

② 签收退回的货物时，应及时验货，确认签收。

③ 若在签收时发现包裹异常，应主动联系买家，告知具体情况，并做好取证工作。

④ 若退回的商品无误，请及时退款给买家，以免使投诉升级。

案例分析

研究生毕业淘宝开店两个月冲皇冠

2010 年 7 月李思宇研究生毕业了，中文专业除了去高校做老师外很难找到对口的工作，可现在高校的老师都需要博士学历了，李思宇只能去中学教学。可能是她天生好动，喜欢挑战，所以不愿做太稳定的职业，觉得太束缚自己。

李思宇的老家在新疆，而新疆有很多土特产，一个朋友就建议李思宇在淘宝网开个店卖新疆特产。她考察后，也觉得新疆的干果市场很大，于是就开起了这个店铺。

店铺新开时，确实特别难，有的时候一星期也没有一个人询问。开始她以为让自己的朋友帮忙刷一下好评就可以带动生意了，结果欢欢喜喜通知一遍，却没有几个人来帮忙。她也意识到，要想成功，只能靠自己。守株待兔只有死路一条，于是她没有等生意，而是主动去寻找买家，这样一天一天地坚持下去，虽然收入少，小店的成长却十分惊人。

2010 年 9 月，李思宇的店铺便获得了第一颗皇冠，从开店到第一颗皇冠，李思宇用了两个月。开店铺靠的是品质和服务，不是刷信誉！李思宇一直觉得做网店靠的是坚持，这也是做任何事情的关键，任何人都可以找到适合自己的途径去宣传、去推广。

分析：

目前土特产销售的问题很多，如包装低劣、档次不够、缺乏有效的产品标准等。卖家可以给店铺注册商标，对店铺产品进行统一包装，并在店铺中放上食品流通许可证、产品生产许可证等，无形中让买家感受到店铺产品具有品质保障。这在一定程度上提高了竞争门槛，避免店铺陷入同质化、价格战的混战中。

为了让买家更加满意，可以在包裹中附上纸条和礼物，纸条内容一般都是产品的功效和食用方法的介绍。礼物也要根据商品而定，如果商品是核桃就送一把核桃夹，如果商品是蜂蜜则送一个木勺。

课后习题

一、判断题

1. 网上交易发送货物需要通过物流来完成，物流大体可分为邮政运输、普通快递和物流托运三种。　　　　　　　　　　　　　　　　　　　　　　　　　（　　）

2. 选择快递公司时，价格越低越好。　　　　　　　　　　　　　　　　（　　）

3．美观大方、细致入微的包装不但能够保护商品的安全，而且还能够赢得买家的信任及口碑。　　　　　　　　　　　　　　　　　　　　　　　　　　　（　　）

4．如果你希望避免纠纷产生，在买家向你反馈交易疑惑时，应该及时给予买家回应，主动友好协商，了解买家反馈的具体问题，并有效地解决。　　　　　　　（　　）

二、思考题

1．国内常见的快递公司有哪些？

2．常见商品的包装方法是怎样的？

3．怎样用商品包装来收买人心？

4．和快递公司砍价有哪些小窍门？

5．如何打消买家对物流的疑虑？

6．怎样解决物流纠纷？

实训任务

实训任务一：选择快递公司

分别登录申通快递、圆通速递、中通快递、顺丰速运、韵达快递、天天快递、宅急送等快递公司的官方网站，查询不同城市之间快递价格的差异。

实训任务二：掌握不同商品的包装方法

1．使用快递专用的加厚塑料袋包装衣服、床上用品等纺织类商品。

2．使用纸箱或包装盒，以及气泡膜包装电子产品。

3．易碎品外包装应具有一定的抗压强度和抗戳穿强度，多用些报纸、泡沫塑料或者泡绵、泡沫网填充。

第10章　网店客服及客户关系维护

开网店的卖家都知道货源和商品图片在商品销售中非常重要，货源直接影响到商品的价格，而商品图片则影响商品交易的成功率。卖家在注意到这两个至关重要的前提的同时，更需要注意售后服务，这是卖家在淘宝能长久发展的本源。某些时候，售后服务的重要性尤为重要。本章将介绍皇冠级卖家的售后服务秘籍。

10.1　网店客服的招聘

目前，不少规模大的网店都实行专业化经营，网店客服的分工达到相当细致的程度，有通过旺旺、电话，解答客户问题的客服；有专门的导购客服，帮助客户更好地挑选商品；有专门接受投诉的客服；还有专门帮卖家打包的客服；等等。规模大的网店，其客服队伍已经接近百人。

10.1.1　网店招聘客服的要求

网店客服只要在有上网条件的地方就可办公，因此很多网店招聘的兼职客服也占了很大比例，毕竟兼职可以节省网店的办公场所开销。当然，也有很多规模大的网店要求网店客服必须全职，并且在指定地点办公。

网店客服每天的工作时间一般要达10小时以上。店长会进行排班，采用每天两班倒的方法轮休，节假日也不会安排正常休息，因为节假日往往是网店销售的高峰期。不过大多数网店会安排网店客服人员每周休息一天，一般安排在周一至周五。

网店一般要求网店客服能熟练使用计算机，打字速度要快，如规定一分钟打字达到多少才合格，还要求网店客服要有耐心、有礼貌。网店客服一般的工作流程如下。

（1）熟悉商品，了解商品相关信息。对于网店客服来说，熟悉店铺商品是最基本的工作，对于商品的特征、功能、注意事项等要做到了如指掌，这样才能流利解答客户提出的各种关于商品的信息。

（2）接待客户。一个优秀的网店客服懂得如何接待客户，同时还能引导客户进行附带消费。

（3）查看宝贝数量。店铺页面上的库存跟实际库存是有出入的，所以网店客服需要查看宝贝的实际库存量，这样才不会出现缺货完成不了订单的情况。

（4）客户下单付款，与客户核对收件信息。虽然大部分客户在购买商品时，地址是正确的，但也有客户因收件信息发生变动而忘记修改的情况发生。

（5）修改备注。有时客户订单信息或者是收件信息有变，那么作为网店客服来说，就有义务将变动反馈出来，这样制单的同事就知道这个订单信息有变动。

（6）发货通知。货物发出去之后，用旺旺给客户发信息，告诉其包裹已经发出，可以增加客户对店铺的好感度。对于拍下商品未付款的客户，如果是旺旺在线的客户，可以在下午时给客户发个信息，说快到发货时间了，如果现在付款的话，今天就可以发货。有些客户可能下单后忘记付款了，网店客服稍微提醒一下，客户就会马上付款。对于那些没打算购买、只是一时冲动拍下的客户，可以手动关闭订单。

（7）交易评价。交易完成之后，记得给客户写个评价，这是免费为店铺做广告的机会。

（8）中、差评处理。中、差评不可怕，可怕的是不去处理。当发现有中、差评的时候，网店客服应立即与客户进行沟通，了解具体情况。客户不会无缘无故地给店铺中、差评，先了解情况，然后再来解决问题，晓之以理，动之以情，一般客户都会修改评价的。对于一些恶意评价以获取不当利益的客户，要注意收集信息，以便为将来的投诉收集证据。

（9）相关软件的学习。借助辅助工具，提高工作效率。

10.1.2　招聘到合适的网店客服人员的方法

随着网店的规模越来越大，网店的管理营销已不是卖家单打独斗能够应付的，许多网店开始寻找专门的网店管理人员，从而催生一项新的职业——网店客服。网店客服目前还属于新工种，相关的职业培训和就业市场都没有建立，卖家到底怎样才能招到合适的网店客服人员？尽量从淘宝网招聘平台、智联招聘、英才网等专业性网站上来挑选。当然，也可以从社区周边寻找，一些吃苦耐劳、稳定诚实的人员也是不错的选择。

网店客服的工作一般很杂，也比较枯燥，因此招一个出色的网店客服并不容易。招聘网店客服人员的要求，首先是打字速度要快，这个在招聘的时候需要把关；还要有耐心和亲和力，因为亲和力在线上和线下的表现方式是不一样的，有些人在现实中可能给人感觉很冷漠，但在网上却表现出另一面。

招聘时，测试网店客服人员耐心的一个办法是，让其完成一份题量大一些的心理测试问卷，并不是看最后的心理测试结果，而是看他怎样去完成这份问卷。不能用功利心太强的人，急功近利的人会不择手段地去成交一切可能成交的单子，但对网店造成的不良影响却是不可估量的。

10.2　网店客服必备的知识和能力

对于网店而言，客户看到的商品是一张张图片，往往会产生距离感和怀疑感。而通过和网店客服人员在网上交流，客户可以切实感受到卖家的服务和态度。网店客服的笑脸或者亲切的问候，都会让客户感觉自己不是在跟冷冰冰的计算机和网络打交道，而是在和一个善解人意的人沟通。这样，就会使客户放松开始的戒备，对店铺产生好的印象。当客户再次购物的时候，也会优先选择自己了解的卖家店铺。

10.2.1 网店客服应具备的专业知识

网店客服都需要具备哪些专业知识呢？

1. 商品专业知识

（1）商品知识：网店客服应当对商品的种类、材质、尺寸、用途、注意事项等都有所了解，最好还能了解行业的有关知识、商品的使用方法、修理方法等。

（2）商品周边知识：商品可能会适合部分人群，但不一定适合所有的人。例如，不同的年龄、生活习惯及需要，适合不同的衣服款式；又如，有些玩具不适合太小的婴儿。网店客服人员需要对这些情况有基本的了解。

2. 网站交易规则

（1）淘宝交易规则：网店客服应该把自己放在一个客户的角度来了解交易规则，以便更好地把握自己的交易尺度。有的客户可能第一次在淘宝交易，不知道该如何操作，这时网店客服除了要指点客户去查看淘宝的交易规则外，有时还需要逐一指导客户操作。

此外，网店客服人员还要学会查看交易详情，了解如何付款、修改价格、关闭交易、申请退款等。

（2）支付宝的流程和规则：了解支付宝交易的原则和时间规则，可以指导客户通过支付宝完成交易、查看支付宝交易的状况、更改现在的交易状况等。

3. 付款知识

现在网上交易一般通过支付宝和银行付款交易。银行付款一般建议同行转账，可以网上银行付款、柜台汇款，同城可以通过 ATM 完成汇款。

网店客服应该建议客户尽量使用支付宝方式完成交易，如果客户拒绝使用支付宝交易，需要判断客户是不方便还是有其他的顾虑。如果客户有其他的顾虑，应该尽可能打消其顾虑，促成其使用支付宝完成交易。

4. 物流知识

（1）了解不同物流方式的价格：如何计价、价格的还价余地等。

（2）了解不同物流方式的速度。

（3）了解不同物流方式的联系方式，在手边准备一份各个物流公司的电话，同时了解如何查询各个物流方式的网点情况。

（4）了解不同物流方式应如何办理查询。

（5）了解不同物流方式的包裹撤回、地址更改、状态查询、保价、问题件退回、代收货款、索赔的处理等。

电商运营与推广：操作实战+案例分析+策略技巧（微课版 第2版）

10.2.2　网店客服应具备的服务态度

通过聊天软件与客户沟通，接受客户的询价等，这是网店客服要做的基本工作。在与客户沟通时，保持谦和友好的态度是非常重要的。

1. 微笑是对客户最好的欢迎

当迎接客户时，哪怕只是一声轻轻的问候，也要送上一个真诚的微笑，虽然在网上与客户交流是看不见对方的，但言语之间是可以感受到客服的诚意与服务的。多用些旺旺表情，并说"欢迎光临!""感谢您的惠顾"。加与不加旺旺表情给人的感受是完全不同的。图10-1 所示为添加旺旺表情与客户沟通。

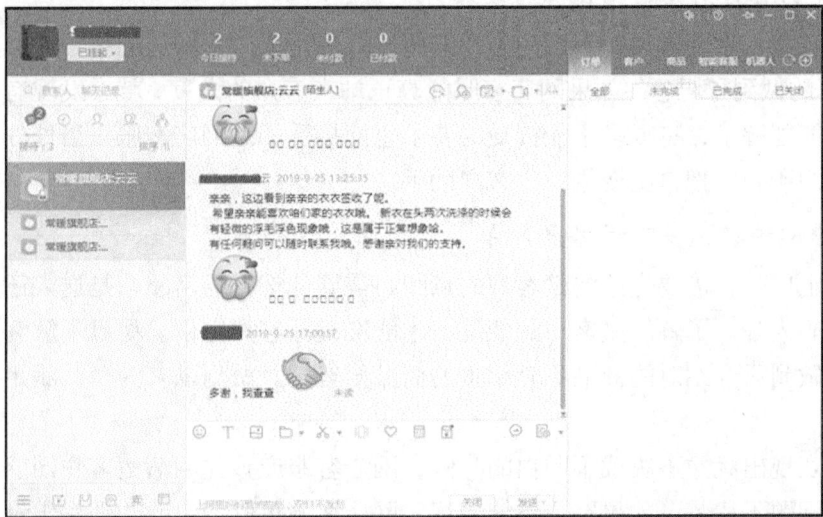

图 10-1　添加旺旺表情与客户沟通

2. 保持积极态度，树立客户永远是对的理念

当卖出的商品有问题时，无论是客户的错还是快递公司的问题，都应该及时解决，而不是采用回避、推脱之类的解决方法。要积极主动地与客户沟通，对客户的不满要反应积极，尽量让客户觉得自己是受重视的，尽快处理客户反馈的意见，让客户感受到尊重与重视，能补发的最好尽快给客户补发过去。除了与客户之间的金钱交易之外，要让客户感觉到购物的乐趣和满足。

3. 礼貌待客，多说谢谢

礼貌待客，让客户真正感受到"上帝"的尊重，客户询问之前先来一句"欢迎光临，请多多关照"或"欢迎光临，请问有什么可以帮助的吗"，诚心致意会让人有一种亲切感，并且可以先培养一下感情，减弱甚至消除客户的抵抗力。即使客户只是询问一下，网店客服也要诚心感谢，说声："感谢光临本店。"

4. 坚守诚信

网络购物虽然方便快捷，但最大的缺陷是看不到摸不着。客户面对网上商品难免会有疑虑和戒心，所以对客户必须要用一颗诚挚的心，像对待朋友一样。网店客服的工作包括诚实地回答客户的疑问，告诉客户商品的优缺点，向客户推荐商品。

5. 凡事留有余地

在与客户交流时，不要用"肯定、保证、绝对"等字样，这不等于售出的产品是次品，也不表示对客户不负责任，而是不让客户有失望的感觉。每个人在购买商品的时候都会带有一种期望，如果实现不了客户的期望，最后就会变成客户的失望。例如，已卖出的商品在运输过程中，卖家能保证快递公司不会延误吗？能保证商品不会被损坏吗？为了不让客户失望，最好不要轻易说"肯定""保证"，可以用"尽量""争取""努力"等，在真诚对待客户的同时，也给自己留有一点余地。

6. 处处为客户着想，用诚心打动客户

让客户满意，重要体现在真正为客户着想，这也是人人都知道的技巧。但是卖家自问一下："我真的做到了吗？"如果网店客服能真正站在客户的角度，就会发现有很多不能理解的事情都能理解了，有很多不能接受的要求也能接受了。网店客服应当处处站在客户的立场，想客户所想，把自己变成一个客户助手。

7. 多虚心请教，多听听客户声音

当客户上门时，需要先问清楚客户的意图，需要什么样的商品，是送人还是自用，要送给什么样的人等。了解清楚客户的情况，才能准确对客户定位。尽量了解客户的需求与期待，努力做到只介绍对的商品不介绍贵的商品给客户。做到以客为尊，满足客户需求才能走向成功。

当客户表现出犹豫不决或不明白的时候，网店客服应该先问清楚客户困惑的内容是什么，是哪个问题不清楚。如果客户不能表述，网店客服可以把自己的理解告诉客户，询问是不是理解对了，然后针对客户的疑惑给予解答。

8. 要有足够的耐心与热情

网店客服常常会遇到一些客户，喜欢打破砂锅问到底。这时网店客服就需要耐心热情地细心回复，给客户信任感，不要表现出不耐烦，即使客户不买也要说声"欢迎下次光临"。如果服务好，即便这次不成，客户下次有可能还会回来的。在彼此能够接受的范围内可以适当让一点，如果确实不行也应该婉转地回绝。例如，真诚地说："真的很抱歉，没能让您满意，我会争取努力改进"或者引导客户换个角度来看这件商品让其感觉货有所值，就不会太在意价格了，也可以建议客户先货比三家，总之要让客户感觉网店客服是热情真诚的。

9. 做个专业卖家，准确地向客户推介

不是所有的客户对店铺的产品都是了解和熟悉的。网店客服需要熟悉商品专业知识，才可以更好地回复客户，帮助客户找到适合他们的产品。如果客户询问时，网店客服一问三不知，就会让客户感觉没有信任感，也就不会在这样的店里购物了。

10. 坦诚介绍商品的优点与缺点

网店客服在介绍商品时切莫夸大其词地介绍自己的商品，若介绍的与事实不符，最后不但失去信用，而且也会失去客户。

电商运营与推广：操作实战+案例分析+策略技巧（微课版 第2版）

10.3　网店客服沟通的技巧

在淘宝开店除了良好的产品和美观的店铺装修外，优质的客户服务也是很重要的，有技巧的沟通可以促进商品的成交，提高顾客的回头率，建立店铺的口碑和品牌。

10.3.1　说服客户的技巧

一个善于用语言艺术说服顾客的客服人员，其营销业绩要比不善于用语言艺术说服顾客的网店客服的营销业绩高得多。

（1）调节气氛，以退为进。在说服时，首先应该调节谈话的气氛。如果你和颜悦色地用提问的方式代替命令，气氛是友好而和谐的，说服也就容易成功；反之，在说服时不尊重他人，摆出一副盛气凌人的架势，那么说服多半是要失败的。

（2）争取同情，以弱克强。同情弱小是人的天性，如果想要说服比较强大的对手，不妨采用争取同情的技巧，从而以弱克强，达到目的。

（3）消除防范，以情感化。一般来说，在说服别人时，彼此都会产生防范心理，尤其是在危急关头。这时，要想成功说服对方，就要消除对方的防范心理。

（4）站在他人的立场上分析问题，能给他人一种为他着想的感觉，这种投其所好的技巧常常具有极强的说服力。

（5）寻求一致，以短补长。习惯于顽固拒绝他人说服的人，经常都处于"不"的心理组织状态之中。应对这种人时，要努力寻找与对方一致的地方，先让对方赞同你远离主题的意见，从而使其对谈话感兴趣，然后想方设法将你的想法引入话题，从而最终取得对方的同意。

（6）赞美顾客。说服顾客，可以先从发现和巧妙赞美顾客的优点开始，使顾客得到心理上的满足。

10.3.2　应对客户砍价的技巧

在网上交易中，买卖双方是一对矛盾体，卖家希望以高的价格成交，赚取最大的利润，而客户则希望以最少的费用购买到最好的商品。

微课 10-1

在沟通过程中，客户一般会对商品的价格提出异议，进行讨价还价。事实告诉我们，讨价还价的过程可能直接影响乃至决定交易的成败。作为一个网店经营者必须掌握一些应对客户砍价的策略和技巧。下面列出九种常见的应对客户砍价的技巧。

1. 证明价格是合理的

无论出于什么原因，客户都会对价格产生异议，大多认为商品价格比他想象的要高得多。这时，卖家必须证明商品的定价是合理的。证明的办法就是多论述商品在设计、质量、功能等方面的优点。通常，商品的价格与这些优点有相当紧密的关系，正是所谓的"一分价钱一分货"。卖家可以应用说服技巧，透彻地分析并讲解商品的各种优点。

当然，不要以为价格低了客户一定会买。大幅度降价往往使客户对商品产生怀疑，认为它是有缺陷的，或是滞销品。只要你能说出定价的理由，客户一定会相信购买是值得的。

2. 在小事上要让步

在讨价还价的过程中，买卖双方都要做出一定的让步。对于卖家而言，如何让步是关系到整个沟通成败的关键。

就常理而言，虽然每个人都愿意在讨价还价中得到好处，但并非每个人都是贪得无厌的，多数人只要得到一点点好处就会感到满足。

因此卖家在沟通中要在小事上做出十分慷慨的样子，使客户感到已得到优惠或让步。例如，免费向客户提供一些廉价的、微不足道的小零件或包装品就可以增进双方的友谊。

3. 较小单位报价法

较小单位报价法就是将报价的基本单位缩至最小，以隐藏价格的"昂贵"，使客户产生"价格不贵"的错觉。如名牌鞋垫一打是 12 元，那么说每双 1 元会让客户听起来很舒服；每斤海参价格达到 2 000 元，而 168 元 50 克的报价更容易被人认可，如图 10-2 所示。客户听到这种形式不一样而实质却一样的报价，其心理感受是大不相同的。

图 10-2　较小单位报价

4. 尾数报价

卖家在报价时，往往会保留价格尾数，采用零头标价，如报价为 9.99 元，而不是 10 元，使价格保留在较低一级的档次，如图 10-3 所示。这样一方面会让人感到便宜，另一方面会因其标价精确而给人以信赖感。

5. 比较法

为了消除价格障碍，卖家在沟通中可以多采用比较法，往往能收到良好的效果。

比较法通常是将所推荐的商品与另外一种商品加以对比，以说明价格的合理性。在运用这种方法时，如果能找到一个很好的角度来引导客户，效果会非常好，如把商品的价格与日常支付的费用进行比较等。

例如，一位家电卖家这样解释商品的价格：这台全自动洗衣机的价格是 3 000 元，但它的使用期是 10 年。也就是说，你每年只需花 300 元，每月只需花 25 元左右，每天还不到 1 元。考虑到它为你节约了那么多的时间，1 元算什么呢？

图 10-3　尾数报价

6．讨价还价要分阶段进行

和客户讨价还价要分阶段一步一步地进行，不能一下子降得太多。有的客户故意用夸张甚至用威胁的口气，并装出要离开的样子，如"价格有点贵，我看看再说吧"，这时千万不要上当，而一下子把价格压得太低。你可以使用交流工具打出一个思索的表情，如果实在没办法就比原来的报价稍微低一点，切忌降得太猛了。

7．讨价还价不是可有可无

要让客户相信卖家说的都是实话，他确实买到了便宜货。同时也让客户相信卖家，不是因为商品质量不好才让价，而是被逼得没办法才被迫压价。这样一来，客户就会产生货真价实的感觉。

卖家千方百计地与对方讨价还价，不仅仅是为了卖个好价钱，也能使客户觉得战胜了对手，获得了便宜，从而产生一种满足感。假如让客户轻而易举地就把价格压下来，其满足感则很淡薄，甚至还可能有进一步压价的举动。

8．不要一开始就亮底牌

有的卖家不讲究价格策略，刚开始沟通就把最低价抛出来。卖家的这种做法其成功率是很低的。要知道，在沟通的初始阶段，客户是不会相信卖家的报价是最低的。

9．如何应付讨价还价型客户

在客户中，确实有一种人胡搅蛮缠，没完没了地讨价还价。这类客户与其说想占便宜不如说成心捉弄人。即使卖家告诉客户最低价格，客户仍要求降价。应对这类客户时，卖家一开始必须狠心把报价抬得高高的，在讨价还价过程中要多花点时间，每次只降一点，而且降一点就说一次"又亏了"。这样降五六次，客户也就满足了。

总之，面对客户的砍价，灵活运用以上策略，就能够轻松自如地应付。

10.3.3 如何与客户沟通

沟通与交流是一种社会行为，是每时每刻发生在人们生活和工作中的行为。客户服务是一种技巧性较强的工作，作为网店客服，需要掌握和不断完善与客户沟通的技巧。

1. 使用礼貌有活力的沟通语言

态度是个非常有力的武器，当网店客服真诚地把客户的利益放在心上时，客户自然会以积极的购买决定来回应。良好的沟通能力是非常重要的，而沟通过程中网店客服的回答是很关键的。

我们来看看下面几个关于细节的例子，感受一下不同说法的效果。

"您"和"MM您"比较，前者正规客气，后者比较亲切。

"不行"和"真的不好意思哦"，"嗯嗯"和"好的没问题"，都是前者生硬，后者比较有人情味。

"不接受见面交易"和"不好意思我平时很忙，可能没有时间和你见面交易，请你理解"，相信大家都会感觉后一种语气更能让人接受。

2. 遇到问题多检讨自己少责怪对方

遇到问题的时候，先想想自己有什么做得不到位的地方，诚恳地向客户检讨自己的不足，不要上来先指责客户。例如，有些内容明明写了，可是客户没有看到，这时不应该指责客户不好好看商品说明，而是应该反省自己没有及时提醒客户。

3. 多换位思考有利于理解客户的意愿

当遇到不理解客户想法的时候，不妨多问问客户是怎么想的，然后把自己放在客户的角度去体会他的心境。

4. 少用"我"字，多用"您"

要从内心深处尊重客户，多用"您"，多写短句，多按"Enter"键，别让客户久等；少用"我"字，让客户感觉我们在全身心地为他考虑问题。

5. 表达不同意见时尊重对方立场

当客户表达不同的意见时，要力求体谅和理解客户，以"我理解您现在的心情，目前……"或者"我也是这么想的，不过……"来表达，这样客户能感觉到卖家在体会他的想法，能够站在他的角度思考问题。而同样的，客户也会试图站在卖家的角度来思考问题。

6. 认真倾听，先了解客户的情况和想法，再做判断和推荐

有时客户常常会用一个没头没尾的问题来开头，如"我送朋友送哪个好"，或者"这个好不好"，不要着急去回复客户的问题，而应该先问问客户是什么情况，需要什么样的物品。

电商运营与推广：操作实战+案例分析+策略技巧（微课版 第2版）

7. 多使用旺旺表情

旺旺表情是所有的交流工具中最美的表情。初次接触多用微笑、握手，熟悉了用憨笑、大笑、干杯。表情是旺旺的优势，是沟通的润滑剂。

8. 经常对客户表示感谢

当客户及时完成付款，或者很痛快地达成交易后，网店客服应该衷心地对客户表示感谢，谢谢客户为自己节约了时间，谢谢其让大家有了一个愉快的交易过程。

9. 坚持自己的原则

在销售过程中，经常会遇到讨价还价的客户，这时应当坚持自己的原则。如果作为卖家在定制价格的时候已经决定不再议价，那么就应该向要求议价的客户明确表示这个原则。

10. 保持相同的谈话方式

对于不同的客户，应该尽量用和他们相同的谈话方式来交谈。如果是个年轻的妈妈在给孩子选商品，那么客服应该站在母亲的立场，考虑孩子的需要，用比较成熟的语气来表述，这样更能得到客户的信赖。如果网店客服表现得像个孩子，客户会对推荐表示怀疑。

10.3.4 应对不同类型的客户的技巧

网上有各种各样的客户，如何应对这些客户？下面是一些经验。

1. 老手型客户

如果客户语言不多，简单问一下产品质量就决定拍下来，那么对方可能就是老手型客户。这类客户对网购非常有经验，他们深知网购的运行模式，对商品的要求一般不会非常苛刻，只要商品符合大众要求他们都可以接受，因而是卖家最喜欢的。

2. 新手型客户

如果客户反复地询问产品质量以及邮费，在买与不买之间徘徊，网购信用低，那么对方可能是位新手型客户，对于这类客户就需要细心地进行讲解，让其了解网购模式，其以后可能会成为店铺忠实的客户。

3. 讲价型客户

其实，客户多多少少都会有讲价的冲动，如果商品有价格或质量优势，那可以谢绝讲价，对于这种客户应该让其理解产品的价值所在，最好可以具体说明自己的产品与其他产品的差异，当客户购买后觉得物超所值，也很有可能成为店铺的忠实客户。

4. 猛砍价型客户

这类客户总认为卖家赚得很多，使劲地砍价。最常见的就是客户以"别家比你家的便宜"为借口，以不买相威胁，常常把邮费都给砍了。应对这种客户必须警惕，一定要坚持自己的商品有价格和质量优势，坚决不让砍价，因为客户能砍一次就能砍第二次，甚至一直砍到你亏本为止。应对这样的客户，卖家要转移话题，如可以送对方一点礼物、解释卖家开店不容易等，在避免尴尬的同时也不至于赔太多。

5. 笑里藏刀型客户

笑是为了隐藏后面的刀，笑着砍价！假如遇上这类客户就要多个心眼儿了，否则可能会让卖家白忙半天。客户会先提醒卖家需要价格的优惠，然后开始转移话题，待聊了半天以后，他会再提醒需要优惠，继续闲扯。最后常常以一句话结束："不给优惠我不买！嘻嘻！"当卖家给了优惠，客户会继续说"邮费你包了哈"。如何应对这种客户呢？如果他说要价格优惠，请直接告诉客户商品是物有所值的，价格没法再降低了，无论客户扯到什么话题上先解决价格问题，不要被客户要买几件或朋友要买所迷惑。

10.3.5 坚持售后回访，提高销售额

很多卖家也许会纳闷为什么卖的是同样的物品，定价也相同，人家的生意永远那么火爆，而自己的生意却总是那么冷清。

做生意并不是做完一笔生意就可以了，而是要做回头客的生意。所以东西卖出去之后，还要定期和客户进行交流、沟通、回访。在选择回访对象的时候，不仅要选择再次购买可能性大的客户，还要兼顾其他客户，因为他们是潜在客户。

1. 建立客户档案定期回访

把客户的姓名、联系方式、地址、购买的商品做一个详细的清单，方便假日的时候问候客户。

2. 节假日信函回访、问候顾客

定期对客户进行回访，节假日花几分钟时间真诚地给客户寄一封贺卡、写一个留言问候等，都有助于维护客户关系。客户也会感到卖家很尊重他，惦记着他，当他再次购物时也会想起卖家。

3. 电话回访

电话回访的最佳时机就是客户大概的收货时间，这时回访有两个方面的好处：第一，让客户觉得卖家在关心他，若是其没有收到货最好及时帮他查询；第二，有利于客户及时做出好评。客户因为卖家热心周到的服务而感动、感激，觉得卖家可以信赖。卖家也赢得了更多的回头客，生意越来越好，还交了很多朋友。

4. 定期促销广告

组织一个主题活动进行促销，如新品上架、每月推荐、节日主题等，然后发广告给老客户鼓励他们参与。

5. 转介绍策略

对于成功购买过商品的客户，可以让他介绍朋友来购买，卖家则送一些小礼物表示感谢。这种方式特别适合产品有竞争力的店铺，以好货吸引客户再次购买。

无论是在交易中还是在交易后，都要以客户为中心，永远把客户作为上帝，这样才能赢得客户的信赖，也才能做好网上销售，从而提高店铺营业额。

10.4 处理退换货和冲突

在这个社会，只要是做生意，总会有一些不如意的事情。面对各种各样的客户，卖家可能很难满足他们的需求，一不小心就掉入了客户投诉的陷阱。作为卖家，要学会避免冲突并妥善处理问题。

10.4.1 制定合理的退货和换货政策

退货和换货在交易中经常发生，而退、换货服务的好坏直接影响着顾客能否再次购买。

1. 先对退、换货进行说明

能否方便地退、换货，是影响客户购买动机的最大因素。所以卖家应清楚、明白地告诉客户：在什么样的条件下可以退货；对于款到发货的情况，退货后多久可以将款退还给客户；往返运费由谁来承担。这些问题不说清楚，往往会让不少客户犹豫不决。所以，在店铺中最好能有退、换货情况的说明。

2. 当客户提出退、换货时应先了解原因

当客户提出退货和换货要求的时候，卖家首先要了解客户为什么要换货，确定是由谁的原因造成的，也就是责任归属问题。退、换货的原因通常有以下几种。

（1）商品的质量问题。

（2）客户所收到的商品与描述和图片不符。

（3）商品本身没问题，客户只是想更换商品。

（4）商品运输过程中有磨损。

（5）客户使用不当，引起商品损坏。

如果是卖家的责任，要勇于承担，同时应尽快与客户达成退、换货协议，否则容易使客户感到失望而丧失再次购买的欲望；如果是客户的责任，一般是不予退、换货的，但也要向客户详细地说明原因，最好能为对方提供相应的弥补建议，切忌在沟通中冷言冷语。

3. 界定退、换货运费归属问题

通常情况下，运费的归属问题是根据责任的划分来确定的，如由于商品的质量问题、运输磨损等引起的退、换货，要由卖家承担运费；而如果是客户的原因，如想换一种商品或客户使用不当造成的商品损坏引起的退、换货则应该由客户承担运费。

10.4.2 怎样避免客户退货

你是否正受到退货的困扰而心烦意乱呢？退货已是每个卖家必须面对的一个重要问题。那么卖家如何预防退货，使退货损失最小化呢？

1. 制定合理的退货政策

对退货条件、退货手续、退货价格、退货概率、退货费用分摊、退货货款回收以及违

约责任等方面制定标准。利用一系列的约束条件，平衡由此产生的成本和收益，且一定要熟悉淘宝网规则。

2. 加强验货

加强验货服务，可以在进货等各个环节的各个过程进行，以确保尽可能在产品发给客户前发现产品上的诸多缺陷。

3. 引入供应链信息化管理，建立 IT 预警系统

现在的管理基本上是手工+大脑，属于粗放化管理体制，无法准确、实时地把握商品管理的每个细节。沃尔玛建立了世界上最先进的供应链信息化管理系统，能精确、全面、适时地把握全球任何地方每一个卖场销售业绩的细节，这使沃尔玛的退货率在全球最低，平均不足 0.5%。在淘宝网，专业化的或者说皇冠以上的卖家都引进了客户管理系统，只要客户报上他的名字或者会员名，就可以查看他具体的消费情况。

4. 有效进行单品管理，减少商品退损率

商品管理是相对于传统商品实行的柜组管理、大类管理而言的，实行单品管理，以便于管理人员准确、全面、实时地把握每一件单品网店销售业绩的细节，及早组织货源，发现客户最喜欢、对其有价值的优良商品。

5. 少进勤添

采取"少进勤添"的进货方式，加大对进货质量的管理力度并把握好进货种类。加强对每日销量的预测，不要一次购进太多的产品，合理高效地安排供应货，少进勤添，以减少盲目进货的"危险"，千万不要贪图进货量大就可以得到的便宜价格，如果销售不出去，资金就周转不了。

10.4.3　合理处理矛盾和冲突

在交易过程中，买卖双方发生矛盾和冲突有时是不可避免的，如果不妥善解决矛盾和冲突，不但会影响这笔生意，而且还会直接影响店铺的信誉度。加入客户保障计划的卖家更加需要重视对交易纠纷的处理，因为参加客户保障计划的卖家有一定的资金被淘宝冻结了，如果问题处理不当，淘宝网可能会使用冻结的保证金对客户进行先行赔付。

卖家如果在网上与客户吵架，即使卖家占了上风，但从长远来看，失败的总是卖家。因为有些客户会发起投诉，甚至在社区中发表不利于店铺的言论，这样的结果是得不偿失的。事实上好评率高的卖家遇到的麻烦未必少，而是他们懂得如何巧妙地应对冲突、化解矛盾，而不是回避纠纷。卖家可以从以下几个方面多加考虑。

（1）有些客户在交易过程中遇到问题时言语会比较激烈，面对此类客户，卖家需要保持冷静，尝试站在客户的立场考虑问题，冷静地倾听客户的抱怨。双方的目的是解决问题，在任何情况下都要冷静，即使对方提出无理的要求，切忌发火，因为发火对解决问题无济于事，只能火上浇油。

（2）积极与客户沟通找出问题所在，了解客户抱怨的是商品的品质问题，还是物流方面的问题，或者是卖家的服务问题等。

（3）耐心解释情况，如果责任在卖家，要尽量争取对方的谅解。

（4）找到问题所在之后就可以对症下药解决问题了，与客户协商并提供若干切实可行的解决方案，共同解决问题。如果问题实在无法沟通解决，卖家可以适当做出让步。在问题的解决上一定是越快越好，拖的时间越长越会加重客户的不满。有经验的卖家会提供几种解决方案，供客户选择，并询问客户对解决方案有什么异议，最终采用买卖双方都可以接受的方案。

（5）问题解决后，需要对客户进行回访，了解问题产品的使用情况，增加客户的信任度，同时也可以争取好评，避免投诉。

10.5　理性对待中评或差评

在网店经营中，难免会碰到一些急躁的顾客，在卖家还没有做出反应之前就已经给了差评。在销售的过程中，如果不能正确处理客户的抱怨，那么将给店铺带来极大的负面影响。因为一个不满意的客户可能会把他的不满意告诉他身边的很多亲朋好友，并且给店铺一个差评，其破坏力是不可小觑的。

10.5.1　怎样对待客户的中评或差评

一定要积极地回应客户的抱怨，适当地对客户做出解释，消除客户的不满，让他们传播店铺的好名声，而不是负面的消息。

作为卖家，莫名其妙地得到一个差评，不仅会被扣分还会觉得委屈。在看到有差评时，要心平气和地查看是什么原因造成的。客户给出差评一般有如下几种情况。

（1）心急的客户抱怨物流速度慢。

（2）对网店客服的服务态度不满意。例如，有些网店客服总是一味地介绍自己的产品，根本不去了解客户的偏好和需求，同时对客户所提出的问题也不能给予满意的答复，或在销售的过程中，出现轻视顾客、不信任顾客的现象。

（3）客户对产品的质量和性能不满意。出现这种抱怨很可能是因为广告夸大了产品的价值功能，结果当客户见到实际产品时，发现与广告不符，由此产生了不满。

如果是卖家的过错，要想办法去弥补，即使是运输过程中出了问题，也不能让客户完全承担。但是有些人抓住卖家的这种心理，利用差评要挟，特别是新手型卖家，一定要注意。如果遇到以差评要挟的，一定要找到有力证据，坚决维护自己的利益。

如果卖家在第一时间承担了错误，客户会感觉到卖家是有责任心的，气就会消下去大半。如果卖家又在第一时间拿出处理问题的方案，大多数客户就都会用商量的口吻来讨论。

客户中有没有贪小便宜的人呢？当然有，但一定是极少数的。聪明的卖家在遇到差评时，首先想到的是：第一，客户的意见里有没有值得自己改进的地方？如果有，早改比晚改好；第二，能不能用这样的机会，向潜在的客户表明自己对待错误的责任和出色的售后服务管理制度。这样一来，就会扩大自己的关注度。

一般情况下，客户都是很好的。所以要和客户沟通好，如果认为客户提出的问题可以通过换货解决，那就尽量换货；如果客户提出的要求，换货也解决不了，那就退货。

10.5.2 避免客户的中评或差评

卖家都很关注信誉评价，虽然评价不是最重要的，但小小的中评或差评会给店铺经营带来不小的影响，相信各位卖家都深有体会。客户小小的评价会牵动卖家敏感的神经。随着新规则的出台，好评率成了影响搜索排名的一个因素。这使得很多卖家开始重视好评的问题。那么怎么才能避免客户的中评或差评呢？

1. 商品质量是根本

作为卖家，首先要保证的是商品无质量问题，确保交易诚实，服务良好。在网上购物时，客户只能通过图片和商品描述来了解商品，如果店铺的商品是实物拍摄，且商品描述全面客观，那么因商品质量问题而引起的中、差评机会就会大大减少。客户收到货物后由于个人不满意，那客户也不好意思说商品有质量问题而要求退、换货，而是可能会找出其他的理由要求退、换货。这就涉及下面要说的"服务"。

2. 服务态度是决定好评的法宝

商品没有质量问题，客户却要求退、换货，怎么办？遇到这种事情，首先要自我反省，在客户购买前有没有给客户做详细的解释，有质量问题包退、换货，但前提是货物要完好，无质量问题退换货邮费自理。也许这样告诉客户会显得有些生硬，但在顾客购买之前必须把可能遇到的问题向客户解释清楚，以免事后产生不必要的麻烦。

如果确实是卖家的原因，那么积极退换货，也是减少中、差评的有效途径。从长远考虑，退、换货远比得到差评合算，很多朋友拒绝退、换货，得到中、差评后反而乞求对方修改，甚至给予退款，这样还不如一开始痛快退、换货了事，要知道钱是赚不完的，但精力和时间是有限的，不要做得不偿失的事情。

很多问题是由快递的送货态度和送货时间导致的。解决方案是多与几家快递公司合作，可以提前询问下客户希望发哪家快递。

3. 客户的风格决定你是否能得到好评

客户来买东西，卖家要评估一下客户属于哪类人，再决定要不要和他交易。卖家的百分百好评离不开客户，因此，在交易前查看一下客户的信用度，客户对别人的评价以及别人对客户的评价，再综合各类客户的不同特点来区分对待。

（1）一直要求优惠的、反复讨价还价的客户。这样的顾客比较多，哪怕到最后是去个几毛零头也好。这类客户很多都是想获得成就感，感觉自己议价成功，心里很舒服。

应对技巧：遇到这类客户要先看一下他的信誉度，如果有中、差评就要注意了，要看一下中、差评里的评价内容。对于这类客户要么给他一些价格优惠，或者能够赠送给他一些小礼品，客户在收到商品的同时，必定对你心怀感激，给予大大的好评。当然另一方也要综合考虑一下自己能否满足他的胃口，如果满足不了就不要勉强交易，这类客户有可能会因为没有达到自己的目标，就以中评或差评作为报复手段，到时候吃亏的还是卖家。

（2）新手客户，随意评价。这类客户往往是第一次网购，买卖信用都为零。他看上了店铺的商品，但是对网络交易还很陌生，对卖家缺乏信任，这类客户需要卖家有足够的耐心去引导。因此在其购买前，不妨多与其沟通，让其对你产生信任是很重要的。这类客户最大的缺点就是发货后不及时确认货款，不给评价，或者不联系卖家随便给中、差评等。

怎样确认他是新手客户呢？可以看注册时间、星级，也可以通过聊天来了解他们的性格。对于这类客户，要多引导，通过言语沟通建立信任，事先解释清楚需要客户配合的环节，达成共识才能愉快交易。

（3）喜欢给中评的客户。在这类客户的信念中，中评就等于好评。如果碰上这样的客户，且你重视好评，以100%好评作为经营中的伟大目标，还是不要交易为好。

（4）上来就威胁你"不要有色差，不要有质量问题，否则直接差评"的客户。

一般这样的客户都是大客户，常在网上买东西。他知道这样卖家会更加谨慎地选货、发货。这样告诉卖家是提醒卖家，建议卖家认真核对货品，仔细检查货品。

10.5.3　引导客户修改中评或差评

中、差评是开网店不可避免的情况，很多中、差评都是由误会引起的，卖家在跟客户沟通后都能得到修改。

如果你是卖家，当你收到中、差评时，千万不要盲目抱怨甚至投诉客户。这样只会激怒对方，使问题没有了解决的余地。先冷静客观地分析一下情况，如果自己确实有过错，应诚恳地向客户道歉，承认工作上的过失，双方达成一致意见后，卖家可以提出自己的要求，如"我有个小小的请求，您能否为我修改一下评价？真的很感谢您为我们提了很好的建议和意见，希望以后多多合作！"通常客户也不会因为一点小事伤了和气，一般都会同意修改评价。如果客户不知道如何修改评价，卖家可以把修改评价的方法告诉客户。

不过，如果客户不愿意对评价进行修改，也要保持理性的态度，有少数几个中、差评也是可以理解的。

10.6　客户关系管理维护

客户关系管理维护是一个不断加强与买家交流、了解买家需求，并不断对产品或服务进行改进和提高，以满足买家需求的连续性的过程。

10.6.1 客户关系管理的概念

客户管理是通过对客户详细资料的深入分析，来提高客户满意程度，从而提高店铺竞争力的一种手段。客户关系是指围绕客户生命周期发生、发展的信息归集。客户关系的核心是客户价值管理，通过"一对一"的营销原则，满足不同价值的个性化需求，提高客户的忠诚度和保有率，实现客户价值持续贡献，从而全面提高店铺的盈利能力。客户关系不仅仅是一个软件或者一个制度，还是方法论、软件和 IT 能力的综合，是一种商业策略。综上所述，客户关系管理（Customer Relationship Management，CRM）是指一种以信息技术为手段，对客户资源进行集中管理的经营策略。

卖家需要了解客户的性别、年龄、收入状况、性格、爱好、购物时间、购买记录等，并进行统一的数据库管理，然后才能对客户进行有针对性的关怀和营销，从而提高客户的回头率，增加网店销量。

10.6.2 客户会员管理

淘宝网后台的会员管理工具，提供了会员分组管理、客户分群等功能，具体操作步骤如下。

（1）登录淘宝网后台，单击左侧栏"营销中心"右侧的"＞"，在弹出的菜单中选择"客户运营平台"，如图 10-4 所示。

图 10-4　客户运营平台

（2）进入"客户运营平台"页面，单击"客户列表"后，页面即会按交易时间顺序呈现网店客户名单及其订单信息，按照"成交客户""未成交客户""询单客户"进行分组，如图 10-5 所示。

（3）完整、准确的客户信息是客户关系管理的基础。单击"客户列表"右边的"详情"

电商运营与推广：操作实战+案例分析+策略技巧（微课版 第2版）

按钮，即呈现客户的详细信息，包括真实姓名、收货地址、性别、手机以及交易信息等，如图 10-6 所示。

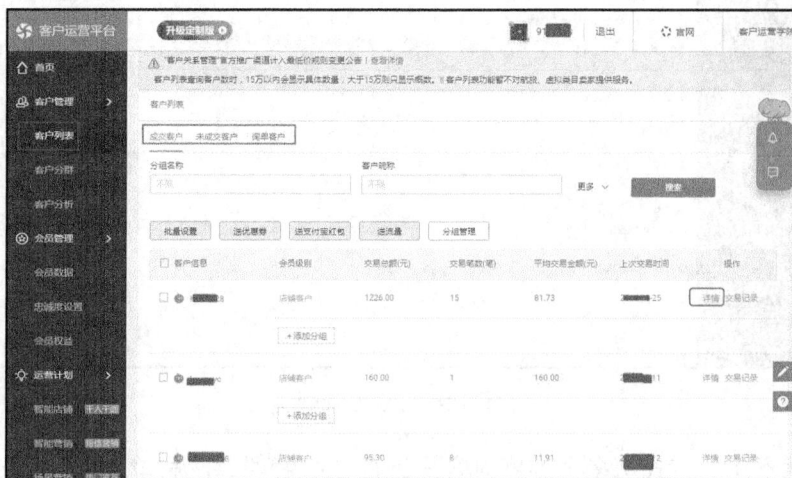

图 10-5　客户列表

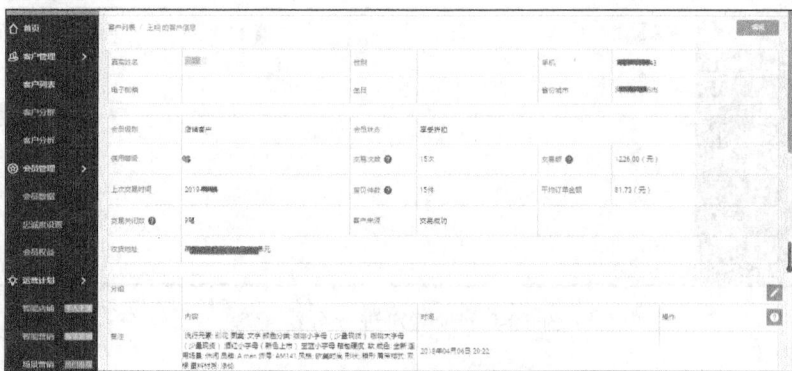

图 10-6　客户的详细信息

（4）单击"客户运营平台"—"客户分群"，进入"客户分群"界面。客户分群功能可自动识别店铺的"兴趣人群""新客户人群"和"复购人群"，并对其进行定向运营，如图 10-7 所示。

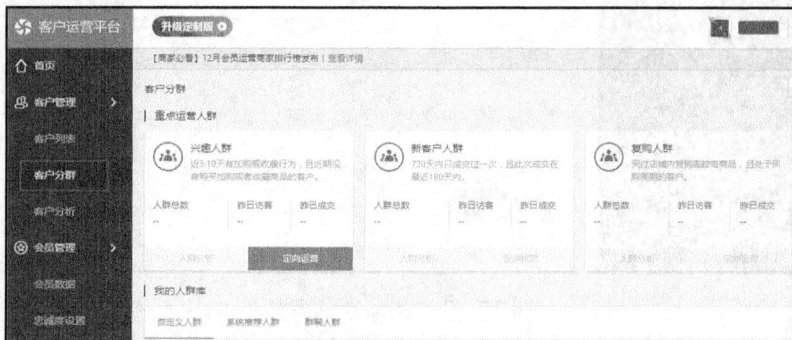

图 10-7　客户分群

（5）之后再选择"客户列表"，并单击"分组管理"按钮，如图 10-8 所示。

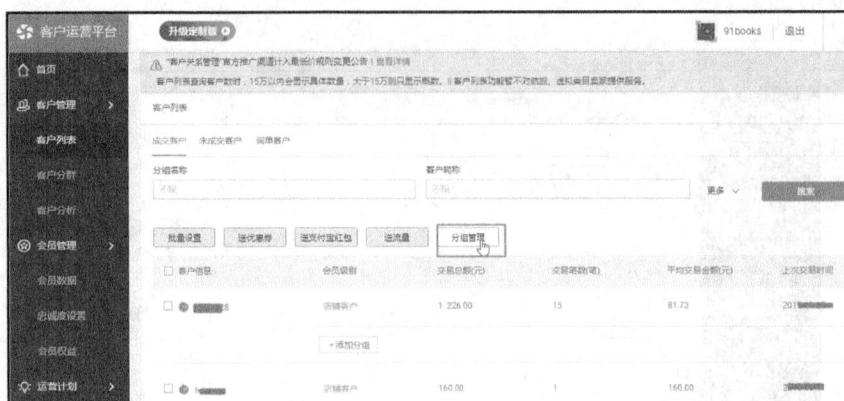

图 10-8　分组管理

（6）根据不同的方式从多个维度对客户进行分组管理，然后单击"新增分组"按钮，如图 10-9 所示。

图 10-9　对客户进行分组管理

（7）进入"新建分组"页面，并设置分组名称，如图 10-10 所示。

图 10-10　设置分组名称

（8）单击"确定"按钮，即可看到建好的分组，如图 10-11 所示。

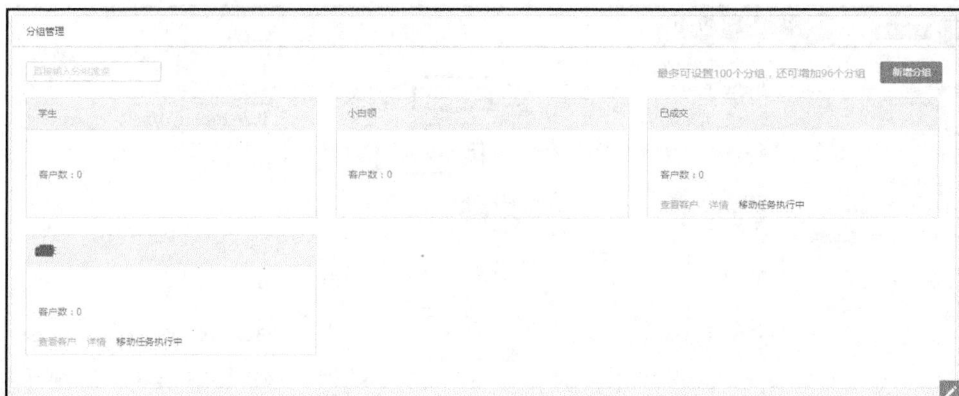

图 10-11　建好的分组

（9）选择一个客户后，单击"添加分组"按钮，选择合适的组群，如图 10-12 所示。

图 10-12　添加分组

10.6.3　将会员分类并设置不同折扣

淘宝店铺为了留住买家，并没有"设置会员忠诚度"项，将会员客户进行分类，并为不同类型的会员客户提供不同的折扣。

（1）打开千牛卖家工作台，在顶部"最常使用"列表中单击"客户运营"下拉列表中的"客户运营平台"超链接，如图 10-13 所示。

图 10-13　千牛卖家工作台

（2）打开"客户运营平台"页面，单击左侧的"忠诚度管理"下面的"忠诚度设置"，如图 10-14 所示。

图 10-14　单击"忠诚度设置"

（3）打开"忠诚度管理"页面，单击"VIP 设置"右侧的"立即设置"按钮，如图 10-15 所示。

图 10-15 单击"VIP 设置"右侧的"立即设置"按钮

（4）在页面中，填写"会员卡名称"，然后开始设置会员等级，最后单击"普通会员"右侧的"设置"，如图 10-16 所示。

（5）填写满足成为普通会员条件的交易额为 200 元，折扣为 9.5，意思就是当买家在店铺购买满 200 元后即可自动升级成普通会员，并享受 9.5 折的折扣，卖家可根据自己的店铺情况来设置门槛。设置完成后，单击"保存"按钮就完成了普通会员的设置，如图 10-17 所示。

图 10-16 单击"普通会员"右侧的"设置"

图 10-17　设置普通会员

（6）接下来设置高级会员，卖家可以设置交易额为 500 元或交易次数为 3 次，即可享受 9 折的折扣，如图 10-18 所示。

（7）继续设置 VIP 会员和至尊 VIP 会员，交易金额和折扣可以设置得更高，设置完成后单击"保存"按钮，如图 10-19 所示。

图 10-18　设置高级会员

电商运营与推广：操作实战+案例分析+策略技巧（微课版　第2版）

图 10-19　设置 VIP 会员和至尊 VIP 会员

10.6.4　给客户发红包

进入客户运营平台首页，找到"客户管理"下的"客户列表"页面，这里显示"成交客户""未成交客户""询单客户"3 种类型的客户，卖家可以给这些类型的客户发送优惠券、送支付宝红包、送流量、分组管理等，以维护与他们的关系。下面仅讲述如何给客户发红包的相关操作，其具体操作步骤如下。

（1）打开"客户运营平台"页面，单击左侧的"客户管理"下面的"客户列表"，如图 10-20 所示。

（2）单击"客户列表"界面中的"送支付宝红包"，弹出"支付宝红包"对话框，单击"新建模板"，如图 10-21 所示。

图 10-20　打开"客户运营平台"界面

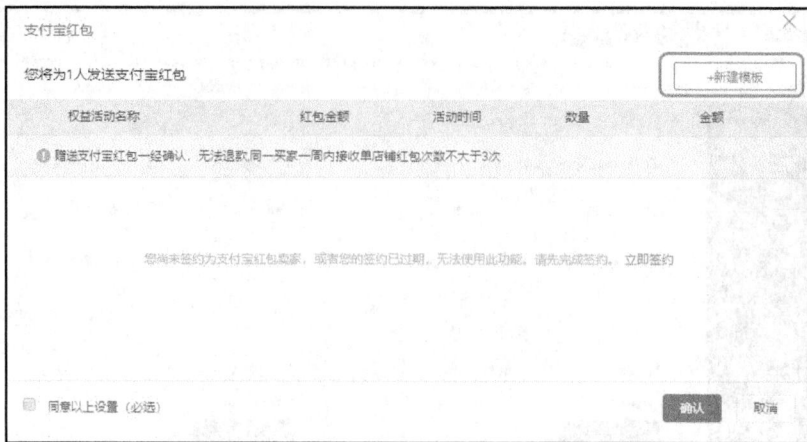

图 10-21 "支付宝红包"对话框

（3）进入"支付宝红包模板"创建页面，这里可以设置支付宝红包的详细信息，如图10-22所示。

图 10-22 创建支付宝红包模板

（4）填写完成后，即可给客户发送红包了。

案例分析

与客户沟通的禁忌

卖家在与客户谈话时，说话要有技巧，沟通要有艺术；良好的口才可以助卖家生意兴隆，良性的沟通也可以使客户再次光临。不知道所忌，就会造成失败；不知道所宜，就会造成停滞。卖家在与客户谈话时，要懂得以下"七忌"，这样生意才会越来越好，回头客也会越来越多。

忌争辩

卖家在与客户沟通时，主要是为了销售商品，而不是参加辩论会。要知道与客户争辩解决不了任何问题，只会招致客户的反感。

卖家首先要理解客户对商品有不同的认识和见解，允许客户讲话，发表不同的意见；如果和客户发生激烈的争论，即使占了上风，赢得了胜利，把客户驳得哑口无言、体无完肤、面红耳赤、无地自容，又能得到什么呢？是失去了客户、丢掉了生意。

忌质问

卖家与客户沟通时，要理解并尊重客户的所需与观点，要知道人各有所需，他买此商品，说明他需要和认可此商品；他不买此商品，说明他有自己的原因，切不可采取质问的方式与客户谈话，如下面的语言：

（1）你为什么不买这件啊？

（2）你为什么对这个颜色不喜欢？

（3）你凭什么说我的信用是炒作的？

（4）你有什么理由说我的商品质量不好？

用质问或者审讯的口气与客户谈话，是卖家不懂礼貌的表现，是不尊重人的表现，会伤害客户的感情和自尊心。

忌命令

卖家在与客户交流时，态度要和蔼一点，语气要柔和一点，要采取征询、协商或者请教的口气与客户交流，切不可采取命令和批示的口吻与人交谈。

忌炫耀

与客户沟通谈到自己的商品及店铺时，要实事求是地介绍自己的商品和店铺，稍加赞美即可，万万不可忘乎所以、得意忘形地自吹自擂、炫耀自己的商品美观、实用、价廉以及质量好等。

忌直白

卖家要掌握与客户沟通的艺术，客户成千上万、千差万别，有各个阶层、各个方面的群体，他们的知识和见解都不尽相同。在与其沟通时，如果发现其在认识上有不妥的地方，也不要直截了当地指出。这时一定要看交谈的对象，做到言之有物，因人施语，要把握谈话的技巧、沟通的艺术，要委婉忠告。

忌批评

卖家在与客户沟通时，如果发现客户身上有些缺点，也不要批评和教育他，更不要指责他。要知道批评与指责解决不了任何问题，只会招致对方的怨恨与反感。与客户交谈时要多用感谢词、赞美语；要多言赞美，少说批评，要掌握赞美的尺度和批评的分寸，要巧妙批评，旁敲侧击。

忌冷淡

卖家在与客户谈话时，态度一定要热情，语言一定要真诚，言谈举止都要流露出真情实感，要热情奔放、情真意切。感人心者，莫先乎情，这是卖家的真情实感，只有用自己的真情，才能换来对方的感情共鸣。在谈话中，冷淡必然带来冷场，冷场必定使生意泡汤，要忌冷淡。

分析：

不是所有的客户对卖家的商品都是了解和熟悉的。当客户对卖家的商品不了解的时候，在咨询过程中，要先了解自己商品的专业知识，这样才可以更好地为客户解答，帮助客户找到适合他们的产品。客户询问时，网店客服一问三不知，就会让客户感觉没有信任感，也就不会在这样的网店里购物了。

课后习题

一、判断题

1. 网店在招聘时不能招聘兼职网站客服。 （　　）
2. 在介绍商品时切莫夸大其词地介绍自己的商品，若介绍的与事实不符，最后不但会失去信用，也会失去客户。 （　　）
3. 作为一个网店经营者必须掌握一些应对客户砍价的策略和技巧。 （　　）
4. 在讨价还价的过程中，千万不能做出让步。 （　　）

二、思考题

1. 怎样招聘到合适的网店客服？
2. 网店客服需要具备哪些知识？
3. 网店客服说服客户的技巧有哪些？
4. 常见的应对客户砍价的技巧有哪些？
5. 网上有各种各样的客户，网店客服如何应对这些客户？
6. 怎样避免客户退、换货？

实训任务

实训任务一：如何应对不同类型的客户

使用千牛软件与客户沟通的时候，分析不同客户的类型，并总结出应对不同客户的沟通技巧。

实训任务二：处理退、换货和冲突

1. 制定合理的退货和换货政策。
2. 寻找客户退货原因，避免客户退货。
3. 处理买卖双方发生的矛盾和冲突。